Hauke Fehr, Stephan Elter

Let’s code Python

Rheinwerk
Computing

Liebe Leserin, lieber Leser,

herzlich willkommen zu diesem Programmierkurs mit Python!

In diesem Buch lernst du richtiges Python 3 – also genau die Sprache, die heute überall zum Einsatz kommt: in der Webentwicklung, in der Datenanalyse, bei Künstlicher Intelligenz und in unzähligen anderen Bereichen. Was du hier lernst, kannst du also direkt weiterverwenden.

Mit der Entwicklungsumgebung Thonny kannst du sofort loslegen. Sie ist kostenlos, einfach zu installieren und speziell für Einsteigerinnen und Einsteiger gemacht. Wenn dir beim Programmieren mal ein Fehler unterläuft, hilft Thonny dir mit verständlichen Meldungen dabei, ihn zu finden. Und mit den passenden Bibliotheken lässt du den Computer zeichnen, Töne ausgeben oder sogar eigene Spiele mit Figuren und Regeln laufen.

Für diese aktualisierte Auflage hat Stephan Elter das Buch komplett überarbeitet und seine langjährige Erfahrung als Softwareentwickler und Autor einfließen lassen. Das Ergebnis ist ein moderner Einstieg, der dich Schritt für Schritt zu eigenen Programmen führt – mit einer Portion Humor inklusive.

Am besten liest du die Kapitel in der Reihenfolge, in der sie hier stehen. Denn beim Programmieren bauen die Techniken aufeinander auf, und du lernst sie hier nacheinander kennen.

Hat dir dieses Buch gefallen? Wenn du Kritik oder Lob anbringen möchtest, wenn etwas nicht so funktioniert wie erwartet oder wenn du Vorschläge für weitere Bücher machen möchtest, wende dich an mich. Ich freue mich über Rückmeldung.

Viel Spaß!

Ihr Erik Lipperts
Lektorat Rheinwerk Computing

erik.lipperts@rheinwerk-verlag.de
www.rheinwerk-verlag.de
Rheinwerk Verlag • Rheinwerkallee 4 • 53227 Bonn

Auf einen Blick

Wir hoffen, dass Sie Freude an diesem Buch haben und sich Ihre Erwartungen erfüllen. Falls Sie Anregungen, Wünsche und Kommentare haben, lassen Sie es uns wissen: **service@rheinwerk-verlag.de**.

Informationen zu unserem Verlag und Kontaktmöglichkeiten finden Sie auf unserer Verlagswebsite **www.rheinwerk-verlag.de**. Dort können Sie sich auch umfassend über unser aktuelles Programm informieren und unsere Bücher und E-Books bestellen.

Autoren Hauke Fehr, Stephan Elter
Lektorat Erik Lipperts
Copy-Editing Annette Lennartz, Bonn
Typografie & Layout Vera Brauner
Satz III-satz, Kiel
Herstellung Denis Schaal
Covergestaltung Mai Loan Nguyen Duy
Druck mediaprint solutions, Paderborn

PEFC/04-31-0810

Dieses Buch wurde auf PEFC®-zertifiziertem Papier gedruckt. Hergestellt in Deutschland.

Bibliografische Information der Deutschen Nationalbibliothek:
Die Deutsche Nationalbibliothek verzeichnet diese Publikation in der Deutschen Nationalbibliografie; detaillierte bibliografische Daten sind im Internet über *http://dnb.dnb.de* abrufbar.

ISBN 978-3-367-11517-4

3., aktualisierte Auflage 2026

Rheinwerk Verlag GmbH • Rheinwerkallee 4 • 53227 Bonn
service@rheinwerk-verlag.de

Inhalt

Kapitel 1

Programme schreiben – wie geht das?

Programmieren ist keine Geheimwissenschaft – mit ein bisschen Neugierde und der Bereitschaft, Dinge auszuprobieren, kannst du lernen, wie du eigene Anwendungen schreibst. Und wenn du einmal verstanden hast, worum es beim Coden eigentlich geht, kannst du dich an immer größere und spannendere Aufgaben heranwagen!

Du möchtest Programmieren lernen? Herzlichen Glückwunsch, das ist eine gute Entscheidung. Programmieren kann ungeheuren Spaß machen. Es ist eine Tätigkeit, die dein Gehirn auf allen Ebenen fordert. Programmieren fördert gleichzeitig logisches und kreatives Denken. Du brauchst beides, um gute Programme zu schreiben. Aber keine Angst, es ist nicht erforderlich, dass du ein Mathegenie bist oder ein genialer Erfinder. Wenn du Spaß am Programmieren hast, findest du viele Bereiche, in denen du alle deine Fähigkeiten nutzen kannst.

Was bedeutet denn Programmieren eigentlich? Ist es so ähnlich wie das Schreiben von Texten in Word oder das Erstellen einer PowerPoint-Präsentation?

Ja und nein. Software zu schreiben ist etwas anderes als Software zu verwenden. Es ist wie mit Autos – viele können sie fahren, wenige können sie reparieren und noch weniger Menschen können eigene Autos entwerfen und bauen. So ist es mit vielen Programmen auch. Viele können zum Beispiel gut mit Office-Programmen umgehen oder auch Bilder mit Grafikeditoren bearbeiten. Und insbesondere Spiele beherrschen viele am Computer in großer Meisterschaft.

Eigene Programme zu entwickeln ist aber noch einmal etwas ganz anderes. Hier bist du von der Idee bis zur perfekten fertigen App ganz allein der Regisseur. Du denkst dir aus, was dein Programm können soll – und dann setzt du es Schritt für Schritt mithilfe einer Programmiersprache so um, dass der Computer genau weiß, was zu tun ist.

Mit jedem Programm, das du schreibst, erweiterst du deine Fähigkeiten und kannst dich danach an noch größere oder spannendere Projekte wagen. Immerhin kostet Programmieren nur Zeit, kein Geld, solange dir ein Computer zur Verfügung steht. Du brauchst keine Autowerkstatt oder Produktionsanlage, sondern nur deine Fantasie und das Wissen, wie du deine Ideen mithilfe einer geeigneten Programmiersprache in Code umsetzt.

Sollte man dafür nicht besser Informatik studieren?

Nein, das brauchst du nicht, um Programmieren zu lernen. Wenn du irgendwann im IT-Bereich einer Firma einen guten Job haben willst, ist es sicher von Vorteil, ein Informatikstudium vorweisen zu können, vor allem da das Programmieren selbst nur einen Teil eines Studiums ausmacht. Aber das Programmieren kannst du vollständig selbst lernen. Mit den vielen, vielen Anleitungen und Tutorial-Videos im Internet oder einem guten Buch ist es heutzutage besonders einfach geworden, sich jedes Spezialgebiet des Programmierens anzueignen. Je mehr Erfahrung du hast, desto schneller lernst du neue Techniken, denn alles baut aufeinander auf.

Was muss ich denn können, um Programmieren zu lernen?

Die besten und wichtigsten Voraussetzungen sind Neugier, Spaß und Lust darauf. Wenn du gerne am Computer arbeitest, dir auch mal ab und zu etwas Eigenes ausdenkst, wenn du neugierig bist, wie man ein Problem löst oder wie Dinge am Computer hinter den Kulissen gemacht werden, wenn du Spaß an einfachen oder auch kniffligeren Aufgaben hast oder auch nur Freude am Gestalten, Steuern und Basteln, dann bist du genau auf dem richtigen Kurs, selbst Programmierer zu werden.

Du brauchst kein Mathegenie zu sein – um Mathe geht es nur am Rande, da reicht die Fähigkeit, dir Zahlen und Größen ein wenig vorstellen zu können. Du brauchst auch kein großartiger Gestalter zu sein – wenn doch, dann kannst du das in deine Programme mit einbringen, wenn nein, dann findest du einen anderen Bereich der Programmierung, der dir naheliegt.

Das Programmieren ist sehr vielseitig und jeder Bereich, der dich fasziniert, ist erlernbar. Man kann mit Programmen Alltagsaufgaben lösen, knifflige Probleme in den Griff bekommen, kreative Spiele bauen, Roboter steuern, Lernmedien erstellen oder Daten verwalten. Eben alles, was ein Computer kann, kannst du prinzipiell auch selbst programmieren.

Wie und womit fange ich am besten das Programmieren an und wie weit kann ich kommen?

Nun, die erste Frage ist einfach zu beantworten: Du fängst am besten mit diesem Buch an. *Python* zu lernen ist ein hervorragender Einstieg in das Programmieren. Python ist einfacher zu lernen als viele andere Sprachen und trotzdem ist das, was du mit Python als Profi machen kannst, am Ende unbegrenzt. Mithilfe von Modulen aus allen nur erdenklichen Bereichen steht dir die ganze Welt des Programmierens offen, sei es die Programmierung von Datenbanken, Webservern, von Spielen, praktischen Tools oder Steuerungen – alles ist in Python möglich.

Python enthält alle Befehle und Strukturen, die andere professionelle Sprachen auch haben, bis hin zu den komplexesten Methoden. Wenn du mit Python verstanden hast, wie Programmiersprachen funktionieren, kannst du später bei Bedarf auch leicht umsteigen auf andere Programmiersprachen wie Java, C++, JavaScript, PHP oder was immer du beruflich oder privat nutzen willst. Mit Python kannst du alle wichtigen Grundlagen und Verfahren erlernen, die alle Programmierer in jedem System immer wieder anwenden.

Welche Version von Python lerne ich in diesem Buch?

In diesem Buch lernst du die grundlegenden Programmiertechniken mit Python in der aktuellen Version 3. Das Werkzeug bzw. der Editor oder die Entwicklungsumgebung, mit der wir arbeiten, ist *Thonny*, dazu erfährst du gleich mehr. Du bist aber nicht daran gebunden, sondern kannst natürlich auch mit anderen Editoren arbeiten.

Wie schnell lerne ich das Programmieren?

Das hängt natürlich ganz von dir selbst ab, davon, wie viel Zeit und Energie du in das Lernen steckst, wie viel Spaß es dir macht, dich immer wieder neu herauszufordern. Du musst am Anfang erst einmal wie ein Programmierer denken lernen. Das braucht ein bisschen Zeit, aber es geht dann nach und nach immer schneller und immer leichter. Am Anfang sind es ganz kleine Programme, die du schreiben wirst, aber mit jedem Programm, das du selbst schreibst oder anpasst, lernst du etwas dazu. Dieses Buch will dir dazu alle wichtigen Grundlagen vermitteln – das Wissen, wie man als Programmierer an Aufgaben herangeht, wie man ein Programm plant und aufbaut, welche Strukturen man wofür verwendet, welche Befehle und Module es gibt, wie man typische Vorgänge in ein Programm umsetzt. Vom einfachsten »Hallo« auf dem Bildschirm bis hin zur objektorientierten Spieleprogrammierung deckt dieses Buch sehr viel ab – natürlich immer mit einfachen und direkt umsetzbaren Beispielen.

Wenn du das Buch durchgearbeitet und alle Beispiele ausprobiert und verstanden hast, dann darfst du dich Programmierer nennen und kannst dich selbst an größere, eigene Projekte wagen. Von da an steht dir die Welt offen. Wohin deine Reise als Programmierer geht, bestimmst du ganz allein – das Wissen und die Fähigkeit zu programmieren hast du dann bereits!

Kapitel 2
Wie funktionieren Computer überhaupt?

Die meisten Menschen wissen heutzutage mehr oder weniger gut, wie man einen Computer bedient, zumindest die gängigen Programme wie Office, E-Mail-Clients oder Browser. Aber was der Computer in seinem Innern eigentlich macht, ist vielen unbekannt. Wer programmieren möchte, sollte sich davon zumindest einmal ein Bild machen.

Innenleben eines PCs

Hast du mal einen Computer von innen gesehen? Er ist eigentlich recht übersichtlich aufgebaut. Meistens besteht er aus einer Hauptplatine (dem Mainboard), auf der sich der Prozessorchip, der RAM-Speicher sowie diverse Ein- und Ausgänge befinden. Oft ist noch ein zusätzlicher Prozessor für die Grafikberechnung (Grafikkarte) aufgesteckt. An das Mainboard angeschlossen sind ein Stromanschluss mit Netzteil, eine oder mehrere Festplatten, heutzutage meist in Form eines schnellen Solid-State Drives (SSD), das ganz ohne Mechanik auskommt.

Im Gehäuse untergebracht ist vielleicht auch noch ein Laufwerk für CDs oder DVDs und von außen verbunden sind zusätzlich ein Bildschirm, eine Tastatur und eine Maus. Das sind schon die Grundbestandteile, mit denen man alles machen kann, was ein Computer eben so macht. Ähnlich sieht es bei einem Laptop aus – nur ist bei dem alles aus Platzgründen etwas dichter gedrängt und auf ein optisches Laufwerk wird meistens verzichtet.

Tablets und Smartphones sind natürlich ebenfalls vollständige Computer. Bei ihnen ist alles noch kleiner und kompakter ins Gehäuse gepresst, aber auch sie haben einen Prozessor, RAM-Speicher, einen Grafikchip, einen Akku als Stromversorgung und so etwas wie eine Festplatte. Zum Teil sind einige dieser Komponenten sogar in einem einzigen Bauteil integriert, einem sogenannten SoC, einem System-on-a-Chip. Und weil sie einen Touchscreen haben, benötigen sie weder Maus noch Tastatur.

Was machen diese einzelnen Teile denn eigentlich?

Nun, der eigentliche »Computer« ist der Prozessor, auch CPU genannt (*Central Processing Unit*). Computer heißt »Rechner« – und das Rechnen ist die Hauptaufgabe des Prozessors: Er berechnet und verarbeitet die Daten, die er bekommt. Er kann in ungeheurer Geschwindigkeit Werte addieren, subtrahieren, multiplizieren, dividieren, austauschen und abändern – und außerdem kann er die Zahlen und Zeichen, mit denen er umgeht, jederzeit sehr schnell in Zwischenspeicher schieben oder von dort wieder hervorholen. Sehr schnell heißt: Millionen bis Milliarden Mal in jeder Sekunde!

Der RAM-Speicher ist hierbei der schnelle Zwischenspeicher des Computers oder sein Kurzzeitgedächtnis, wenn du so möchtest. In ihm ist Platz für Daten und Werte, die extrem schnell gespeichert und wieder geladen werden können – aber nur, solange der Computer an ist. Beim Ausschalten verliert ein gewöhnlicher RAM-Speicher alle Daten.

Stell dir den Prozessor vereinfacht vor wie einen unvorstellbar schnellen Büroarbeiter, der an seinem Schreibtisch sitzt. Auf dem Schreibtisch liegen zahlreiche Zettel, die gerade nach genauen Vorschriften bearbeitet und verändert werden. Was auf dem Schreibtisch liegt, kann natürlich schnell und zügig bearbeitet werden – das ist der RAM-Speicher. Aber der Platz auf dem Schreibtisch ist begrenzt und immer wieder müssen Zettel in einem der zahllosen Ordner in den Regalen an der Wand abgeheftet oder bereits abgeheftete Zettel wieder hervorgeholt werden. Das dauert natürlich immer etwas länger, weil man aufstehen und zum Regal gehen muss – das ist der Massenspeicher, also die Festplatte des Computers. Dort sind die Daten allerdings auch sicher, während alles, was auf dem Schreibtisch liegt, nach Feierabend von der übereifrigen Putzkraft weggeschmissen wird.

Jedes Mal, wenn ein Vorgang abgeschlossen ist, wird das Ergebnis im Flur an ein schwarzes Brett gehängt, sodass alle es sehen können.

Der Büroarbeiter ist also der Prozessor, der Schreibtisch ist der RAM-Speicher und die ganzen Aktenordner stellen die Festplatte dar. Die Zettel sind ganze Programme oder Daten und das schwarze Brett ist der Grafikchip mit angeschlossenem Bildschirm, auf dem das Ergebnis erscheint. So kannst du dir das Innenleben des Computers auf (sehr) einfache Weise vorstellen.

Eingabe, Verarbeitung, Ausgabe

Eigentlich kann der Computer nicht besonders viel. Seine eigenen Fähigkeiten sind beschränkt und umfassen nur das exakte Berechnen und Abändern einzelner kleiner Datenmengen. Weil er aber so unglaublich schnell ist und Millionen dieser Vorgänge in Sekundenbruchteilen erledigen kann, vollbringt er doch sehr beeindruckende Leistungen, vorausgesetzt, er erhält ganz genaue Vorschriften, was er denn in welcher Reihenfolge machen soll. Diese Vorschriften nennt man Programme – ganz präzise Arbeitsanweisungen für den Computer, Schritt für Schritt. Ohne Programme wäre er praktisch wie tot und würde gar nichts machen.

Dabei besteht jedes sinnvolle Computerprogramm immer aus denselben drei grundlegenden Vorgängen: Daten holen (Eingabe), Daten verarbeiten, Daten ausgeben. Der Computer bekommt Daten von seinem Benutzer bzw. von der Festplatte oder einem Eingabegerät. Diese Daten verarbeitet er mithilfe seiner Vorschriften (dem Programm). Wenn er damit fertig ist, gibt er sie wieder aus, sodass der Benutzer das Ergebnis zurückbekommt.

Auch eine alte Kaffeemühle arbeitet so, nur simpler: Die Eingabe sind die Kaffeebohnen, die man in ihren Schacht wirft, das Verarbeiten ist das Mahlen der Bohnen mit verschiedenen groben oder feinen Mahlwerken, die Ausgabe ist das in die untere Schublade rieselnde feine Kaffeepulver, das der Benutzer am Schluss entnehmen kann, um seinen Kaffee zu kochen.

Statt der Kaffeebohnen kommen Daten in den Computer – im Grunde sind das eigentlich immer Zahlen oder genauer Bits und Bytes, dazu gleich noch etwas mehr. Die Daten können von der Festplatte kommen, wo sie als »Dateien« in einem ganzen Bündel zusammengefasst abgerufen und in den Zwischenspeicher geschoben werden, oder sie werden vom Benutzer mit Maus und Tastatur eingegeben oder sie kommen von einem Mikrofon, einer Kamera oder einem Sensor, die mit dem Gerät verbunden sind. Eingaben können auch von einem anderen Speichermedium erfolgen, wie einem CD-ROM-Laufwerk oder einem USB-Stick. Ebenso können sie über ein Netzwerk von einem anderen Computer kommen bzw. aus dem Internet.

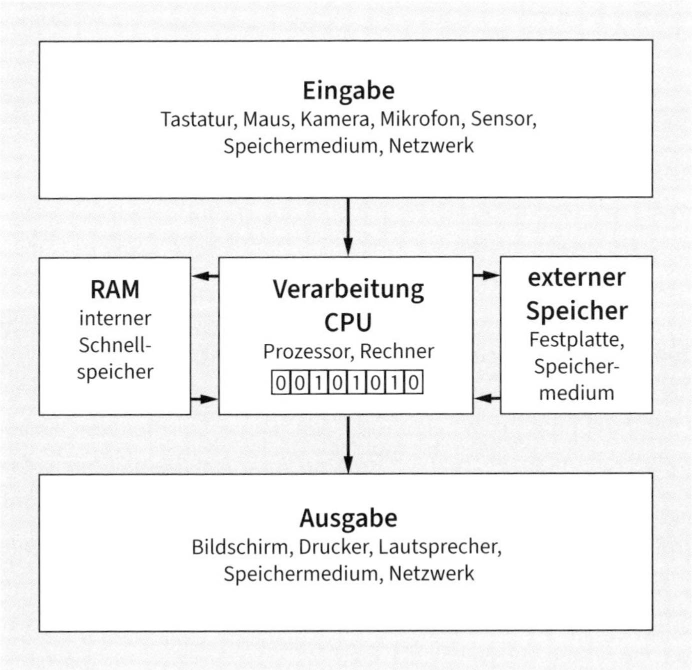

Abbildung 2.1: So funktioniert ein Computer: Eingabe, Verarbeitung, Ausgabe.

Statt eines Mahlwerkes hat der Computer ein »Rechenwerk«, das die eingegebenen Daten Stück für Stück verarbeitet, verändert, umrechnet, aneinanderhängt oder trennt und sie anschließend in seine Zwischenspeicher packt, um mit dem nächsten Datenstück weiterzumachen. Das ist die »Verarbeitung«, die im Prozessor stattfindet. Und weil der Prozessor immer nur eine Zahl oder ein Stück Text gleichzeitig verarbeiten kann, braucht er eben zusätzlich einen großen Speicher, um alles, was er bereits verarbeitet hat oder noch weiterverarbeiten muss, irgendwo sicher zwischenzulagern, bis er es später wieder abruft. Das ist der interne Speicher oder der RAM-Speicher.

Wenn das Programm seine Verarbeitungen abgeschlossen hat, muss das Ergebnis dem Benutzer zur Verfügung gestellt werden – das ist die Ausgabe. Die ermittelten Zahlen oder der erstellte Text oder die Grafikdaten oder sonstigen Daten werden an das passende Gerät gesendet, etwa an den Bildschirm oder Drucker, an den Klangprozessor, oder sie werden als Datei auf die Festplatte geschrieben.

Das ist also der ganze Job eines Computers – und den erledigt er je nach Aufgabe mal in einfacher, mal in vielfach kompliziert verschachtelter Weise, aber immer geht es um *Dateneingabe, Datenverarbeitung, Datenausgabe*.

Wer Programme für Computer schreibt, muss ihm genau dafür Vorschriften geben: Welche Daten kommen auf welche Weise rein? Wie werden sie genau verarbeitet? Und wie werden sie am Ende ausgegeben?

Bits und Bytes

Die Größe eines Computerspeichers (des RAM-Speichers oder einer Festplatte) wird in Bit oder Byte angegeben, heutzutage eher in Gigabyte (GB) oder sogar Terabyte (TB). Was genau hat es damit auf sich? Dazu muss man wissen, wie ein Computer eine Zahl oder einen Buchstaben überhaupt speichert. Schließlich schreibt er keine kleinen Zettel, auf denen die Werte stehen. Der Prozessor und der Speicher eines Computers bestehen im Wesentlichen aus Millionen bzw. Milliarden winziger Transistoren. Das sind elektronische Bauteile, die wie Schalter funktionieren, die man durch Strom ein- oder ausschalten kann und die ihren Zustand behalten, solange der Computer Strom bekommt. Jeder dieser Schalter wird als ein *Bit* bezeichnet. Mit einem Bit kann man die Zahl 1 oder die Zahl 0 speichern. 1 heißt, der Schalter ist angeschaltet. 0 heißt, er ist ausgeschaltet.

Wie speichert man nun größere Zahlen als 1 oder 0? Ganz einfach, indem man mehrere Bits zu einer Zahl zusammenfasst. Eine Gruppe von 8 Bit wird als *Byte* bezeichnet. Mit 1 Byte kann man bereits alle ganzen Zahlen von 0 bis 255 speichern. Das ist nämlich die Anzahl der möglichen Kombinationen von Einsen und Nullen in 8 Bit.

1 Byte = 8 Bits

128	64	32	16	8	4	2	1
0	0	1	0	1	0	1	0

Abbildung 2.2: 1 Byte besteht aus 8 Bit – hier die Zahl 42 als Byte dargestellt.

Ein Zahlensystem, das nur aus Einsen und Nullen besteht, nennt man auch *Dualsystem* oder *Binärsystem*. Damit arbeitet jeder Computer intern. In diesem System kann man alle Zahlen der Welt speichern, nur dass man mehr Stellen braucht als in unserem sonst üblichen Dezimalsystem, das wir gewohnt sind.

So speichert der Computer Zahlen mit acht An- und Ausschaltern

```
00000000 = 0
00000001 = 1
00000010 = 2
00000011 = 3
00000100 = 4
00000101 = 5
11111111 = 255
```

Man könnte mit 8 Bit bei Bedarf auch die Zahlen von –127 bis +127 darstellen, indem man das erste Bit als Vorzeichen deutet (0 = plus, 1 = minus) und die restlichen Bits als Zahlenwert versteht.

Und da 256 verschiedene Zahlen mehr sind als es Buchstaben in unserem Alphabet gibt, kann man jedes Byte nicht nur als eine Zahl, sondern auch als einen Buchstaben bzw. ein Schriftzeichen verstehen. Dazu wurde früher der ASCII-Code erfunden: 65 steht darin zum Beispiel für A, 66 für B, 67 für C usw. So kann 1 Byte im Computer für eine von 256 Zahlen oder auch für eines von 256 Zeichen stehen.

Weil aber viele Berechnungen höhere Zahlenräume benötigen, werden heutzutage mehr als 8 Bit zu einem Wert zusammengefasst. Zunächst waren das 16 Bit (genannt ein Word oder Doppelbyte, damit sind schon 65.536 verschiedene Ganzzahlen möglich), später 32 Bit und dann 64 Bit. Mit 64 Stellen lassen sich die meisten Werte, die heutzutage in Berechnungen gebraucht werden, problemlos darstellen. Dementsprechend hat sich auch der Aufbau der

Prozessoren (= Rechenmodule) im Computer geändert. Während die frühen Computer 8-Bit-Prozessoren hatten, also 8 Bit gleichzeitig verarbeiten konnten, erschienen später die 16-Bit-Computer, dann kamen 32-Bit-Prozessoren auf den Markt. Heutzutage haben die aktuellen Computer eine 64-Bit-Architektur. Das heißt, dass in der Regel 64 Bit zu einem Wert zusammengefasst werden und gleichzeitig vom Prozessor in einem Befehl verarbeitet werden können.

[+]

Kilo, Mega, Giga, Tera – Speicherkapazitäten wachsen mit ihren Aufgaben

1 Byte sind also 8 Bit, also acht Transistorschalter auf einem Chip. Bei den ersten Computern in den frühen 1980er Jahren wurde die Gesamtkapazität des Computerspeichers in Kilobyte (kB) angegeben – Kilo steht für tausend, aber wegen des Binärsystems waren damit exakt 1.024 Byte gemeint.

Ein Homecomputer hatte damals 4, 8, 16, 32 oder 64, später sogar »sagenhafte« 640 kB. Das galt in den 1980er Jahren als ausreichend für alle Aufgaben. Heutzutage haben einfache Computer einen Arbeitsspeicher, der in etwa 13.000-mal so groß ist. Die Festplatten wuchsen sogar noch schneller und sind heute 50.000-mal so groß – Tendenz steigend.

Prozessortakt – wie schnell läuft mein PC?

Der Prozessortakt bezeichnet die Geschwindigkeit, mit der die Recheneinheit des Computers Daten verarbeiten kann. Mit jedem Takt kann der Computer genau einen Befehl verarbeiten, zum Beispiel einen Wert verändern, einen Wert berechnen, einen Wert speichern oder einen Wert aus dem Speicher holen. Die Anzahl der Takte pro Sekunde wird in Hertz (Hz) angegeben. Ein Prozessor mit 100 Hz könnte also 100 Rechenoperationen in 1 Sekunde durchführen. Das klingt schnell, wäre aber extrem langsam, wenn man heutige Computer betrachtet. Die arbeiten nämlich mit einem Takt von mehreren Gigahertz, das sind Milliarden Hertz.

Ein moderner Computer kann also mehrere Milliarden Vorgänge in 1 Sekunde ausführen. Das ist geradezu unvorstellbar schnell – allerdings haben heutige Computer auch einiges zu tun, wenn sie zigmal pro Sekunde hochauflösende Grafiken oder Videos berechnen und anzeigen und selbst komplizierteste 3D-Berechnungen in Echtzeit durchführen müssen. Da sind meist schon mehrere Millionen Befehle notwendig, um nur ein einziges Bild zu berechnen und auf dem Bildschirm anzuzeigen. Aber diesen Anforderungen ist ein moderner Prozessor problemlos gewachsen.

Kapitel 3

Python – die Programmiersprache

Bei Python denkt man erst einmal an eine gefährliche Würgeschlange. Damit hat Python aber nichts zu tun, auch wenn der Name so klingt. Python ist eine von vielen Sprachen, mit denen man heutzutage Computer programmieren kann. Warum gerade Python einen perfekten Einstieg in die Welt des Programmierens bietet, erfährst du in diesem Kapitel.

Maschinensprache – die Muttersprache des Prozessors

Computer machen nichts anderes, als vorgegebene Befehle auszuführen. Eine Liste von zahlreichen Befehlen, die nacheinander ausgeführt werden, nennt man »Programm«. Die einzelnen Befehle im Prozessor sind dabei sehr simpel, zum Beispiel »hole ein Byte aus Speicherzelle 34567 in den Prozessor« oder »verdopple den Wert des Bytes, das gerade im Prozessorspeicher steckt« oder auch »sende ein Byte an die Datenleitung zur Grafikeinheit«. Diese Befehle werden dem Prozessor wiederum nicht in Worten gegeben, sondern als Zahlencodes, die in Bits und Bytes stecken. Der Prozessor versteht, welche Bitkombination für welchen Befehl steht, und führt ihn dann aus. Diese interne »Muttersprache« des Prozessors nennt man *Maschinensprache*. Computerprozessoren verstehen bis heute grundsätzlich nichts anderes als Maschinensprache.

Ein einfaches Beispiel dazu: Die Zahl 21 soll verdoppelt werden. Das könnte in Maschinensprache dann so aussehen:

```
48 C7 C0 15 00 00 00
48 01 C0
```

Jede Zeile beinhaltet eine Anweisung, die im hexadezimalen Zahlensystem geschrieben ist. In der ersten Zeile wird die Zahl 21 – hier hexadezimal als 15 dargestellt – in einen Speicher geschrieben. In der zweiten Zeile wird der dort abgelegte Wert verdoppelt. Die hexadezimale 48 am Anfang jeder Anweisung ist dabei (vereinfacht gesagt) eine Angabe zur Prozessorarchitektur.

Auf diese Art kann man extrem schnelle Programme schreiben und auch sehr hardwarenahe Programme können so erstellt werden. Das ist aber schwer zu schreiben und schwer zu lesen und dementsprechend sehr zeitaufwendig. Eine erste Verbesserung war (vor langer, langer Zeit) *Assembler*. Damit wurden die kryptischen Zahlenbefehle in nicht mehr ganz so kryptischen Codes abgebildet.

In Assembler sieht unser Beispiel dann so aus:

```
mov rax, 21
add rax, rax
```

Das wird so sicherlich keinen literarischen Preis gewinnen, doch mit ein wenig Fantasie, etwas Englisch und der Information, dass `rax` ein Register, also ein bestimmter Speicher im Prozessor ist, kann man erahnen: In der ersten Zeile wird der Wert `21` in einen bestimmten Speicher namens `rax` geschrieben und in der zweiten Zeile wird der aktuelle Wert von `rax` zu dem aktuellen Wert in `rax` addiert – fertig ist die ›42‹ als Ergebnis. Natürlich fehlt hier noch einiges, denn der neue Wert wird ja nicht einmal ausgegeben, sondern steht nur in dem angegebenen Speicher.

Leicht geht anders – zum Beispiel mit Python

Wie du siehst, sind Maschinensprache und auch Assembler doch eher komplex und schwer zu lesen. Aus diesem Grund wurden schon früh die sogenannten höheren Programmiersprachen entwickelt. Diese Sprachen sind viel einfacher zu verwenden als Maschinensprache oder Assembler. Sie enthalten lesbare Befehle, mit denen wir direkt ausdrücken können, was der Computer machen soll, zum Beispiel »Hallo« auf den Bildschirm zu schreiben:

```
print("Hallo")
```

Das ist dann nur noch eine einzige Zeile, gut zu verstehen und gut zu merken. Der Prozessor kann damit aber erst einmal gar nichts anfangen – ein spezielles Programm muss diesen Befehl erst hinter den Kulissen in Dutzende oder mehr Zeilen Maschinensprache umschreiben. Erst dann kann der Computer das Programm so ausführen, wie es der Entwickler wünscht. Beim Programmieren in einer höheren Programmiersprache sind also immer zwei Ebenen beteiligt: der höhere Befehl, den du dem Computer gibst, und der **Übersetzer**, der diesen Befehl für den Computer in Maschinensprache übersetzt, sodass dieser ihn ausführen kann.

Die Übersetzer – Interpreter und Compiler

Es gibt zwei Sorten solcher Übersetzer für höhere Programmiersprachen, nämlich *Interpreter* und *Compiler*.

Compiler übersetzen ein gesamtes fertiges Programm immer zuerst komplett in Maschinensprache (das nennt man kompilieren). Dann wird dieses übersetzte Programm gespeichert und kann danach immer wieder (ohne erneut kompiliert werden zu müssen) direkt auf dem Computer ausgeführt werden. Der Compiler wird dabei nicht mehr benötigt – zumindest, solange es keine Änderung im Programmcode gibt.

Berühmte Compilersprachen und schon ziemlich alte Hasen sind C und C++, die in den 1970er bzw. 1980er Jahren entstanden. Sie haben den Vorteil, dass man mit ihnen extrem schnell ablaufende und sehr hardwarenahe Programme schreiben kann, zum Beispiel für die Programmierung von Microcontrollern (das sind sehr kleine Einplatinenrechner).

Diese Sprachen haben aber oft den Nachteil, dass das Programmieren anspruchsvoller und etwas zeitaufwendiger ist. Zwischen einer Änderung im Code und dem Testen bzw. der Ausführung liegt immer der zusätzliche Schritt des Kompilierens, was den Entwicklungsprozess umfangreicher macht. Ein kompiliertes Programm funktioniert auch immer nur für eine bestimmte Prozessorarchitektur und ein festgelegtes Betriebssystem. Soll das Programm auf einem anderen System laufen, dann muss es speziell dafür neu kompiliert werden.

Interpretersprachen funktionieren etwas anders: Der Code wird nicht vorher vollständig übersetzt, sondern Schritt für Schritt während der Ausführung verarbeitet. Das Entwickeln ist damit schneller und flexibler, Änderungen können sofort ausprobiert werden. Bei Interpretersprachen liegt das Programm immer als Quellcode (also als lesbares Programm) vor und muss vor *jeder* Ausführung von einem speziellen Übersetzungsprogramm, dem *Interpreter* (= Übersetzer) wieder neu in Maschinensprache übersetzt werden. Dadurch laufen diese Programme natürlich etwas langsamer ab, weil ja immer eine Programm-Engine im Hintergrund mitläuft, überprüft und übersetzt, aber bei den heutigen Geschwindigkeiten der Computer fällt das meist kaum noch ins Gewicht. Dafür spielt es praktisch keine Rolle, auf welchem Betriebssystem oder in welcher Rechnerarchitektur das Programm abläuft – der Code ist immer gleich.

Interpretersprachen sind meist leichter zu erlernen und einfacher anzuwenden. Das liegt nicht unbedingt nur an der Sprache, sondern auch an der Art, wie sie ausgeführt wird: Änderungen können sofort ausprobiert werden, ohne dass vorher ein komplettes Programm kompiliert werden muss. Dadurch eignen sie sich hervorragend, um die Grundlagen des Programmierens zu erlernen. Typische Interpretersprachen sind BASIC (in der Anfangszeit der Computer sehr beliebt), PHP, JavaScript – oder eben auch Python.

[+]

Kompromiss zwischen Interpreter- und Compilersprachen

Neben Interpreter- und Compilersprachen gibt es übrigens noch Sprachen, die ein »Mitteldıng« sind, weil bei ihnen ein Compiler den Programmcode erst in eine Art Zwischenform vorübersetzt. Dieser Zwischencode wird gespeichert und beim Starten des Programms dann jedes Mal neu in Maschinensprache übersetzt. Auf den ersten Blick mag das unnötig kompliziert erscheinen, hat aber den Vorteil, dass je nach Situation das Programm besser optimiert werden kann.

Damit wird ein Kompromiss aus leichterer Anwendung und schneller Ausführung erreicht. Zu diesen Sprachen gehören zum Beispiel Java und C#. Trotz ihrer Vereinfachungen sind auch sie doch eher für fortgeschrittene Programmierer geeignet. Zum Lernen des Programmierens an sich eignen sich die reinen Interpretersprachen und ganz besonders Python auf jeden Fall besser.

Python – einfach und universell

Du hast dich also entschieden, das Programmieren mit Python zu lernen. Das ist eine sehr gute Wahl. Wer programmieren lernen will – ob professionell oder nur zum Spaß – hat mit Python in jedem Fall genau den richtigen Einstieg, denn:

- **Python ist universell** – das heißt, du kannst mit Python, wenn du die Sprache und ihre Anwendung beherrschst, in allen möglichen Bereichen programmieren, seien es Lernprogramme, Grafikprogramme, Onlinesoftware, Spiele, künstliche Intelligenz oder die Steuerung von Robotern. Während du mit anderen Interpretersprachen, wie zum Beispiel JavaScript, in erster Linie Anwendungen für das Web programmierst oder mit einer Sprache wie PHP Programme schreibst, die meistens auf Webservern ablaufen, ist Python auf fast jedem Gebiet einsetzbar.
- **Python ist einfach und klar** – Programme in Python sind übersichtlicher und leichter zu lesen, weil sie mit Einrückungen arbeiten statt mit unübersichtlichen Klammern und zahllosen Semikola. Und gleichzeitig kennt und verwendet Python alle komplexen Prinzipien, die auch in anderen professionellen Programmiersprachen vorkommen, aber bei Python sind sie leichter zu begreifen. Wenn du Python erst einmal richtig verstanden hast, kannst du später auch leicht auf eine andere Sprache umsteigen – wenn du das dann überhaupt noch möchtest.
- **Python ist modern** – die Sprache ist jünger als manche althergebrachte Sprache. Sie wurde 1994 von dem niederländischen Informatiker Guido van Rossum veröffentlicht, der ganz bewusst eine neue, klare und leicht verständliche Programmierlehrsprache entwickelt hatte. Python sollte so eindeutig und übersichtlich wie möglich sein, mit so wenigen Befehlen wie möglich auskommen und so einfach wie möglich anwendbar sein. Mit Python soll man programmieren lernen können, ohne allzu viel technischen Ballast mit sich herumzuschleppen.

[+]

Die Komiker

Der Name der Sprache Python geht übrigens nicht, wie viele denken, auf die gleichnamige Schlange zurück, sondern er entstand, weil der Entwickler ein großer Fan der britischen Komikertruppe »Monty Python« war. Wer will, kann das ja mal googeln. Monty

Python war in den 1970er Jahren legendär und produzierte vor allem sehr originelle und witzig-absurde Sketche für die Fernsehshow »Monty Python's Flying Circus«. Auch Kultfilme wie »Das Leben des Brian« und »Der Sinn des Lebens« stammen von Monty Python – man sollte dafür am besten gut Englisch können, denn in der deutschen Übersetzung kommt nicht alles gleich gut rüber.

Python ist aktuell übrigens in der Version 3 angekommen. Die Vorgängerversion, Python 2, wurde bis 2020 unterstützt, spielt aber heute keine Rolle mehr.

Das richtige Werkzeug – Interpreter und Editor

Du möchtest also Programme in Python schreiben und auf deinem Computer laufen lassen. Dafür benötigst du natürlich die richtigen Werkzeuge: Erst einmal einen **Editor**, um das Programm zu schreiben und zu speichern. Dann muss dein Programm übersetzt und ausgeführt werden – das ist die Aufgabe des **Interpreters**.

So leicht es dir Python auch macht, das Programmieren zu erlernen, so schwer kann die Auswahl der richtigen Werkzeuge sein. Eine Möglichkeit ist, Python von der offiziellen Webseite *www.python.org* herunterzuladen, um es dann auf deinem Rechner zu installieren. Die meisten Schritte laufen menügeführt ab, dennoch gibt es auch hier den einen oder anderen Stolperstein, zum Beispiel bei der Verwendung externer Bibliotheken.

Da wir uns auf das Programmierenlernen konzentrieren wollen, gehen wir in diesem Buch einen einfacheren Weg: Wir arbeiten mit einer kompletten Entwicklungsumgebung, die einfach und komfortabel ist und dennoch viele Funktionen hat, die man sonst eher von professionellen Entwicklungsumgebungen her kennt. Gemeint ist *Thonny*. Thonny ist ein einfach zu bedienender Editor, der sogar eine aktuelle Version von Python bereits »an Bord« hat. Du musst also außer Thonny nichts anderes installieren und keine Konfigurationen vornehmen: Thonny kümmert sich um alles.

Kann ich auch ohne Thonny mit dem Buch arbeiten?

Keine Sorge, auch wenn du nicht mit Thonny arbeitest, kannst du alles aus diesem Buch mit jedem anderen Editor und einer aktuellen Version von Python programmieren.

Thonny ist kostenfrei für Windows, Mac und natürlich auch für Linux verfügbar. Wenn du mit einem *Rasperry Pi* arbeitest, einem sehr beliebten Einplatinencomputer mit Linux, dann ist Thonny sogar schon fertig installiert, denn dort ist Thonny der Standard für das Programmieren mit Python. Kein Wunder, denn Thonny ist einfach zu bedienen und bietet viele Funktionen, die man sonst nur von größeren Entwicklungsumgebungen her kennt.

Kapitel 4
Thonny installieren – einfacher geht's nicht

Manche Programmiersysteme sind so kompliziert, dass man mitunter Tage damit verbringen kann, sie auf dem eigenen Computer zu installieren, einzurichten und fehlerfrei ans Laufen zu bringen. Jeder Programmierer kann ein Lied davon singen. Mit Thonny gibt es dieses Problem nicht. Die Installation und Inbetriebnahme dauern nur wenige Minuten – und dann ist alles da, was du brauchst und noch viel mehr.

Und los geht's. Den neuesten Installer für Thonny lädst du dir einfach aus dem Internet herunter. Geh dazu auf die Website *www.thonny.org*. Du findest dort den Download von Thonny für jedes Betriebssystem in der aktuellen Version.

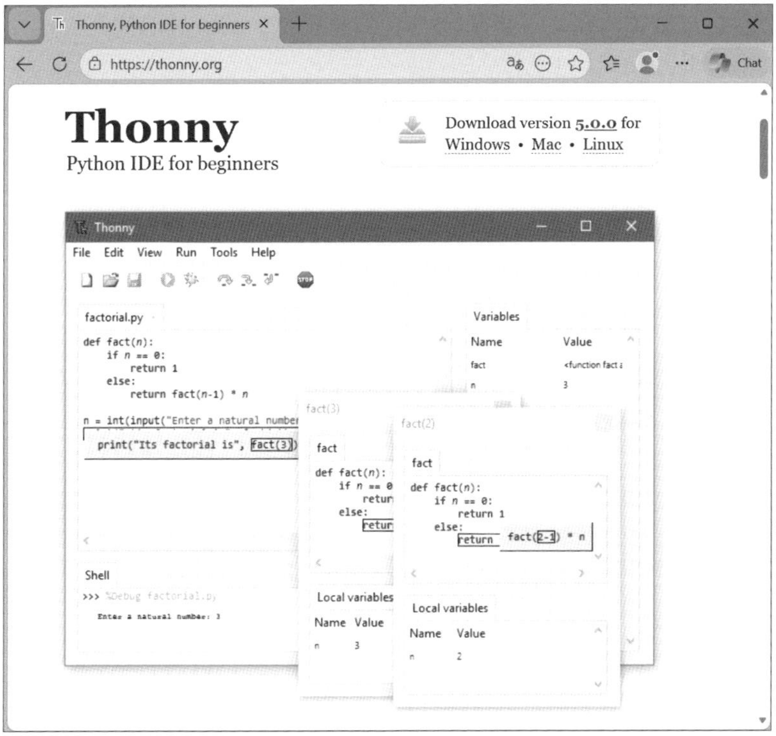

Abbildung 4.1: Für jedes Betriebssystem kostenlos zu haben

Die Installation geht in wenigen Minuten vonstatten. Alles, was du brauchst, ist ein Computer oder Laptop mit Windows oder macOS. Auch unter Linux kannst du Thonny problemlos installieren. Spring jetzt einfach zu dem Abschnitt, der die Installation unter deinem System beschreibt.

Installation unter Windows

Thonny gibt es für Windows in mehreren Varianten. Für Intel- bzw. AMD-Prozessoren, für ARM-Prozessoren und sogar als portable Version, die du zum Beispiel von einem USB-Stick auf verschiedenen Windows-Rechnern starten kannst. In den meisten Fällen sollte die erste Variante für Intel/AMD die richtige sein.

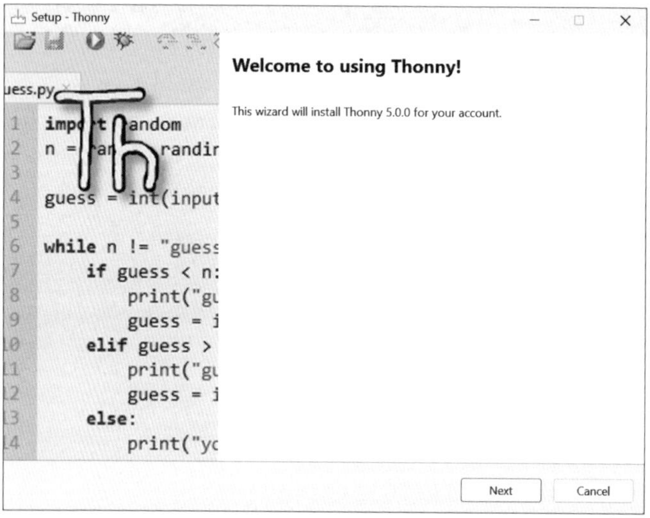

Abbildung 4.2: Nur noch ein paar Klicks bis zur fertigen Installation …

Sobald du die Datei heruntergeladen hast, kannst du damit die Installation starten. Als Erstes musst du ganz klassisch die Lizenzvereinbarung bestätigen und im nächsten Schritt den Ort für die Installation. Im Normalfall musst du hier nichts ändern. Auch bei dem folgenden Fenster für das Programmsymbol bzw. den Shortcut zu dem Programm kannst du weiterklicken. Das Angebot, ein Desktop-Icon anzulegen, kannst du gerne annehmen, denn mit Thonny wirst du ja in nächster Zeit eine Menge zu tun haben.

Abbildung 4.3: … und schon fertig!

Das war's. Am Ende klickst du auf **Finish**, und schon ist Thonny auf deinem Gerät vorhanden. Auf dem Desktop findest du ein Thonny-Symbol, mit dem du Thonny ab jetzt jederzeit starten kannst.

Abbildung 4.4: Das Thonny-Icon auf dem Desktop

Jetzt kannst du am Ende des Kapitels weiterlesen!

Installation auf dem Mac

Auch auf dem Mac ist die Installation von Thonny einfach. Wichtig ist nur, dass du die passende Version auswählst: für einen Mac mit Intel-Prozessor oder für einen Mac mit Apple-Chip, zum Beispiel M1, M2 oder neuer.

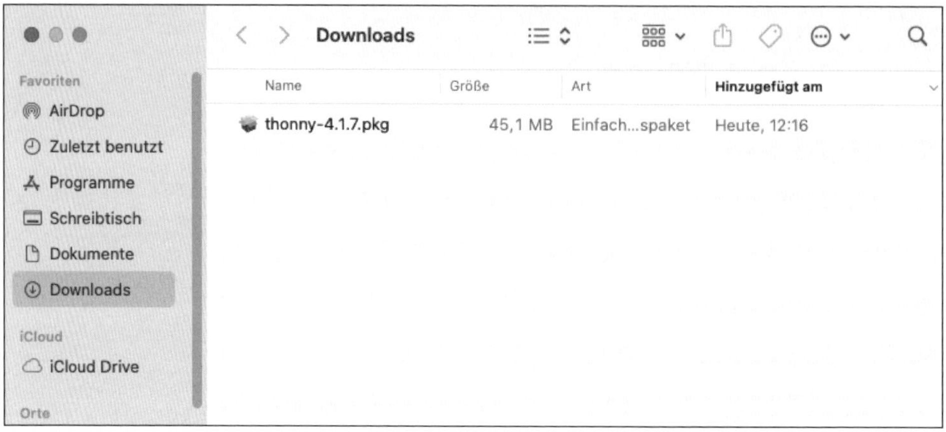

Abbildung 4.5: Der Download sollte schnell gemacht sein. Jetzt noch ein Doppelklick …

Nach dem Download startest du die Installation mit einem Doppelklick auf die heruntergeladene Datei. Änlich wie bei Windows wirst du dann durch die einzelnen Schritte geführt.

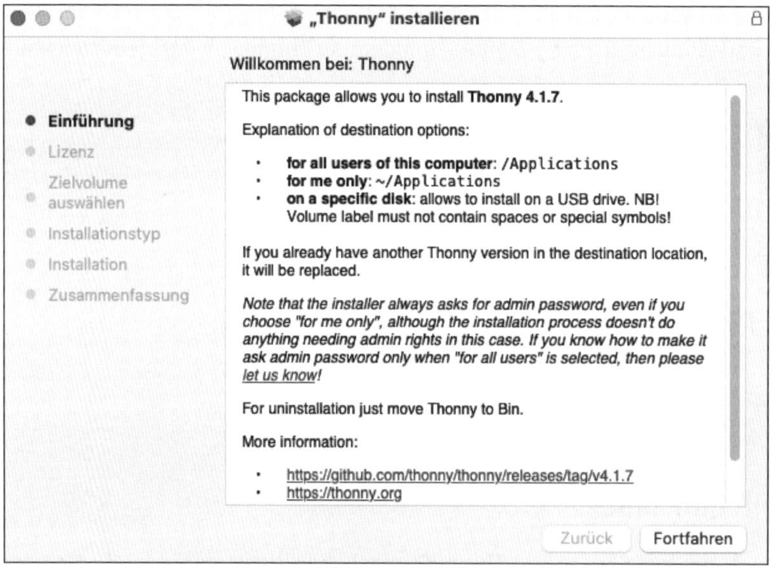

Abbildung 4.6: … nur ein paar Schritte …

Das folgende Fenster mit der Lizenz kannst du direkt bestätigen. Auch beim Zielvolume kannst du im Normalfall einfach dein Okay geben, genauso wie bei dem Fenster für den Installationstyp. Beim Installationstyp kannst du festlegen, ob Thonny nur für dich oder für alle User auf dem jeweiligen Rechner zur Verfügung stehen soll.

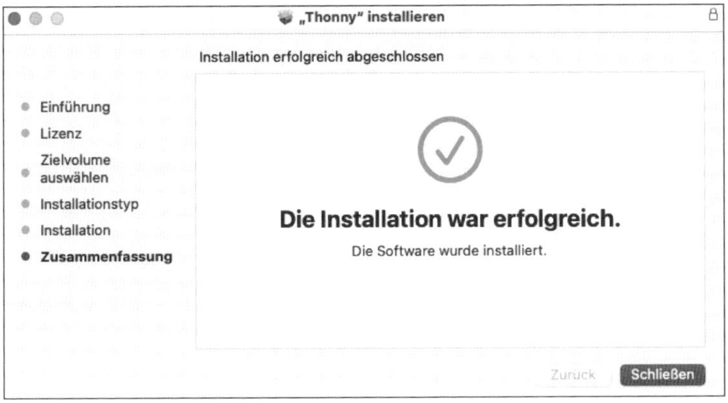

Abbildung 4.7: ... schon ist es geschafft.

Jetzt kannst du am Ende des Kapitels weiterlesen!

Installation unter Linux

Bei vielen Linux-Distributionen kannst du die Installation direkt über das jeweilige Programm **Software** deiner Distribution installieren, über das du auch deine übrige Software installierst. Du benötigst also nicht einmal den Download von *thonny.org*. Am schnellsten findest du Thonny über die Suche des Programms **Software**, das ist meist schneller als durch die angebotenen Rubriken zu scrollen.

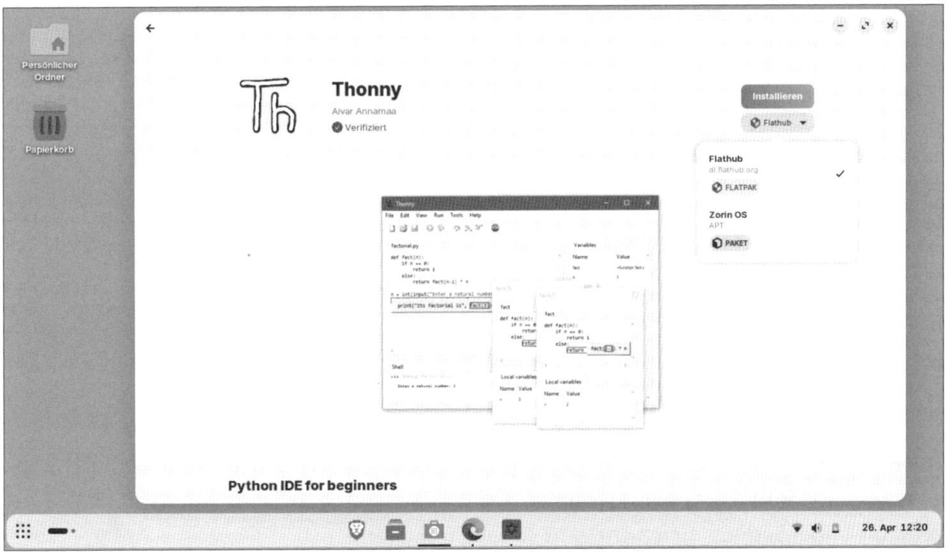

Abbildung 4.8: Nur das gewünschte Paket ist noch auszuwählen.

Je nach Linux-Distribution werden dir unterschiedliche Paketarten zur Installation angeboten – viel falsch machen kannst du hier nicht, aber frag im Zweifelsfall deinen Administrator oder Google.

Du musst dann nur noch auf **Installieren** klicken, einen Moment warten, und schon kannst du Thonny starten, entweder gleich über **Öffnen** im Fenster von **Software** oder ganz normal, wie du auch deine anderen Programme startest – da kann es ja ganz unterschiedliche Möglichkeiten geben, je nach Distribution und Einrichtung deines Systems.

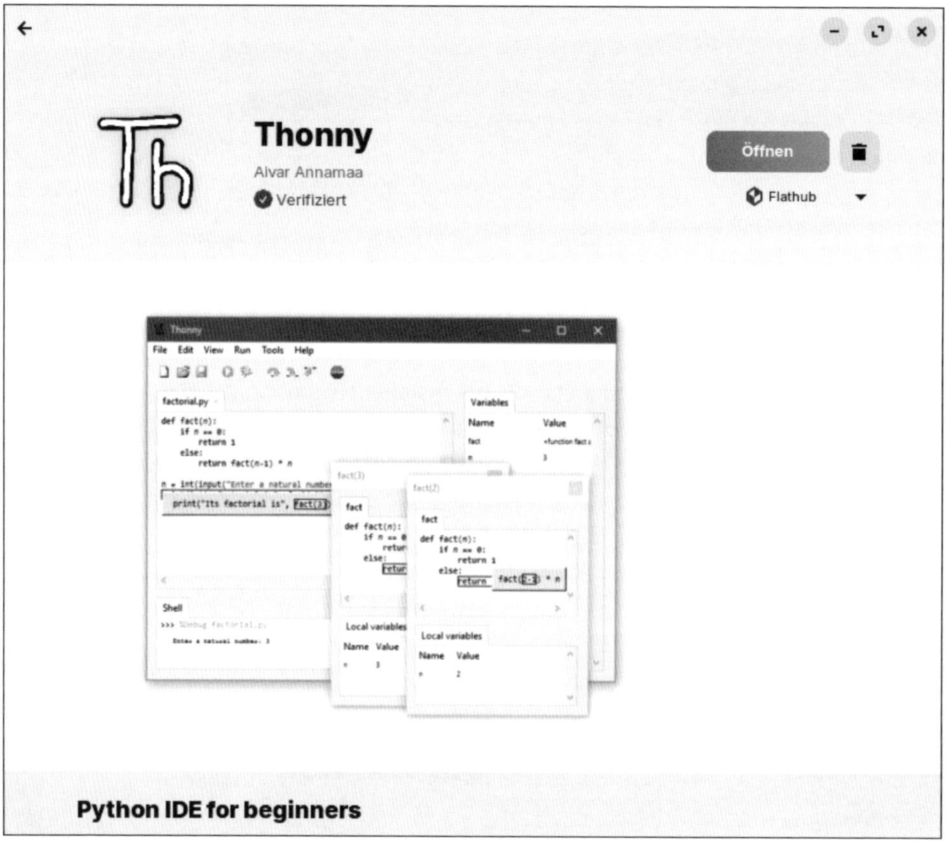

Abbildung 4.9: Schnell und einfach

Der erste Start von Thonny

Wenn du Thonny zum ersten Mal startest, kannst du die verwendete Sprache unter **Language** und die **Initial Settings** auswählen. Bei der Sprache sollte sofort klar sein, um was es geht. Die Initial Settings sind nicht ganz so selbsterklärend.

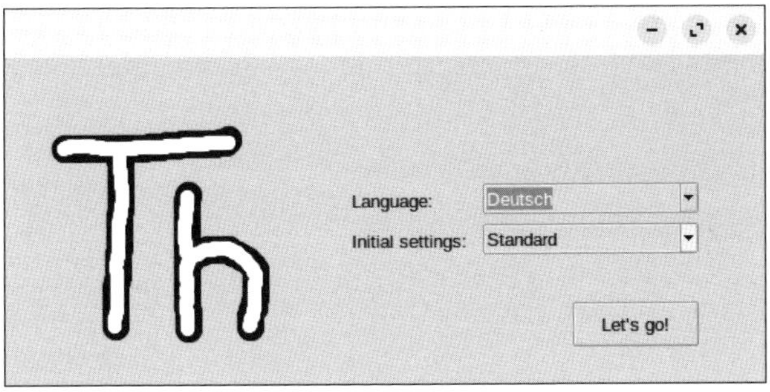

Abbildung 4.10: Der erste Start von Thonny

Hier kannst du einstellen, ob Thonny ganz normal oder mit einer etwas vereinfachten Oberfläche dargestellt werden soll. Für dieses Buch ist die Empfehlung **Standard** zu verwenden. Es gibt für Windows und Linux die Möglichkeit, den Modus **Raspberry Pi (simple)** auszuwählen. Hier sind unter anderem die Icons größer und auch etwas bunter, zudem ist die Menüstruktur etwas einfacher. Auf einem Mac ist diese Darstellung leider nicht verfügbar.

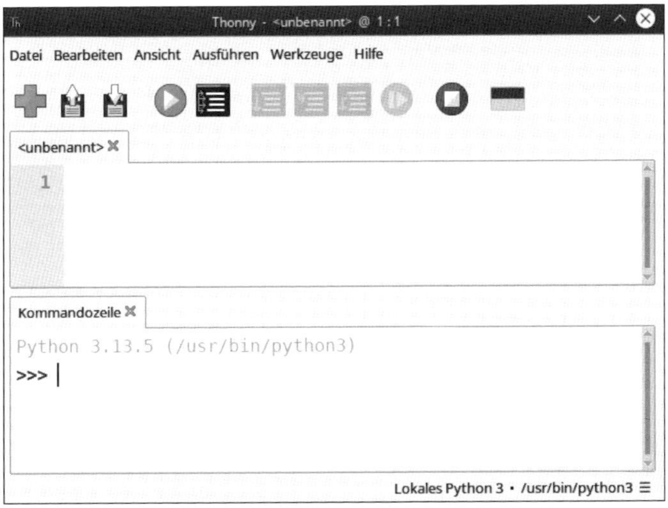

Abbildung 4.11: Auch ganz schick – Thonny im Raspberry-Pi-Modus

Kapitel 5

Die ersten Schritte – Python im Dialog

Hurra, Python ist da – und jetzt lernst du, mit dem Interpreter zu sprechen. Auf der Konsole kannst du der Python-Engine einfach mal ein paar Kommandos schicken und du wirst sehen, dass alles genauso ausführt wird, wie du es befiehlst!

Thonny ist also der Editor, mit dem du in Python programmieren wirst. Genauer gesagt ist Thonny wesentlich mehr, nämlich eine komplette Entwicklungsumgebung, die dir viele Funktionen zur Verfügung stellt, die man sonst eher von professionellen Werkzeugen her kennt.

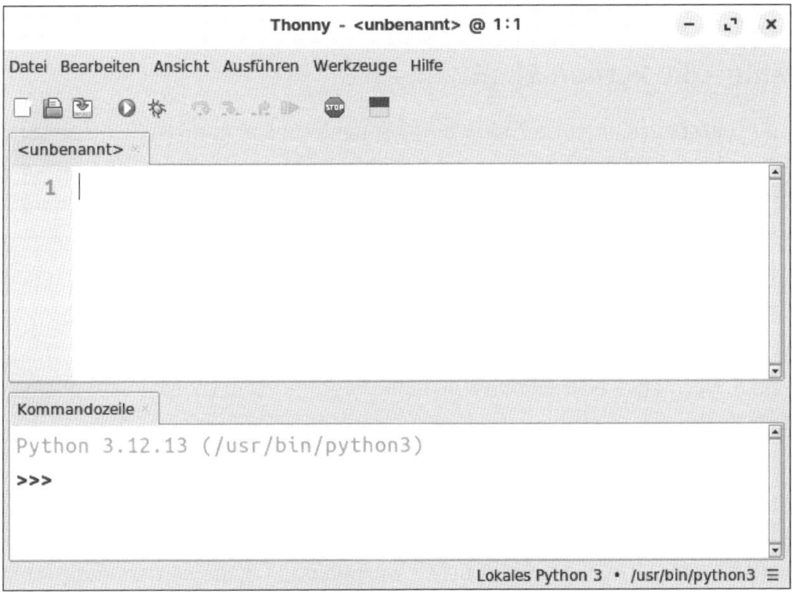

Abbildung 5.1: So oder ähnlich sieht Thonny nach dem Start aus.

Unter der Menüleiste findest du die Icons zum Neuanlegen eines Programms, zum Speichern oder Öffnen vorhandener Programme, zum Starten, Debuggen und zum Beenden des jeweils aktiven Programms.

Das obere Fenster ist der Platz, in dem du bald deine Programme schreiben wirst. Das Fenster darunter ist die Ausgabefläche für die *Python-Shell*. Hier schreibt das Programm seine Ausgaben, Mitteilungen und Fehlermeldungen hinein. Die Python-Shell ist aber mehr. Du kannst jederzeit in das Fenster klicken und Befehle eingeben, die sofort ausgeführt werden. Du musst also nicht zuerst ein Programm schreiben und speichern, um es dann ausführen zu lassen.

[+]

Alles auf Deutsch? Und die Zeilennummern?

Thonny sollte normalerweise auf Deutsch angezeigt werden. Du siehst das an den Beschriftungen des Menüs: **Datei**, **Bearbeiten**, **Ansicht**, **Ausführen** usw. Sollten die nicht auf Deutsch erscheinen, kannst du die Sprache auch manuell ändern. Klick dazu in der Menüleiste **Werkzeuge • Optionen**. Auf der ersten Registerkarte **Allgemeines** kannst du unter **Sprache • Deutsch** auswählen.

Und wenn du schon dabei bist: Im gleichen Fenster kannst du auf der Registerkarte **Editor** auswählen, dass die Zeilennummern angezeigt werden, meistens ist das schon voreingestellt. Kontrolliere dazu einfach, ob in dem Kästchen neben **Zeilennummer anzeigen** ein Häkchen gesetzt ist.

Direkte Befehle – die Python-Shell

Python und du, ihr solltet euch am besten ein wenig kennenlernen. Python ist deine persönliche Servicekraft und führt alles aus, was du ihm befiehlst – jedenfalls solange Python versteht, was du sagen willst. Wir wollen daher jetzt beginnen, einzelne Befehle an Python zu senden, damit Python sie für uns ausführt.

Um einzelne Befehle zum Testen an Python zu senden, verwendest du die die interaktive *Python-Shell* bzw. die **Kommandozeile**, also das *untere Fenster*. Du klickst dazu einfach in das Fenster und kannst gleich anfangen zu tippen und damit *direkt* Befehle an den Python-Interpreter schicken. Normalerweise schreibst du dein Programm und speicherst es in einer Datei. Erst danach startest du es mithilfe des Interpreters. Die Python-Shell ist da einfacher und direkter.

Im (aller)einfachsten Fall kannst du die Konsole (und damit Python) wie einen Taschenrechner benutzen, mit allem, was dazugehört, inklusive Punktrechnung vor Strichrechnung und Klammern. Sobald du [↵], bzw. [Enter] drückst, wird deine Eingabe an den Interpreter geschickt und direkt ausgeführt. Du wirst sehen, Python ist tatsächlich ein ziemlich vielseitiger Rechenkünstler.

```
>>> 1 + 2 * 4
9
>>> ( 1 + 2 ) * 4
12
```

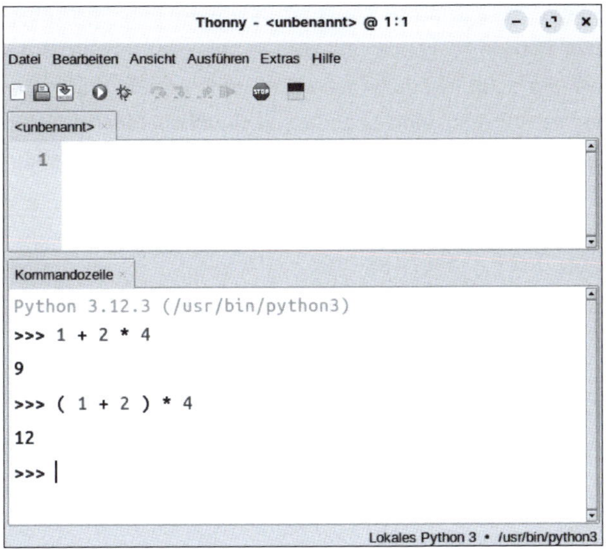

Abbildung 5.2: Das ist schon Python.

Das ist natürlich die *einfachste* aller Anwendungsmöglichkeiten – deine allererste Kontaktaufnahme mit Python.

Ist das jetzt schon Python? Also ist das schon Programmcode?

Du könntest die obigen Berechnungen tatsächlich in ein Python-Programm schreiben und der Python-Interpreter würde alles problemlos lesen und übersetzen können und die Berechnungen würden auch wie gewünscht ausgeführt werden. Nur würde es *keine Ausgabe* geben. Das ist die Besonderheit der Python-Shell, die ganz selbstverständlich etwas »gesprächiger« ist und von sich aus mehr Ausgaben macht. In einem normalen Programm musst du nämlich explizit mit einem Befehl angeben, *was* ausgegeben werden soll. Schließlich will man ja nur das ausgeben, was für das Programm auch Sinn macht. Und das machst du mit deinem ersten echten Python-Befehl.

Ausgabe mit »print()«

Los geht's! Der erste Befehl, den du lernst, lautet:

```
print()
```

`print` heißt wörtlich übersetzt »drucken«, aber in Python hat er die Bedeutung »ausgeben«, normalerweise einfach nur auf dem Bildschirm.

Hinter dem Wörtchen `print`, genauer gesagt in der Klammer dahinter, sollte sinnvollerweise auch angegeben werden, *was* Python ausgeben soll, zum Beispiel erst mal ganz einfach eine Zahl. Die gewünschte Ausgabe schreibst du immer *in die Klammern hinter dem Befehl*. `print()` ist nämlich genau genommen eine sogenannte *Funktion*, der Werte in Klammern übergeben werden. (Was genau eine Funktion ist, wirst du später noch ausführlich erfahren). Gib also einfach mal ein:

```
print          (42)
```

Befehl »ausgeben« — Wert

Danach drückst du die ↵-Taste, und schon wird dein Befehl ausgeführt.

Im Ausgabefenster unten erscheint die Zahl 42. Das ist ganz richtig so, denn damit hat Python genau das gemacht, was du ihm gesagt hast. `print(42)` bedeutet: »Gib (die Zahl) 42 aus.« Also gibt Python in seinem Ausgabefenster die Zahl 42 aus.

Super, es funktioniert. Aber wir wollen natürlich mehr. Denn der `print()`-Befehl kann nicht nur einfache Zahlen ausgeben, sondern bietet viel mehr Möglichkeiten.

Du kannst zum Beispiel mehrere Werte nacheinander in einer Zeile mit einem `print()`-Befehl ausgeben. Dazu trennst du sie innerhalb der Klammern jeweils durch ein Komma:

```
print(25,37,12)
```

ergibt

```
25 37 12
```

Das mag jetzt – vor allem mit festen Werten – noch nicht besonders eindrucksvoll sein, aber spätestens, wenn du im nächsten Kapitel mit Variablen arbeitest, die dynamisch unterschiedliche Werte haben können, macht das viel mehr Sinn!

Wie du ja weißt, ist ein Computer in erster Linie immer ein »Rechner«. Also lassen wir Python jetzt rechnen. Gib ihm mal folgenden Befehl:

```
print          (8 + 5)
```

Befehl »ausgeben« — mathematischer Ausdruck

Anschließend drückst du wieder die ↵-Taste und in der Ausgabe erscheint:

```
13
```

Wenn du Python also einen mathematischen Ausdruck (eine Rechenaufgabe) übergibst, berechnet Python diesen automatisch und gibt dir direkt das Ergebnis aus.

[+]

Leerzeichen

Übrigens: Du darfst zwischen die Zahlen und die mathematischen Operatoren jederzeit gerne Leerzeichen schreiben. Dann ist es leichter lesbar und Python stört es nicht.

Das geht natürlich nicht nur mit einfachen Aufgaben. Python kann sehr gut rechnen. Gib mal Folgendes ein:

```
print(12345 * 67890)
```

Das Sternchen steht in Computerprogrammen immer für *Multiplikation* (Malnehmen).

Auch das ist natürlich kein Problem. Python gibt aus:

```
838102050
```

Du kannst in Python jederzeit alle Grundrechenarten verwenden und dazu noch ein paar spezielle *Operatoren*. Außerdem kannst du in Berechnungen Klammern setzen, um festzulegen, was zuerst berechnet werden soll – wie in normalen Matheaufgaben auch.

Operator	Bedeutung
+	plus (Addition)
–	minus (Subtraktion)
*	mal (Multiplikation)
/	geteilt durch (Division)
( )	Klammern
//	Ganzzahldivision (Division, nur Ganzzahlergebnis)
%	Modulo (Division mit Rest, nur der Rest)
**	hoch (Potenz)

Die vier Grundrechenarten sollten dir wahrscheinlich klar sein, aber es gibt hier noch ein paar Besonderheiten. Die probieren wir gleich mal aus.

Gib einfach mal ein:

```
print(15 / 6)
```

Das Ergebnis lautet ganz korrekt:

```
2.5
```

[+]

Punkt statt Komma

Das Komma bei Dezimalbrüchen wird in Python wie auch in allen anderen Programmiersprachen immer mit einem Punkt dargestellt. Auch wenn du Kommazahlen eingibst, musst du den Punkt anstelle des Kommas verwenden. Das ist die internationale (englisch-amerikanische) Schreibweise und die wird in Programmiersprachen praktisch immer verwendet.

Gib jetzt mal Folgendes ein:

```
print(15 // 6)
```

(also mit doppeltem Schrägstrich)

Nun lautet das Ergebnis:

```
2
```

Warum? Weil du den Rechenoperator // verwendet hast, damit rechnet Python nur mit ganzen Zahlen. Man kann es auch »Ganzzahlergebnis der Division« nennen: Das ist so etwas wie Division mit Rest – nur ohne den Rest. Die 6 passt zweimal komplett in die 15. Und dann bleibt da noch was übrig, das mit dem Operator // ganz bewusst unter den Teppich gekehrt wird.

Diesen *Rest* einer Division kannst du natürlich auch ganz gezielt ermitteln:

```
print(15 % 6)
```

Nun lautet das Ergebnis:

```
3
```

Das ist der *Rest der Division* aus 15 geteilt durch 6. Man nennt das auch *Modulo* und berechnet wird es mit dem Prozentzeichen – es hat aber nichts mit Prozentrechnung zu tun!

Die *Klammersetzung* beim Rechnen funktioniert genauso wie im Matheunterricht:

```
print(3 + 5 * 7)
```

ergibt

```
38
```

Klar, Punkt- vor Strichrechnung, also letztendlich 3 + 35. Aber:

```
print((3 + 5) * 7)
```

ergibt

```
56
```

Die Klammern haben Vorrang. Dadurch ergibt sich 8 x 7. Logisch, oder?

Wenn du *Potenzen* mit Python berechnest (also Hochzahlen), kommst du schnell auf ganz schön große Ergebnisse. Hieran zeigt sich eine Stärke von Python, das problemlos mit *gigantischen Zahlen* umgehen kann.

```
print(25 ** 37)
```

Der doppelte Stern steht für die Potenz, also 25 hoch 37 (25 wird 37-mal mit sich selbst multipliziert).

Das Ergebnis:

```
52939559203393771191770156292477622628211975097656 25
```

Wow, das ist mal eine hohe Zahl! Kein Taschenrechner kann so viele Stellen anzeigen, aber für Python ist das überhaupt kein Problem.

Jetzt bist du dran: Stell Python Aufgaben! Probiere mal herum, verwende Python als einen mächtigen Taschenrechner. Denk dir Aufgaben aus, benutz die Rechenzeichen aus der Tabelle und beobachte, wie Python die Aufgaben löst.

Die Syntax muss stimmen

Vielleicht kommt es nach Eingabe der Berechnungen auch einmal zu einer Fehlermeldung. Python kann nämlich nur dann einen Ausdruck berechnen, wenn er auch korrekt geschrieben wurde und somit richtig erkennbar und damit lösbar ist.

Hier ein Beispiel für einen fast schon klassischen Fehler – es fehlt etwas, und zwar eine Zahl nach einem Operator:

```
>>> print( 3 + 5 * )
```

ergibt nach dem Drücken der [↵]-Taste folgenden Text als Antwort:

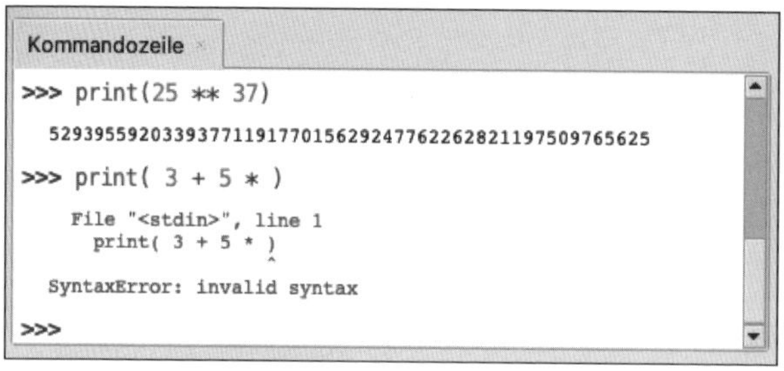

Abbildung 5.3: So schnell passiert's – der erste eigene Fehler.

Das ist der berühmte `SyntaxError`, wobei *Syntax* die korrekte Schreibung von Befehlen oder Ausdrücken beim Programmieren bezeichnet. `SyntaxError` bedeutet also so viel wie: »Etwas im Programmcode ist fehlerhaft geschrieben.«

Mit diesem Fehler wirst du es sicherlich noch häufiger zu tun bekommen. Wenn du Glück hast, kann Python direkt ermitteln, was wahrscheinlich das Problem ist, und es dir mitteilen. Hier ist ein kleines Zeichen als Hinweis unter der schließenden Klammer zu sehen. Python weiß zwar nicht genau, worin der Fehler besteht, erkennt aber zumindest die Stelle, an der etwas nicht stimmt.

[+]

Fehlermeldung ohne weitere Info

Manchmal kann Python den Fehler nicht genau ermitteln, etwa wenn Python nicht raten kann, was du eigentlich schreiben wolltest, sondern nur weiß, dass es so nicht funktioniert. Aber mit wachsender Erfahrung findest du Fehler bald auch leicht selbst oder vermeidest sie von Anfang an.

Zeichenketten statt Zahlen

Computer sind in erster Linie Rechenmaschinen, aber natürlich können sie nicht nur mit Zahlen und mathematischen Ausdrücken umgehen. Neben dem Typ *Zahl* ist auch noch der Typ *Zeichenkette* ganz wichtig für Ein- und Ausgaben.

Zeichenketten, auf Englisch *Strings*, sind in der Regel Wörter oder Texte. Aber ganz genau genommen sind es, wie der Name schon sagt, einfach nur »aneinandergehängte Zeichen« beliebiger Art. Mit diesen kann Python genauso souverän umgehen wie mit Zahlen. Wenn du statt einer Zahl eine Zeichenkette verwendest, dann musst du diese Zeichen immer in Anführungszeichen setzen. Dabei ist es egal, ob du einfache oder doppelte Anführungszeichen verwendest. Nur mischen darfst du sie bei einem String nicht. Alles zwischen den beiden Anführungszeichen gehört dann zu dieser Zeichenkette.

Schreibst du zum Beispiel

```
print ("Hallo")
```

Befehl »ausgeben« — Zeichenkette in Anführungszeichen

dann gibt Python zurück:

```
Hallo
```

Python hat also statt einer Zahl hier ein Wort ausgegeben, genau genommen eine Kette von Zeichen, die in diesem Fall das Wort »Hallo« ergibt. Anstelle von `print("Hallo")` hättest du übrigens auch `print('Hallo')` schreiben können.

Auch Zahlen sind Zeichenketten, wenn sie in Anführungszeichen stehen.

```
print("5 + 3")
```

führt also nicht zu einer Berechnung, sondern gibt den Text innerhalb der Anführungszeichen so aus, wie er geschrieben wurde:

```
5 + 3
```

Python berechnet diesen Ausdruck also nicht, weil alles, was innerhalb von Anführungszeichen steht, ein *String*, also eine Zeichenkette ist. Mit Zeichenketten kann man natürlich nicht rechnen, so wie man es mit Zahlen macht, aber man kann mit ihnen doch einiges anstellen, wie du später auch noch sehen wirst. Hier erst mal ein einfaches Beispiel:

```
print ("Hallo "+"Python"+"!")
```

Befehl »ausgeben« — Zusammengesetzte Zeichenkette

Jetzt antwortet Python mit:

```
Hallo Python!
```

[!]

Achtung: Plus ist nicht gleich Plus

Das Pluszeichen (+) hat bei Zeichenketten eine *andere Bedeutung* als bei Zahlen. Es bedeutet »hänge aneinander«. Mit dem Pluszeichen kann man zwei oder mehr Zeichenketten zu einer neuen Zeichenkette zusammenfügen.

Auch das *-Zeichen kannst du übrigens mit Zeichenketten verwenden. Teste mal das hier:

```
print(5 * "Hallo ")
```

Ergebnis:

```
Hallo Hallo Hallo Hallo Hallo
```

Beim *-Zeichen mit Zeichenketten (Multiplizieren von Strings) wird die Zeichenkette so oft aneinandergehängt, wie man sie multipliziert.

Was passiert aber, wenn du Folgendes eingibst?

```
print("5 * 3 =" + 5*3)
```

Geht nicht – das gibt einen Fehler!

Warum? Weil der erste Ausdruck vom *Typ String* ist (eine Zeichenkette), der zweite vom *Typ Zahl* (ein mathematischer Ausdruck). Zwei unterschiedliche *Typen* kann Python nicht durch ein Pluszeichen miteinander verknüpfen. Es wüsste auch nicht, wie das gehen soll. Entweder müssen es zwei Zahlen sein, dann werden sie *addiert*, oder es müssen zwei Zeichenketten sein, dann werden sie *aneinandergehängt*. Beides gleichzeitig geht nicht.

Um dieses Problem zu lösen, könnte man die Zahl in eine Zeichenkette umwandeln. Wie das geht, lernst du später noch. Oder, das ist erst einmal am einfachsten, man gibt die beiden Ausdrücke in einem `print()`-Befehl einfach unabhängig nacheinander aus, durch Komma getrennt. Das geht mit unterschiedlichen Arten von Werten so:

```
print    ("5 * 3 =" ,  5*3)
```

Befehl »ausgeben« — Werte, durch Komma getrennt

Das klappt:

```
5 * 3 = 15
```

Hier gibt es keine Probleme, weil Python jetzt einfach zwei unterschiedliche Ausdrücke *nacheinander* ausgibt, ohne sie miteinander zu verknüpfen. Es lassen sich in einem `print()`-Befehl beliebig viele Ausdrücke, Strings, Werte und Variablen, durch Komma getrennt, in einer Zeile ausgeben.

[!]

Automatische Leerzeichen

Beachte, dass Python immer automatisch ein Leerzeichen dazwischenschreibt, wenn du mehrere Werte nacheinander durch Komma getrennt ausgibst.

Die Kommandozeile kann übrigens noch viel mehr. Du kannst zum Beispiel jederzeit das *Hilfe-System* von Python befragen und dir Informationen zu Befehlen und Anweisungen ausgeben lassen. Einziger Wermutstropfen: Die ausgegebenen Informationen sind alle auf Englisch.

Mit `help(print)` kannst du dir so Informationen über den `print()`-Befehl ausgeben lassen.

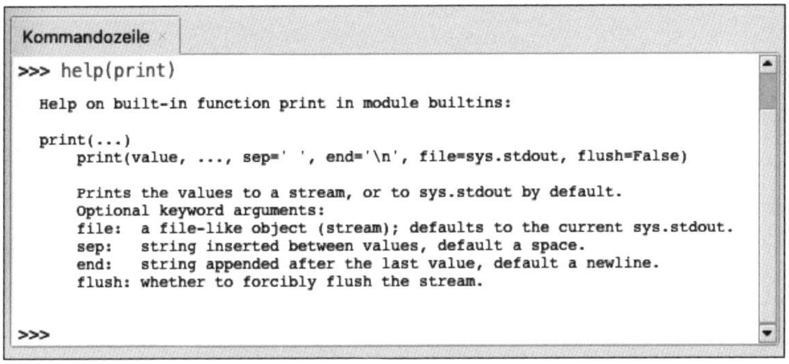

Abbildung 5.4: Alle wichtigen Infos auf einen Blick

Das mag am Anfang etwas kryptisch erscheinen, wenn du aber erst einmal einen Befehl kennengelernt hast, hast du so immer eine super Hilfe, um mal nachzuschauen: Wie war das noch mal?

Du willst nicht, dass `print()` ein Leerzeichen zwischen die einzelnen Elemente schreibt, sondern einen Pfeil in der Art `-->`? Der `print()`-Befehl bietet dir die Möglichkeit, selbst festzulegen, was zwischen die einzelnen Elemente bei der Ausgabe geschrieben werden soll. Das legst du mit einem sogenannten *Parameter* fest, der `sep` (für Separator) heißt.

Praktisch sieht das dann so aus:

```
>>> print("5 * 3" , 5*3, sep='-->')
```

Schon hast du anstelle eines trennenden Leerzeichens einen Pfeil:

```
5 * 3-->15
```

Auch wenn du dir vielleicht nicht sofort merken kannst, wie dieser Parameter heißt, ist das kein Problem, denn du kannst es dir jederzeit über die Kommandozeile und die Hilfe anzeigen lassen!

So, jetzt hast du schon ein paar ganz wichtige Grundlagen erworben, wie man mit Python mathematische Ausdrücke berechnen kann und ihm Zeichenketten zur Verarbeitung geben kann. Damit wirst du im nächsten Kapitel noch wesentlich mehr machen. Aber es wird dabei deutlich interessanter, denn jetzt kommen *Variablen* hinzu.

Kapitel 6

Variablen – jetzt wird es flexibel

Ein Computer lebt nicht nur vom Rechnen allein, er braucht vor allem auch Speicher, in dem er Daten zwischenlagern kann. Beim Programmieren nutzen wir diesen Speicher konkret mithilfe von Variablen. Erst damit kann man sinnvoll Daten verarbeiten, denn sonst wäre jeder Wert und jedes Ergebnis in einem Programm ja vorherbestimmt.

Erinnerst du dich an die Vorstellung vom Computer als Bearbeiter, der an seinem Schreibtisch sitzt und ständig Daten aus Schubladen und Aktenordnern holt, die er bearbeitet und dann wieder zurücklegt? Diese Schubladen werden wir jetzt auch verwenden. Es sind die sogenannten *Variablen*, die in jeder Programmiersprache eine außerordentlich wichtige Rolle spielen.

Variabel heißt »veränderlich« – eine Variable ist ein Platzhalter für eine veränderliche Zahl, eine Zeichenkette oder einen anderen Datenwert. Die Variable ist also wie die Schublade, in die man einen Wert hineinstecken kann. Diese Schublade hat eine Beschriftung, damit man immer weiß, was wo drinsteckt. Die Beschriftung ist der *Variablenname*, mit dem man auf ihren Inhalt zugreifen kann.

Aber genug der Theorie. Wie sieht das in der Praxis aus? Wir bleiben noch in der Konsole und geben mal folgenden Befehl ein:

```
a = 25
```

a	=	25
Variablenname	Zuweisung	Wert

↵-Taste ... und dann ...? Im Ausgabefenster passiert nichts, denn wir haben ja keinen Ausgabebefehl gegeben. Der Befehl `a = 25` sagt Python Folgendes:

Speichere die Zahl 25 in einer Variablen mit dem Namen a.

> **Merke**
> Wenn du einen Variablennamen angibst, dahinter ein Gleichheitszeichen und dann einen Zahlausdruck oder eine Zeichenkette stellst, wird dieser Wert in die Variable geschrieben. Wenn die Variable noch nicht existiert, wird sie dabei automatisch erzeugt.

Jetzt gibt es also so etwas wie eine Schublade, die die Aufschrift `a` trägt, und in der Schublade liegt die Zahl 25.

Gib jetzt Folgendes in der Konsole ein:

```
print        (a)
```

Befehl »ausgeben« Variable

Ergebnis:

```
25
```

Immer wenn wir jetzt den Namen `a` in einem Kommando verwenden, weiß Python, dass wir den Wert meinen, der aktuell in der Variablen `a` drinsteckt.

Du kannst mit der Variablen jetzt genauso rechnen wie mit dem Wert 25 selbst.

```
print(a + 10)
```

ergibt

```
35
```

Variablen und ihre Werte

Variablen werden erst in dem Moment angelegt, in dem du ihnen einen Wert gibst. Wenn ich `a = 1` schreibe, dann habe ich eine Variable `a` angelegt, die als Inhalt den Wert 1 hat. Wenn ich der Variablen später einen anderen Wert gebe, zum Beispiel `a = 12.5`, dann ändert sich der Wert dieser vorhandenen Variablen `a` und es wird keine neue Variable angelegt.

Du kannst in Programmen Variablen *erst dann* zum Rechnen verwenden oder ausgeben, wenn du sie zuvor auch angelegt hast, indem du ihnen einen Wert zugewiesen hast. Variablen, denen du nie einen Wert gegeben hast, existieren nicht und können auch nicht in Berechnungen verwendet werden. Das kannst du in der Konsole leicht ausprobieren. Gib mal ein:

```
print(b)
```

Das Ergebnis ist eine Fehlermeldung:

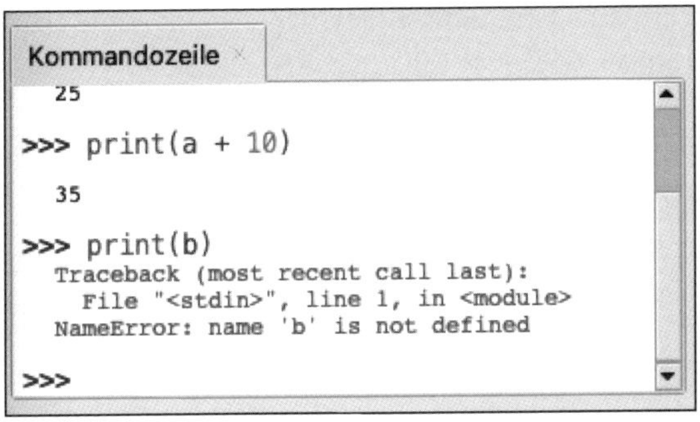

Abbildung 6.1: Die Variable »b« ist noch unbekannt – Python warnt dich mit einer Fehlermeldung

Der Name 'b' ist also nicht definiert. Es existiert also keine Variable oder Funktion mit diesem Namen. b kann nicht ausgegeben werden, weil b nicht existiert. Logisch, oder?

Erst wenn du `b = 125` (oder etwas anderes) schreibst, dann existiert auch die Variable `b` und dann kannst du sie auch für Berechnungen verwenden oder ausgeben.

Variablennamen

Natürlich dürfen Variablen nicht nur `a`, `b` oder `c` heißen. Sie können alle möglichen Namen wie `eingabezahl` oder `geschwindigkeit` oder `mein_ergebnis` haben. Namen, die einen Hinweis darauf geben, wofür die Variable verwendet wird, helfen sehr beim Programmieren.

Allerdings gibt es auch klare Regeln, wie man Variablen nennen darf und wie nicht, damit Python die Variablen immer eindeutig als solche erkennen kann:

- Variablennamen dürfen aus Klein- und Großbuchstaben sowie aus Zahlen bestehen. Sie müssen aber immer mit einem Buchstaben beginnen. Beachte aber, dass Groß- und Kleinbuchstaben wirklich unterschieden werden und ein Name nicht mal groß und mal klein geschrieben werden kann. Dann wären es zwei *verschiedene* Namen.
- In der Regel werden normale Variablennamen in Python *immer mit kleinen Buchstaben* geschrieben, Leerzeichen werden meist durch *Unterstriche* dargestellt: Zum Beispiel `berechneter_wert` oder `summe_aller_werte`. Das ist kein Muss, aber es ist in Python üblich, um Programme auch für andere gut lesbar zu halten.
- Variablennamen dürfen keine Sonderzeichen oder Leerzeichen enthalten, sondern wirklich nur internationale Buchstaben und Zahlen sowie den Unterstrich _ als Ausnahme.
- Will man eine Variable mit einem Namen benennen, der aus zwei Wörtern besteht, dann kann man statt des Leerzeichens also den Unterstrich verwenden, das wird *snake_case* genannt. Oder man arbeitet mit Großbuchstaben zur Trennung. Das heißt *camelCase* (kleiner Anfangsbuchstabe und großer Buchstabe für das nächste Wort) bzw. *CapWords*,

wenn sowohl das erste wie zweite Wort mit einem Großbuchstaben beginnt, ohne Leerzeichen dazwischen. In Python ist es üblich, Namen in *snake_case* zu schreiben.

Beispiele für Variablennamen:

`x`	Ist erlaubt.
`Y`	Großbuchstaben sind erlaubt (aber nicht üblich, außer für Konstanten).
`hallo`	Ist erlaubt.
`wert3`	Ist erlaubt.
`5fach`	Ist verboten, da der Name mit einer Zahl beginnt.
`länge`	Ist erlaubt, denn ä ist ein zulässiger Unicode-Buchstabe.
`breite des rechtecks`	Ist verboten, denn Leerzeichen dürfen im Namen nicht vorkommen.
`laenge_quadrat`	Ist erlaubt und erwünscht, denn der Unterstrich zur Worttrennung wird für Variablen- und Funktionsnamen in Python empfohlen (sogenannter *snake_case*).
`tasteGedrueckt`	Ist erlaubt, aber nicht üblich (sogenannter *camelCase*).
`GrafikObjekt`	Ist erlaubt (sogenannte *CapWords* wirst du später für Klassennamen verwenden).

Nun weißt du, wie man Variablen *benennen* kann. Jetzt geht es darum, wie man sie *verwendet*.

Variablen dürfen in Python Zahlen oder Strings enthalten, zum Beispiel:

```
vorname = "Eowyn"
```

Gib anschließend ein:

```
print("Hallo " + vorname + "!")
```

Die Ausgabe ist:

```
Hallo Eowyn!
```

Oder noch ein anderes Beispiel. Gib nacheinander die folgenden drei Zeilen ein:

```
wert = 21
doppelter_wert = wert * 2
print("Das Doppelte von",wert,"ist",↩
doppelter_wert)
```

Nach der letzten Zeile bekommst du die Ausgabe:

```
Das Doppelte von 21 ist 42
```

Im ersten Befehl wurde die Zahl 21 in die Variable mit dem Namen `wert` gelegt. Danach wurde die Variable `doppelter_wert` mit dem Ausdruck `wert * 2` belegt. Dadurch stand die Zahl 42 in der Variablen, denn Python rechnet ja jeden Ausdruck sofort aus. Anschließend haben wir die Variable `doppelter_wert` ausgegeben und dazu noch den Text »Das Doppelte ist« – so gibt Python das Ergebnis sauber aus.

Das war schon fast ein richtiges Programm, nur dass wir die Befehle direkt nacheinander eingegeben haben. *Wir sind jetzt knapp vor dem Programmieren!*

Eines fehlt aber noch, damit Variablen wirklich veränderlich sind und ihr Inhalt nicht von Anfang an vorgegeben ist. Es muss eine Möglichkeit geben, dass der Benutzer den Inhalt einer Variablen direkt eingibt, und zwar *während das Programm läuft*, und dass dieser nicht schon durch das Programm vorher feststeht.

Dafür gibt es den Befehl (genauer gesagt die *Funktion*) `input()`.

Der Befehl »input()«-- Eingaben zum Verarbeiten

Was wäre, wenn man Python statt

```
x = 5
```

sagen könnte

```
x = Zahl, die der Benutzer eingibt?
```

Genau dafür gibt es den `input()`-Befehl. Mit ihm gibt Python einen angegebenen Text in der Kommandozeile aus und fragt nach einem Wert, der dann in die angegebene Variable geschrieben wird.

Gib mal in die Konsole ein:

```
x = input("Gib eine Zahl ein:")
```

Und das passiert:

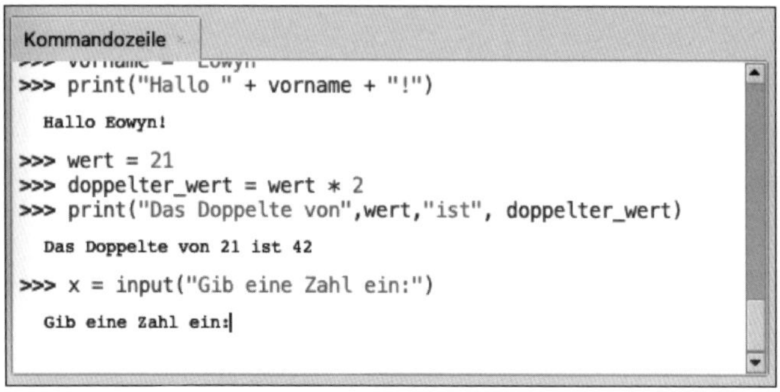

Abbildung 6.2: Der input()-Befehl gibt den angegebenen Text aus und erwartet eine Eingabe.

Folgendermaßen wird der `input()`-Befehl also verwendet:

```
eine_variable = input("Hinweis zur Eingabe")
```

Durch diesen Befehl wird der Text, der in Klammern hinter dem `input` steht, ausgegeben und das Programm wartet auf deine Eingabe. Wenn du nun etwas in diese Eingabezeile hineinschreibst und die [↵]-Taste drückst, wird der eingegebene Wert in die Variable geschrieben.

Wenn du in unserem obigen Beispiel die Zahl 235 und dann den Befehl

```
print(x)
```

eingibst, dann lautet das Ergebnis natürlich:

```
235
```

Zahlen vs. Text

Alles, was über `input()` in eine Variable geschrieben wird, wird von Python als *Text* behandelt – selbst dann, wenn du eine Zahl eingibst. Das mag sich seltsam anhören, ist aber eine ganz wichtige Unterscheidung. Ein Text ist ein Text und eine Zahl ist eben eine Zahl. Und rechnen kannst du nur mit Zahlen, nicht mit einem Text. Willst du eine Eingabe nun *als Zahl* verwenden, dann musst du das Python extra mitteilen und den eingegebenen Text explizit in eine Zahl umwandeln. Das geht ganz einfach mit `int()` und sieht dann praktisch so aus:

```
print( 65 + int(x) )
```

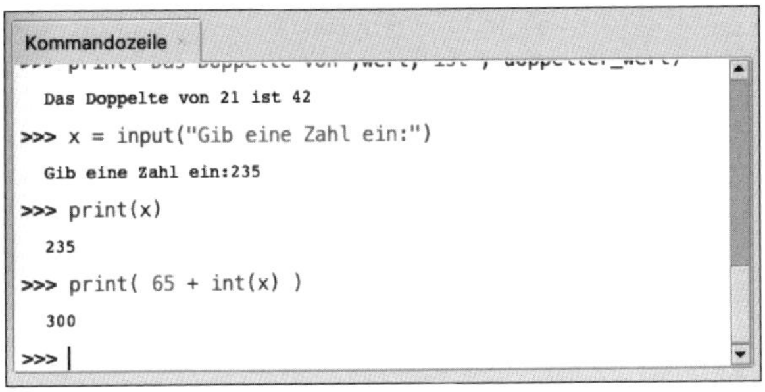

Abbildung 6.3: Dank »int()« kannst du mit der Eingabe auch rechnen.

Bisher haben wir nur mit einem Fenster von Thonny gearbeitet, der Kommandozeile. Aber Thonny hat noch einiges im Angebot, zum Beispiel das Fenster **Variablen**, das du über das Menü **ANSICHT** aktivieren kannst. In diesem Fenster werden dir die Werte aller gerade gültigen Variablen angezeigt. Je umfangreicher deine Programme werden, desto hilfreicher wird so ein Fenster.

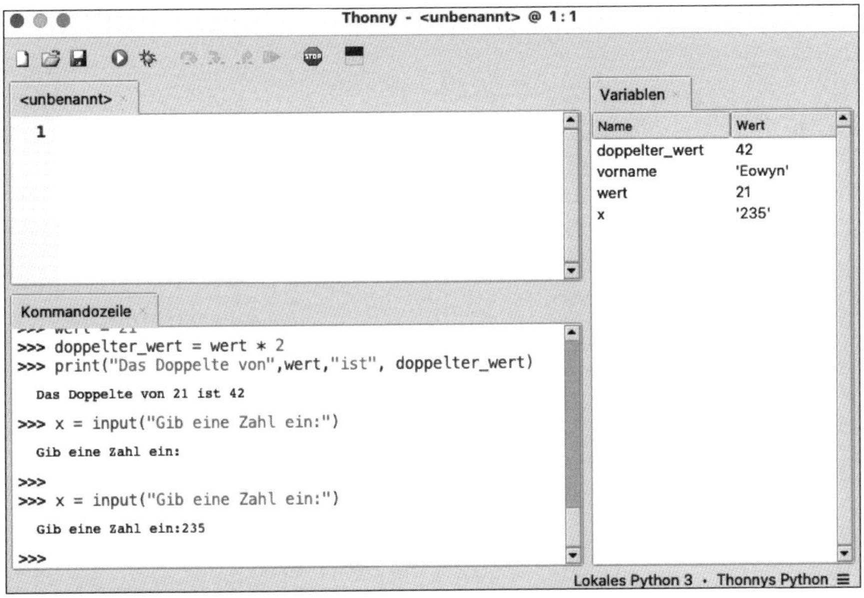

Abbildung 6.4: Alle Variablen mit ihren aktuellen Werten auf einen Blick – hier läuft Thonny auf einem Mac.

Jetzt weißt du aber wirklich genug, um dein erstes richtiges Programm zu schreiben. Dafür wird es höchste Zeit. Von der Konsole kannst du dich jetzt erst mal verabschieden!

[»]

Zeilenumbrüche

Python ist kein Freund von Zeilenumbrüchen innerhalb von Anweisungen. Im Buch ist der Platz aber doch begrenzt.

Deshalb, wenn du einen Fehler hast, schau einfach mal nach ob ein Befehl über zwei Zeilen geschrieben ist und schreibe alles in eine Zeile..

Kapitel 7

Programme schreiben – es geht los!

Jetzt haben wir genug Zeit mit dem Testen auf der Konsole verbracht. Ein Programmierer will programmieren. Und dafür haben wir jetzt die wichtigsten Grundlagen beisammen. Es kann also beginnen.

Bisher hast du Python einzelne Befehle gegeben, die sofort ausgeführt wurden. Ein Programm ist aber mehr als das, es ist eine *Folge von Anweisungen*, die zusammenarbeiten. Sobald du mehrere Befehle zu einem Ablauf verknüpfst, beginnt das eigentliche Programmieren.

Fassen wir kurz zusammen: Welche Anweisungen kennst du?

- die `input()`-Funktion, mit der du die Eingabe des Benutzers in eine Variable schreiben kannst
- die Variablenzuweisung, mit der du eine Zahl oder eine Zeichenkette in eine Variable schreiben kannst
- die Berechnung von Werten mit mathematischen Operatoren oder die Verknüpfung von Zeichenketten
- die `print()`-Funktion, um einen Wert oder den Wert einer Variablen im Ausgabebereich auszugeben

Das sind im Grunde nur vier Arten von Anweisungen, aber mit denen kannst du schon eine Menge anfangen. Denn mit ihnen kannst du die wichtigsten Grundbestandteile eines Computerprogramms erzeugen: Eingabe von Daten, Verarbeitung von Daten, Ausgabe des Ergebnisses.

Ein Programm in Thonny eingeben

Bisher hast du in der Kommandozeile bzw. der Python-Shell gearbeitet. Jetzt wird es Zeit, direkt im Editor zu arbeiten. Das ist das obere Fenster. Wundere dich nicht, dass hier **<unbenannt>** steht. Da du noch kein Programm geschrieben (und abgespeichert) hast, ist dies die normale Fensterbezeichnung. In dem Editor-Fenster kannst du deine Programme schreiben und natürlich speichern. Die Kommandozeile dient dir dabei als Fenster für die Ein- und Ausgabe.

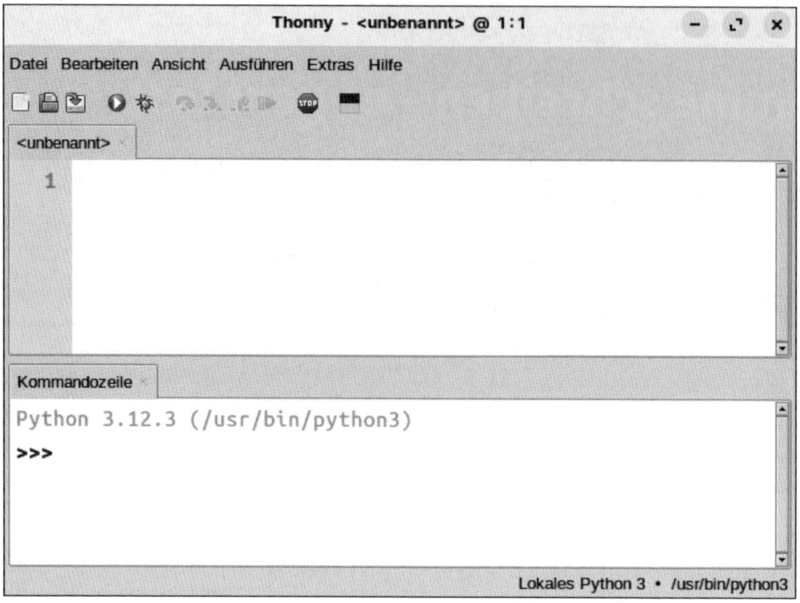

Abbildung 7.1: Es wird Zeit, im Editor zu arbeiten.

In die obere große weiße Fläche wirst du von jetzt an die einzelnen Anweisungen des Programms nacheinander eingeben. Mit der [↵]-Taste gelangst du in die nächste Zeile, aber der Befehl wird dabei nicht wie in der Konsole direkt ausgeführt.

Erst wenn dein Programm fertig ist oder du es testen möchtest, startest du das Programm mit einem Klick auf das kreisrunde, grüne Symbol mit dem weißen Dreieck.

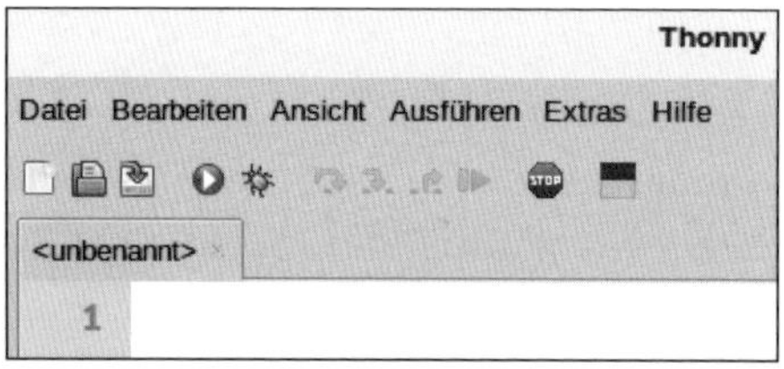

Abbildung 7.2: Das vierte Icon von links: Ein Klick darauf genügt, und schon wird dein Programm ausgeführt.

Damit werden die Befehle dann von oben nach unten Zeile für Zeile nacheinander abgearbeitet. Das bedeutet es, *ein Programm auszuführen*. Du musst dein Programm vor der Ausführung auch nicht unbedingt speichern, Thonny speichert das Programm intern – zumindest so lange, bis du es selbst unter einem richtigen Namen in einer Datei speicherst. Dann wird dir auch der Dateiname anstelle von **<unbenannt>** angezeigt.

Das allererste Programm: Ein Zahlenzaubertrick

Zum Warmwerden baust du nun dein allererstes Programm, das aus einer Abfolge von Ausgaben besteht. Hier werden noch keine Variablen verwendet, es erfolgt keine Eingabe von Werten, nur die Ausgabe von Texten. Das kann man zum Beispiel mit aneinandergereihten `print()`-Befehlen machen.

Gib mal folgendes Programm in das Programmfenster ein:

```
print("Denke dir eine beliebige Zahl zwischen eins und zehn aus!")
print("Multipliziere die Zahl mit 5.")
print("Verdopple die Zahl.")
print("Teile die Zahl jetzt durch die Zahl, die du dir am Anfang
ausgedacht hast.")
print("Ziehe 7 von der momentanen Zahl ab.")
input("Drücke jetzt ENTER und ich sage dir, welche Zahl du gerade hast.
Es ist die ...")
print("DREI!")
```

[zB]

Programme aus dem Buch eingeben

Ich würde dir empfehlen, die Programme aus dem Buch, insbesondere am Anfang, immer selbst abzuschreiben. Dadurch entwickelst du allmählich ein Gefühl dafür, wie man die Befehle und Strukturen richtig verwendet. Doch für den Fall, dass du ein Programm schnell testen willst oder den Fehler in deinem abgeschriebenen Programm nicht finden kannst, gibt es alle Programme aus dem Buch in den »Materialien zum Buch«. Du kannst sie von dort ganz einfach durch Anklicken und Einfügen in Thonny direkt übernehmen.

Du findest die Materialien hier:

www.rheinwerk-verlag.de/6292/

Dort wählst du **Materialien.**

Probiere es aus! Klick auf den grünen Pfeil, damit das Programm startet. Denk dir eine Zahl aus und folge weiter den Anweisungen. Du musst nur vor der Auflösung [↵] drücken.

Wenn du richtig rechnest, klappt der Zaubertrick und »DREI!« am Ende stimmt. Zugegeben, der Trick ist leicht zu durchschauen. Aber viel wichtiger ist: Du hast ein erstes Python-Programm geschrieben, das funktioniert!

Python führt die Anweisungen Schritt für Schritt aus, beginnend mit der obersten Zeile und dann immer eine nach der anderen. Jeder `print()`-Befehl gibt seinen Inhalt jeweils in eine Zeile aus und sofort wird der nächste Befehl ausgeführt. Die Auflösung erscheint erst, nachdem du eine beliebige (oder auch keine) Eingabe gemacht und ↵ gedrückt hast. Erst dann geht Python vom `input()` weiter zum nächsten `print()`.

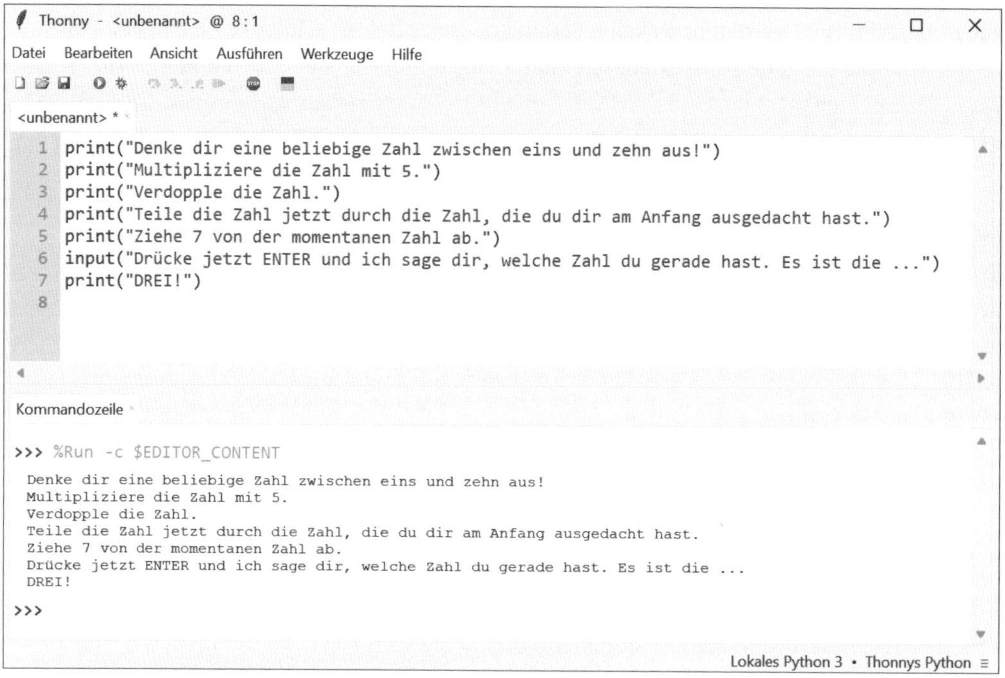

Abbildung 7.3: Einmal die 3, bitte!

Nach dieser Aufwärmübung soll nun das erste »richtige« Programm folgen, das alle drei wichtigen Grundelemente besitzt: *Eingabe, Verarbeitung und Ausgabe.*

Zweites Programm: Ein Umrechner

Die Aufgabe ist folgende: Du möchtest ein Programm schreiben, das eine eingegebene Längenangabe in Zoll (wie zum Beispiel eine Bildschirmgröße) in Zentimeter umwandelt und das Ergebnis ausgibt.

Welche Schritte muss so ein Programm ausführen?

- Schritt 1: Eingabe der Länge in Zoll, speichern in einer Variablen, zum Beispiel mit dem Namen `laenge_zoll`
- Schritt 2: Berechnen der Länge in Zentimetern und Speichern des Ergebnisses in einer Variablen, zum Beispiel mit dem Namen `laenge_cm`

  (1 Zoll = 2,54 cm)
- Schritt 3: Ausgabe des Ergebnisses (`laenge_cm`) mit erläuterndem Text

Jeder dieser Schritte muss natürlich in Python richtig formuliert werden. Hier siehst du eine mögliche Lösung:

```
laenge_zoll = float(input("Bitte Länge in Zoll eingeben:"))
laenge_cm = laenge_zoll * 2.54
print("Ergebnis:", laenge_cm , "Zentimeter")
```

Nur drei Zeilen genügen. In der ersten wird mit dem `input()`-Befehl eine Zahl eingegeben und in der Variablen `laenge_zoll` gespeichert. Und hier lauert auch eine Fehlerquelle für unser Programm, denn Python behandelt jede Eingabe von `input()` als *String*, also als einen Text. Auch eine eingegebene Zahl wie, sagen wir mal `42`, wird intern als Text behandelt. Und mit Texten kann und darf man nicht rechnen! Aber das ist kein Problem, denn mit **`float()`** gibst du Python die Anweisung, die Eingabe in eine Fließkommazahl umzuwandeln, die dann in der Variablen `laenge_zoll` gespeichert wird.

In der zweiten Zeile wird `laenge_zoll * 2.54` berechnet (das ist die Umrechnungsformel von Zoll in Zentimeter) und in der Variablen `laenge_cm` gespeichert. Denk dran, das Dezimalzeichen in Python ist nicht das Komma, sondern (wie in jeder Programmiersprache üblich) der Punkt.

In der dritten Zeile wird ausgegeben: `Ergebnis:`, dann der berechnete Wert aus der Variablen `laenge_cm`, dann `Zentimeter`.

Probiere es aus: Klick auf das grün unterlegte Dreieck und das Programm läuft los.

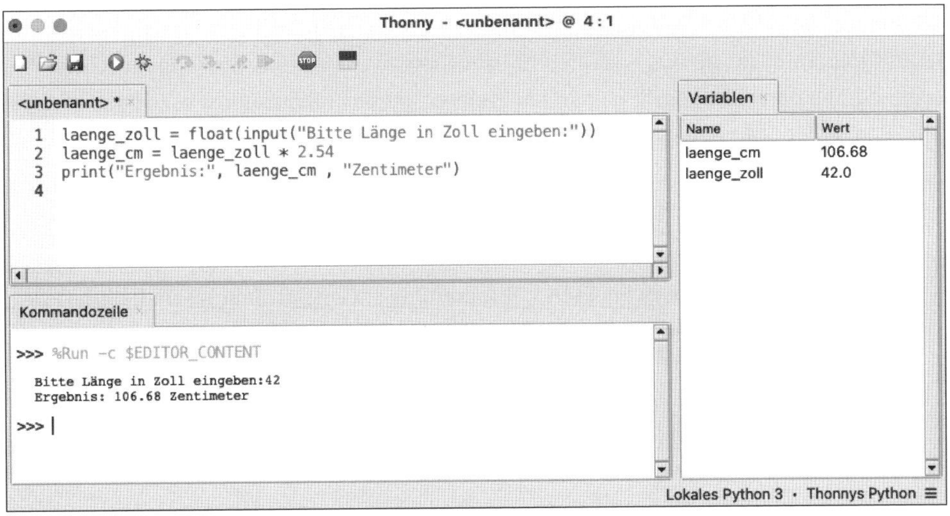

Abbildung 7.4: Ergebnis in Zentimetern, hier 106,68 cm

Funktioniert es?

Herzlichen Glückwunsch! Du hast dein erstes klassisches Programm geschrieben!

Was ist das denn für ein Fenster auf der rechten Seite?

Das ist eine der optionalen *Ansichten*, mit denen Thonny dir beim Programmieren helfen kann. Unter **Ansicht** kannst du ganz verschiedene, neue Fenster öffnen, die dir zusätzliche Informationen bieten. Das Fenster **Variablen** zeigt dir alle verwendeten Variablen mit ihren aktuellen Werten an. Das kann zum Beispiel bei einer Fehlersuche sehr hilfreich sein. So kannst du übrigens auch Ansichten wiederherstellen, die du aus Versehen geschlossen hast. Aber weiter im Programm!

Wo du gerade so schön dabei bist, wie wäre es, wenn du das Programm abänderst, sodass es zum Beispiel Meter in Fuß umrechnet (1 m = 3,2808 ft)? Oder Geschwindigkeiten, etwa Knoten in Stundenkilometer (1 kn = 1,852 km/h)? Oder Stunden in Sekunden (1 h = 3.600 s)? Oder deine ganz eigene Idee?

Aufgabe

Verändere das Programm so, dass es andere von dir festgelegte Einheiten umrechnen kann. Pass die Berechnung und den Text an (und am besten auch die Namen der Variablen). Teste es und prüfe, ob es funktioniert.

Programme speichern

Ein funktionierendes Programm möchte man natürlich auch behalten. Deshalb solltest du jedes Programm, das du eingegeben hast, speichern, wenn es fertig ist (oder auch mal zwischendurch). Dann kann es dir nicht mehr verloren gehen und du kannst es jederzeit wieder aufrufen, verwenden oder verändern.

[zB]

Leg dir einen Python-Ordner an!

Ich würde dir empfehlen, an dieser Stelle einen Ordner auf deiner Festplatte anzulegen, in dem du zukünftig alle deine Python-Programme speicherst. Damit schaffst du Ordnung und weißt immer, wo du Python-Programme suchen musst. Der Ordner kann zum Beispiel *Pythonprogramme* heißen und im Verzeichnis *Dokumente* erstellt werden. Wichtig ist, dass du ihn in einem deiner persönlichen Verzeichnisse anlegst, damit du auch vollen Zugriff darauf hast.

Das Speichern selbst ist sehr einfach. Wähle im Menü von Thonny einfach **Datei • Speichern**.

Nun musst du dein selbst angelegtes Python-Verzeichnis wählen, deinem Programm einen kurzen, aber treffenden Namen geben und auf **Speichern** klicken. Die Dateiendung einer Python-Datei ist üblicherweise immer *.py*.

Wenn du das Programm später noch bearbeitest und dann erneut speichern willst, reicht es aus, `Strg` + `S` (bzw. auf dem Mac `cmd` + `S`) zu drücken. Dann wird das Programm unter seinem vorhandenen Namen erneut gespeichert. Thonny macht es dir sogar noch einfacher. Hast du ein Programm einmal unter einem Namen abgespeichert wird es nach einer Änderung bei jeder Ausführung automatisch gespeichert.

Laden kannst du gespeicherte Programme jederzeit, indem du im Menü **Datei • Öffnen** wählst (oder `Strg` + `O` bzw. `cmd` + `O`), das gewünschte Python-Programm auswählst und auf **Öffnen** klickst.

Eingabe, Verarbeitung, Ausgabe – diesmal mit Text

Wie du ja weißt, kann Python nicht nur mit Zahlen umgehen, sondern auch mit Texten (Zeichenketten bzw. Strings). Das probieren wir gleich mal im nächsten Beispiel aus, indem wir Texte zu einer Begrüßung verknüpfen. Auf der Konsole haben wir es schon getestet, jetzt wird ein richtiges kleines Programm mit nur zwei Zeilen daraus:

```
name = input("Wie heißt du?")
print("Freut mich, dich kennenzulernen, " + name + "!")
```

Bevor du es startest: Kannst du schon aus dem Code ersehen, was es machen wird? Wahrscheinlich schon, oder? Probiere es aus, indem du den grün unterlegten Pfeil klickst und testest, ob deine Vermutung stimmt.

Noch ein Beispiel, das diesmal die »Multiplikation von Text« verwendet:

```
name = input("Wie heißt du?")
anzahl = int(input("Wie oft soll ich dich begrüßen?"))
print(("Hallo "+name+"! ")*anzahl)
```

Kannst du ermitteln, was dieses Programm genau machen wird?

Zuerst wird wieder dein Name eingegeben und in der Variablen `name` gespeichert. Dann wird eine Anzahl eingegeben und in der Variablen `anzahl` gespeichert. Da diese Variable zur **Multiplikation** verwendet werden soll, muss auch sie wieder in eine Zahl **umgewandelt** werden. Diesmal nicht mit `float()` in eine Fließkommazahl, sondern mit `int()` in eine Ganzzahl, also in den Datentyp Integer. Schließlich kann ein Text ja nicht 2,5-mal ausgegeben werden.

Strings, Texte, Fließkommazahlen, Integer und Ganzzahlen. Das ist schon etwas verwirrend?

Keine Sorge, das hört sich viel komplizierter an, als es tatsächlich ist. Und du wirst das noch in aller Ausführlichkeit kennenlernen. So kannst du dir erst mal merken, dass es unterschiedliche **Arten** von Daten gibt, man spricht hier von *Typen*. Aus technischen Gründen wird ein String, also ein Text, anders gespeichert und behandelt als eine Zahl. Und auch bei Zahlen wird aus dem gleichen Grund zwischen verschiedenen *Typen* unterschieden. Es gibt ganze Zahlen, auch *Integer* genannt, es gibt Fließkommazahlen, also Zahlen mit Nachkommastellen. Es gibt Wahrheitswerte, die wahr und falsch darstellen, sogenannte boolesche Werte. Unterschiedliche Typen müssen also unterschiedlich behandelt werden – und da Python nicht gerne rät und vielleicht falsch liegt, muss sich der Programmierer, also du, darum kümmern. Es dürfen nur **gleiche Typen** zusammen verarbeitet werden, sie müssen also gegebenenfalls in passende Typen **umgewandelt** werden. Das geht mit `int()`, `float()` und `str()`. Damit werden Daten zu entsprechenden Typen umgewandelt.

Aber weiter im Programm …

Zum Schluss wird »Hallo« mit dem eingegebenen Namen und mit einem Ausrufezeichen und Leerzeichen verknüpft. Das Ganze (daher ist es eingeklammert) soll multipliziert werden, also so viele Male, wie in `anzahl` steht, nacheinander erscheinen.

Teste es!

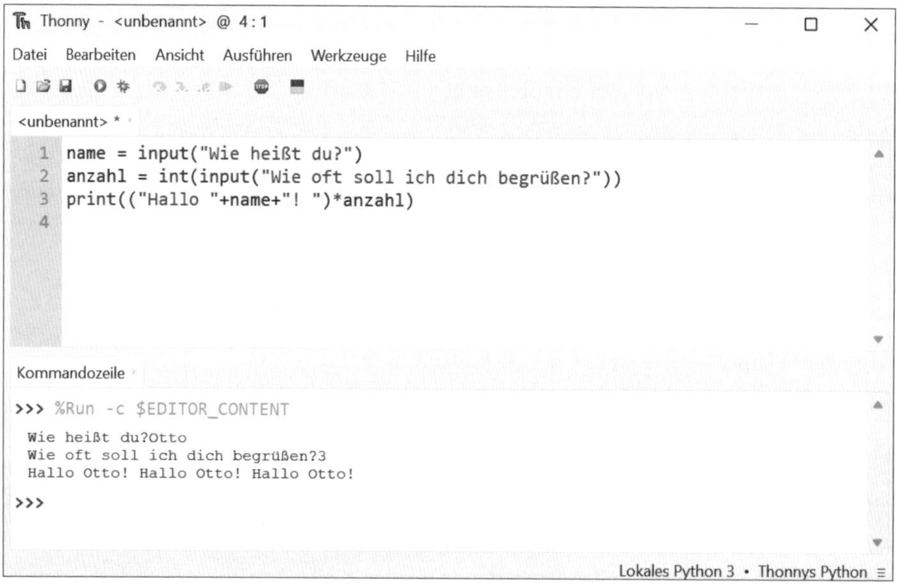

Abbildung 7.5: Dreimal nacheinander wird hier Otto begrüßt.

Du kannst als Anzahl gern auch mal 100 oder gar 1.000 eingeben. Dann erhältst du eine sehr lange Begrüßungsreihe im Ausgabefenster.

Übrigens, wenn du möchtest, dass dein Name nicht nebeneinander, sondern untereinander ausgegeben wird, musst du die Ausgabezeile so verändern:

```
print(("Hallo "+name+"!"+"\n")*anzahl)
```

An den Namen wird also noch ein `\n` angehängt, das ist ein Steuerzeichen und steht für *new line*, also »neue Zeile«.

Mit dem, was du jetzt weißt, kannst du dir auch schon eigene kleine Programme ausdenken. Überleg dir etwas und probiere es aus. Durch Probieren lernt man immer am meisten!

Rechner mit Rest

Noch ein kleines Beispiel, diesmal für einen Rechner. Ein normaler Taschenrechner kann zwar alles Mögliche, aber meistens kann er keine Division mit Rest ausführen, sondern er rechnet automatisch in Dezimalbrüche um. Mit Python kann man, wie du schon auf der Konsole gesehen hast, sehr einfach das Ganzzahlergebnis und den Rest einer Geteilt-Aufgabe ermitteln. Machen wir doch ein kleines Programm daraus.

Was muss das Programm leisten?

- Eingabe der Grundzahl (`g`)
- Eingabe des Teilers (`t`)
- Berechnung des Ganzzahlergebnisses (`e`)
- Berechnung des Restes (`r`)
- Ausgabe von Ergebnis und Rest

Weißt du noch, wie das in Python geht? Wenn du in Python sicher werden willst, dann empfehle ich dir, zu versuchen, die Programme immer erst einmal selbst zu schreiben, bevor du den Lösungsvorschlag im Buch anschaust und abtippst. Wie die Division mit Ganzzahl und Rest genau funktioniert, kannst du in Kapitel 5, »Die ersten Schritte – Python im Dialog«, nachschlagen.

Und hier der Vorschlag, wie man ein solches Programm schreiben kann:

```
g = int(input("Wie lautet die Grundzahl?"))
t = int(input("Durch welche Zahl soll sie geteilt werden?"))
e = g // t
r = g % t
print("Das Ergebnis ist", e ,"und der Rest ist", r)
```

Zuerst wird die Grundzahl eingegeben und als Integer in der Variablen `g` gespeichert, dann der Teiler, der in der Variablen `t` auch als Integer gespeichert wird. Anschließend wird das Ganzzahlergebnis mit dem Operator `//` berechnet und in `e` gespeichert, dann wird der Rest mit dem Operator `%` berechnet und in `r` gespeichert. Anschließend wird das Ergebnis (`e` und `r`) mit dem `print()`-Befehl ausgegeben.

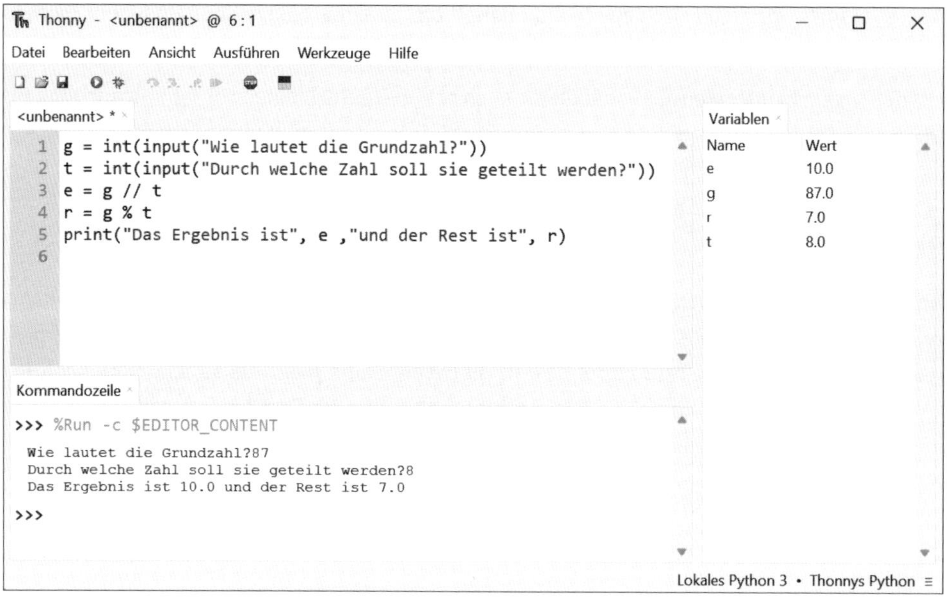

Abbildung 7.6: Das kommt heraus, wenn man 87 und 8 eingibt.

Alles, wofür es Formeln gibt, kann man auch direkt in ein hübsches Programm umwandeln. Dann übernimmt Python einfach die Berechnung und du selbst musst nur noch die Ausgangswerte eingeben und erhältst am Schluss dein fertiges Ergebnis. Anwendungsgebiete gibt es dafür unendlich viele, denn überall im Alltag müssen wir Dinge berechnen.

Die Zeit, die jemand bei bestimmter Geschwindigkeit für eine Strecke braucht, die Fläche einer Wand, von der man die Maße kennt, die Anzahl der Pixel auf einem Bildschirm mit bestimmter Auflösung, die Höhe der Mehrwertsteuer von einem bestimmten Betrag usw. Wenn dir etwas einfällt, das du immer wieder mühsam berechnen musst: Mach ein kleines Python-Programm daraus.

Das magische Quadrat

Hier kommt noch ein cooles Projekt zum Abschluss dieses Kapitels: das magische Quadrat.

Kennst du magische Quadrate? Das sind Quadrate, die zum Beispiel aus 16 Feldern (4 × 4) bestehen und in jedem Feld steht eine Zahl. Die Summe der Zahlen jeder Reihe, waagerecht, senkrecht und diagonal, ist dabei genau gleich, ebenfalls die Summe der 2-×-2-Quadrate im Innern des magischen Quadrats sowie die Summe der vier Ecken.

Schau dir das Beispiel an.

2	1	12	7
11	8	1	2
5	10	3	4
4	3	6	9

Abbildung 7.7: Einfaches magisches Quadrat mit der Summe 22

Addierst du die Reihen, ist die Summe immer 22, ebenso bei allen Spalten, bei den beiden Diagonalen, bei den vier Viererquadraten, aus denen sich das Ganze zusammensetzt, und sogar beim Mittelquadrat. Auch wenn du die vier Ecken addierst, kommt 22 heraus. Insgesamt erhältst du beim Zusammenzählen 18-mal auf verschiedene Weise die Summe 22. Magisch, oder?

Wenn du jetzt möchtest, dass Python dir so ein Quadrat erstellt – mit änderbaren anderen Zahlen als den abgebildeten –, was brauchst du dann dafür? Klar, eine Formel, mit der man die einzelnen Zahlen des magischen Quadrats errechnen kann. Formeln kann man nachschlagen – mit Google findet man fast alles. Du musst sie dir also nicht selbst ausdenken, du musst sie nur in deinem Programm richtig anwenden.

Das Erstellen eines magischen Quadrats funktioniert so: Du legst zwei ganze Zahlen fest, die du `a` und `b` nennst. Egal, welche, beide müssen mindestens 1 sein oder höher. Nun kannst du die Inhalte des Quadrats mit der folgenden Formel berechnen, und schon klappt es mit der Magie.

Und noch eine Formel gibt es dazu: Nachdem du die Zahlen `a` und `b` festgelegt hast, ergibt sich die magische Summe aller Reihen mit der Berechnung `21 * a + b`.

a+b	a	12*a	7*a
11*a	8*a	b	2*a
5*a	10*a	3*a	3*a+b
4*a	2*a+b	6*a	9*a

Abbildung 7.8: Das sind die Berechnungsformeln für jede Zelle des magischen Quadrats. a und b sind dabei beliebige ganze Zahlen über 0.

Mehr musst du gar nicht wissen. Du kannst jetzt ein Programm schreiben, das dir, nachdem du a und b festgelegt hast, alle 16 Zahlen des dazu berechneten magischen Quadrats ausgibt, in vier Reihen. Das Abtippen lohnt sich:

```
a = int(input("Gib einen Wert für a ein:"))
b = int(input("Gib einen Wert für b ein:"))
print("Die Summe aller Reihen, Spalten und Quadrate ist:",a*21+b)
# Magisches Quadrat ausgeben:
print("------------------------------------------------------------")
print(a+b,a,12*a,7*a)
print(11*a,8*a,b,2*a)
print(5*a,10*a,3*a,3*a+b)
print(4*a,2*a+b,6*a,9*a)
print("------------------------------------------------------------")
```

Erst wird also a eingegeben (eine beliebige Zahl), dann b (ebenfalls beliebig). Beide Eingaben werden direkt in den Datentyp Integer umgewandelt. Dann errechnet Python erst einmal die magische Summe (mit der Formel `a * 21 + b`) und gibt sie aus, danach berechnet es nach unserer Formelvorgabe alle Zahlen für alle Kästchen und gibt sie in vier Reihen aus. Die ausgegebenen Striche dienen nur der Übersicht bei der Ausgabe und kennzeichnen den Anfang und das Ende der Zahlen.

Probiere es erst mal mit den Zahlen 1 und 1 für a und b aus – dann sollte genau das magische Quadrat, das weiter oben abgebildet ist, dabei herauskommen, mit der Summe 22. Wenn nicht, dann gibt es irgendwo einen Fehler in deinem Programm.

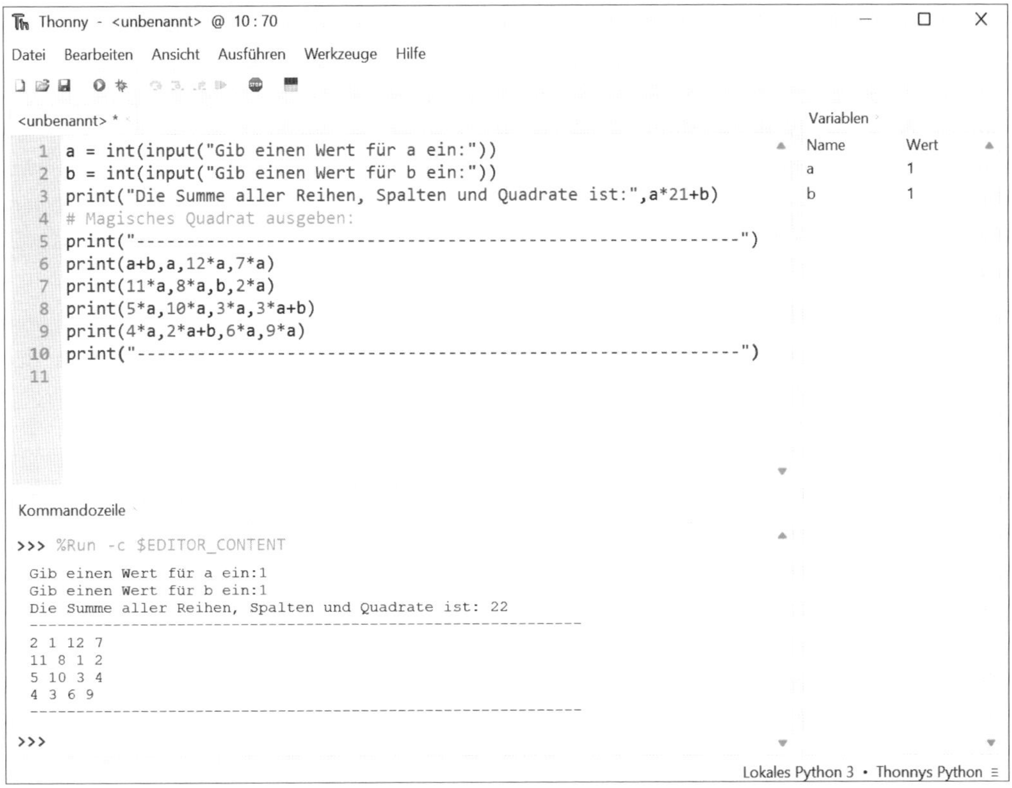

Abbildung 7.9: Das einfachste magische Quadrat (a =1, b =1) sollte so ausgegeben werden.

Jetzt kannst du beliebige Werte testen. Die Zahlen können hoch werden, sodass du es im Kopf vielleicht gar nicht mehr nachrechnen kannst, aber wenn das Programm korrekt eingegeben wurde, kannst du sicher sein, dass das magische Quadrat funktioniert.

Kommentare im Code mit »#«

Die vierte Zeile im Beispielcode ist übrigens eine Kommentarzeile. Du kannst in jedes Python-Programm jederzeit Kommentare einfügen, als eigene Zeile oder direkt nach einem Befehl. Sie beginnen immer mit einem #-Zeichen und enden am Ende der Zeile. Kommentare werden bei der Ausführung des Programms ignoriert. Sie dienen nur dazu, Erläuterungen und Anmerkungen ins Programm einzufügen.

Variation: Magisches Quadrat mit fester Summe

Nun wollen wir noch einen kleinen Schritt weiter gehen. Wie wäre es, ein magisches Quadrat zu erstellen, bei dem die Summe vorher feststeht? Du könntest dann zum Beispiel eine Person, die über 21 ist, nach ihrem Alter fragen und für sie ein ganz persönliches magisches Quadrat ihres Alters erstellen. Das macht Eindruck!

Wie müsste ich das Programm abändern?

Für diese Variante werden also nicht mehr die Werte a und b eingegeben, sondern es wird nur die gewünschte Summe eingegeben. Aus der Summe sollen jetzt a und b berechnet werden. Der Rest vom Programm bleibt gleich (die Ausgabe der Zahlen). Die Summe muss größer als 21 sein, denn 22 ist die Summe des kleinsten magischen Viererquadrats.

Wenn die Summe also a*21 plus b ist, dann kann man umgekehrt auch a und b aus einer vorgegebenen Summe ermitteln. Wenn du gut in Mathe bist, kommst du vielleicht selbst darauf, ansonsten werde ich es dir sagen:

- a ist die Summe geteilt durch 21 (als ganze Zahl).
- b ist der Rest, der bleibt, wenn man die Summe durch 21 teilt.

So etwas haben wir doch schon mal gemacht – im Rechner mit Rest. Die Formel ist also genauso:

- `a = summe // 21` (Ganzzahldivision mit dem doppelten Schrägstrich)
- `b = summe % 21` (Rest mit Prozentzeichen ermitteln)

[!]

Achtung

Diese Methode funktioniert für alle Zahlen, die **keine** Vielfache von 21 sind – also **nicht** für 21, 42, 63, 84 ..., weil dort die zweite Zahl 0 wäre. Man könnte diese Fälle im Programm gesondert behandeln, aber der Einfachheit halber belassen wir es jetzt einmal dabei.

Und so sieht dann unser geändertes Programm aus:

```
summe = int(input("Gib eine Summe (über 21) ein:"))
# a und b berechnen:
a = summe // 21
b = summe % 21
# Magisches Quadrat ausgeben:
print("-------------------------------------------------------------")
print(a+b,a,12*a,7*a)
print(11*a,8*a,b,2*a)
```

```
print(5*a,10*a,3*a,3*a+b)
print(4*a,2*a+b,6*a,9*a)
print("------------------------------------------------------------")
```

Abbildung 7.10: Magisches Quadrat für die Summe 22

Jetzt kannst du (fast) jede beliebige Summe von 22 bis unendlich eingeben und Python wird dir daraus ein gültiges magisches Quadrat berechnen.

Zusammenfassung

- Programme sind eine Folge von Befehlen.
- Die meisten Programme bestehen aus den Elementen Dateneingabe, Datenverarbeitung (Berechnung) und Datenausgabe.
- Beim Start eines Programms führt Python nacheinander jeden Befehl in der Liste aus, von oben nach unten. Wenn ein Befehl abgearbeitet worden ist, folgt der nächste.

- Zum Zwischenspeichern von Werten und Zeichenketten werden Variablen verwendet. Diese verwendet man genauso wie ihren Inhalt.
- Wenn du die Formel kennst, kannst du für jede Berechnung, egal, ob einfach oder kompliziert, ein Programm schreiben, das dir die Ermittlung des gewünschten Wertes vereinfacht.
- Du kannst in jedes Programm Kommentare einfügen, um sie besser verständlich zu machen. Kommentare beginnen mit einem #-Zeichen und enden am Ende der Zeile.

Kapitel 8

Bedingungen – was passiert, wenn …?

Bisher haben wir immer lineare Programmabläufe geschrieben, das heißt, Programme, die Zeile für Zeile von oben nach unten komplett durchlaufen wurden. Nun kommt etwas zusätzliche Struktur hinein. Python kann auch auf Bedingungen reagieren und je nach Ergebnis nur bestimmte Befehle ausführen oder Befehle überspringen.

Du hast gelernt, dass ein Programm eine Folge von Befehlen ist, die nacheinander durchlaufen werden. Am Anfang werden zum Beispiel Daten eingegeben, dann wird die Berechnung der Daten durchgeführt und am Schluss wird das Ergebnis ausgegeben. Das ist auch ganz richtig so – aber es ist noch nicht alles. In diesem und den nächsten Kapiteln wirst du feststellen, dass Programme auch Strukturen enthalten können.

Was heißt das?

Das heißt zunächst einmal, dass Teile von Programmen vielleicht nur unter bestimmten Bedingungen ausgeführt werden, also nur dann, wenn sie wirklich gebraucht werden. Oder dass Berechnungen unterschiedlich verlaufen, je nachdem, welche Daten eingegeben worden sind.

Nehmen wir ein Beispiel: Du möchtest ermitteln, wie lange du brauchst, um von Punkt A nach Punkt B zu kommen. Du sagst dem Programm, wie viele Kilometer die Strecke lang ist und ob du zu Fuß oder mit dem Fahrrad unterwegs bist.

Je nachdem, ob du läufst oder mit dem Fahrrad fährst, muss Python natürlich *anders berechnen*, wie lange es dauert, denn schließlich sind Radfahrer schneller unterwegs als Fußgänger.

Python muss also *zwei unterschiedliche Fälle unterscheiden* und je nach Fall bzw. Bedingung eine *andere Berechnung* durchführen.

Die Unterscheidung von unterschiedlichen Fällen ist eine Programmstruktur, die man auch `if`-Struktur nennt *(falls – dann)*.

Was das Programm also machen muss:

```
Falls zu Fuß unterwegs, dann:
       Berechne Zeit = km / 5   Stunden.
Falls mit dem Fahrrad unterwegs:
       Berechne Zeit = km / 15  Stunden.
```

(Wenn du ein sehr schneller Radfahrer oder Fußgänger bist, kannst du auch gern höhere Werte verwenden.)

Wie fragen wir nun solche Bedingungen ab und unterscheiden unterschiedliche Fälle in Python?

if-Abfragen in Python

Beginnen wir damit, die Daten einzugeben: zunächst die Streckenlänge, die wir in der Variablen km speichern, dann das Verkehrsmittel (vm) – entweder 1 für zu Fuß oder 2 für Fahrrad:

```
km = int(input("Wie lang ist die Strecke in km?"))
vm = int(input("Zu Fuß (1) oder Fahrrad (2)?"))
```

Nun muss Python unterscheiden: Wenn vm gleich 1 ist (zu Fuß), dann wird die Dauer für 5 km/h berechnet, wenn vm gleich 2 ist, dann wird die Dauer für 15 km/h berechnet.

Für die Unterscheidung gibt es in Python den **if**-Befehl. Fragen wir zuerst den Fall 1 ab:

```
if vm == 1:
```

Hier fallen zwei Dinge auf: Erstens werden *zwei Gleichheitszeichen hintereinander* verwendet und zweitens steht am Ende ein Doppelpunkt.

Warum zwei Gleichheitszeichen?

Das liegt daran, dass ein einfaches Gleichheitszeichen in Python schon anders belegt ist und eine *Zuweisung* bedeutet. a = 5 *schreibt* den Wert 5 in die Variable a und *vergleicht* nicht a mit 5. Wenn du aber zwei Werte vergleichen möchtest, dann musst du das in Python anders kennzeichnen. Dafür werden **zwei Gleichheitszeichen** verwendet.

[!]

Achtung: »==«

Wenn du zwei Werte im if-Befehl auf Gleichheit prüfst, musst du **immer** das doppelte Gleichheitszeichen verwenden!

Das zweite Zeichen, das auffällt, ist der Doppelpunkt. Er weist darauf hin, dass die nächste Zeile (oder auch die nächsten Zeilen) ebenfalls zu diesem Befehl gehören. Ein if-Befehl steht nämlich nie allein, sondern ihm folgt stets das, was ausgeführt werden soll, *wenn* die Bedingung erfüllt ist.

Wenn du die Zeile

```
if vm == 1:
```

im Programmfenster eingibst und die [↵]-Taste drückst, dann ist die nächste Zeile automatisch nach rechts eingerückt. Damit wird gekennzeichnet, dass sie zum `if`-Befehl gehört.

Das Ganze sieht dann nach der Eingabe so aus:

```
if vm == 1:
    stunden = km / 5
```

Das bedeutet: *Falls das Verkehrsmittel 1 ist (zu Fuß), dann berechne die Zeit mit km / 5.*

Die nach rechts eingerückte Zeile ist die *bedingte* Zeile. Sie wird nur dann ausgeführt, wenn die davorstehende `if`-Bedingung wahr ist. Ansonsten wird alles, was nach der `if`-Anweisung eingerückt ist, komplett übersprungen.

Wenn du nach der eingerückten Zeile wieder die [↵]-Taste drückst, ist die nächste Zeile erneut eingerückt. Du könntest jetzt also noch mehr Befehle schreiben, die auch alle nur dann ausgeführt werden, wenn die Bedingung `vm == 1` wahr ist.

Wenn du aber fertig bist und die `if`-Abfrage beendet ist, drückst du einmal die [←]-Taste (Rückschritttaste), damit der Zeilenanfang wieder nach ganz links wandert. Jetzt ist der `if`-Befehl beendet und das Programm geht von hier an wieder normal weiter.

[!]

Achtung: Einrückung

Der Programmteil, der fest zu einer Bedingung gehört und nur ausgeführt wird, wenn die Bedingung wahr ist, wird in Python immer als **Block** nach rechts **eingerückt**. Das ist eine Besonderheit von Python. Du musst darauf achten, dass die Zeilen, die zu einem gemeinsamen Block gehören, immer gleich weit eingerückt sind, sonst gibt Python einen Fehler aus.

Anschließend kann die zweite Abfrage kommen. *Wenn* mit dem Fahrrad unterwegs, *dann* rechne mit 15 km/h. Oder in Python:

Falls ...

```
if vm == 2:
```

..., dann setze ...

```
    stunden = km / 15
```

Und auch danach gehst du mit der [←]-Taste wieder nach links zurück und setzt die Eingabe des Programms fort.

Jetzt ist die Variable `stunden` berechnet und es folgt der Ausgabebefehl, ganz normal:

```
print("Es dauert",stunden,"Stunden.")
```

Im Ganzen sieht das Programm jetzt folgendermaßen aus:

```
#Eingaben
km = int(input("Wie lang ist die Strecke in km?"))
vm = int(input("Zu Fuß (1) oder Fahrrad (2)?"))

#Wenn vm gleich 1 ist
if vm == 1:
    #dann berechne
    stunden = km / 5

#Wenn vm gleich 2 ist
if vm == 2:
    #dann berechne
    stunden = km / 15

#Ausgabe
print("Es dauert",stunden,"Stunden.")

```

Durch die Einrückungen sieht man deutlich, welche Befehle nur unter einer Bedingung ausgeführt werden und wo es weitergeht, falls die Bedingung nicht zutrifft. Das ist das Schöne an Python – die Programme sind mit dieser Struktur immer sehr übersichtlich und leicht zu durchschauen. Probiere es ruhig mit verschiedenen Werten und Verkehrsmitteln aus.

Dabei könntest du schnell auf ein Problem stoßen: Was passiert, wenn du weder 1 noch 2 eingibst, sondern zum Beispiel 0 oder 3 oder xy oder gar nichts?

Dann gibt es einen Fehler mit Programmabbruch, da die Variable `stunden` gar nicht definiert ist, denn es traf ja keine Bedingung zu und dadurch existiert keine Variable oder Funktion mit diesem Namen.

Ganz klar: Wenn `vm` weder 1 noch 2 ist, dann wird keine der beiden Berechnungen ausgeführt, sie werden *beide übersprungen* und die Variable `stunden` wird dadurch gar nicht erst mit einem Wert belegt. Die Variable `stunden` existiert folglich nicht. Also gibt es einen Fehler, denn eine Variable, die nicht existiert, kann man auch nicht ausgeben.

Was kann ich dagegen tun?

Du kannst ja schlecht jede nur erdenkliche Zahl oder sonstige Eingabe abfragen. Wer weiß schon, was ein Benutzer alles eingeben kann …

Eine Möglichkeit, um zumindest den Fehler und damit den Programmabbruch zu vermeiden, wäre es, die Variable vor den `if`-Abfragen schon mal mit einem Standardwert zu belegen:

```
stunden = 0
```

So würde zumindest vermieden, dass es zu einem Fehler kommt, weil die Variable nicht definiert ist. Aber wäre es nicht besser stattdessen eine Möglichkeit zu haben, zu prüfen, ob »etwas anderes« eingegeben wurde als das, was du abgefragt hast?

»if« mit »else«

Dafür gibt es den Befehl `else`, der bei Bedarf nach einem `if`-Befehl verwendet werden kann. `else` bedeutet so viel wie »ansonsten« oder »anderenfalls«. Und genau das brauchen wir hier.

Zum Beispiel könnten wir das Programm jetzt so schreiben:

```
#Eingaben
km = int(input("Wie lang ist die Strecke in km?"))
vm = int(input("Zu Fuß (1) oder Fahrrad (2)?"))

#Wenn vm gleich 1 ist
if vm == 1:
    #dann berechne
    stunden = km / 5

#ansonsten
else:
    #berechne
    stunden = km / 15

#Ausgabe
print("Es dauert",stunden,"Stunden.")

```

Zuerst wird also geprüft, ob die 1 eingegeben wurde. Wenn ja, dann wird die Zeit für Fußgänger berechnet. Danach kommt aber nicht wie bisher die zweite `if`-Abfrage, sondern eine **`else`**-Abfrage. `else` bezieht sich immer auf das vorherige `if` und bedeutet so viel wie »ansonsten – wenn die vorherige Abfrage nicht zutrifft«.

Wenn also *nicht* die 1 eingegeben wurde und es egal ist, was da stattdessen eingegeben wurde, dann wird automatisch die `else`-Bedingung wahr. In diesem Fall wird also immer die Zeit für Radfahrer berechnet.

So würde das Programm keinen Fehler mehr erzeugen, egal, was man eingibt. Probiere es aus:

- Wenn du 1 eingibst, wird die Strecke für Fußgänger berechnet.
- Wenn du 2 eingibst, wird die Strecke für Radfahrer berechnet.
- Wenn du irgendwas anderes eingibst, wird die Strecke ebenfalls für Radfahrer berechnet.

Fehlermeldungen gibt es keine, was auch immer du eingibst, denn dank `else` hast du bei jeder beliebigen Eingabe eine Zeitberechnung.

Vielleicht macht dich das aber noch nicht ganz glücklich, denn eigentlich soll der Benutzer wirklich *nur* 1 oder 2 eingeben und ansonsten eine Meldung bekommen, dass seine Eingabe nicht korrekt war.

Das kann man natürlich auch programmieren. Es gibt mehrere Möglichkeiten, um das zu erreichen. Eine wäre es, zunächst mal abzufragen, ob wirklich eine 1 oder eine 2 eingegeben wurde.

Wenn wir schon davon ausgehen, dass auch ein Buchstabe oder ein Wort für `vm` von einem User eingegeben werden könnte, brauchen wir `vm` auch gar nicht als Integer. Wir können `vm` dann als Text behandeln, `int()` können wir uns dann sparen:

```
vm = input("Zu Fuß (1) oder Fahrrad (2)?")
```

Dann müssen wir nur daran denken, die Vergleiche auch mit **Strings** in der Form

```
if (vm == "1") or (vm == "2"):
```

zu machen. Da `vm` ein String ist, müssen auch die zu vergleichenden Werte Strings sein – wir schreiben die Werte dazu in Anführungszeichen und kennzeichnen sie damit als Strings.

Mehrere Bedingungen verknüpfen

Wie du siehst, kann man in einer `if`-Abfrage nicht nur *eine* Bedingung abfragen, sondern auch *mehrere* miteinander verknüpfen, und zwar mit UND (`and`) oder mit ODER (`or`). Später im Kapitel gibt es dazu noch mehr Informationen. Jetzt reicht uns erst einmal eine Verknüpfung mit ODER.

Wenn du also prüfen möchtest, ob der Benutzer 1 oder 2 eingegeben hat, dann müsstest du das so machen:

```
if (vm == "1") or (vm == "2"):
```

`or` ist das englische Wort für »oder«. Die Zeile prüft also, ob eine 1 *oder* eine 2 eingegeben wurde. Wenn *mindestens eine der beiden Bedingungen* zutrifft, werden die nachfolgenden eingerückten Zeilen ausgeführt.

Wenn du mehrere Bedingungen verknüpfst, ist es nicht verkehrt, jede der Bedingungen in Klammern zu setzen, denn das ist übersichtlicher und kann so helfen, Fehler zu vermeiden. Zwingend vorgeschrieben ist das allerdings nicht.

Jetzt kann man die Struktur neu auf die verknüpfte Bedingung aufbauen. Mein Vorschlag ist dieser:

```
km = int(input("Wie lang ist die Strecke in km?"))
vm = input("Zu Fuß (1) oder Fahrrad (2)?")

if (vm == "1") or (vm == "2"):
    # nur ausführen, wenn 1 oder 2 eingegeben wurde:
    if vm == "1":
        stunden = km / 5
    if vm == "2":
        stunden = km / 15
    print("Es dauert",stunden,"Stunden.")
else:
    # Wenn weder 1 noch 2 eingegeben wurde:
    print("Bitte nur 1 oder 2 eingeben!")
```

Verstehst du, wie es funktioniert?

Die erste `if`-Abfrage prüft, ob eine 1 oder 2 eingegeben wurde. Falls ja, dann werden die nächsten eingerückten `if`-Abfragen ausgeführt und je nachdem, ob es 1 oder 2 ist, erfolgt eine andere Berechnung und am Schluss wird das Ergebnis ausgegeben. Falls aber *weder* 1 *noch* 2 eingegeben wurde, wird alles, was eingerückt ist, übersprungen und erst das `else` am Ende wird wirksam. Dann wird nur der Text geschrieben, dass man bitte nur 1 oder 2 eingeben darf.

Du kannst also `if`-Abfragen auch ineinander *verschachteln*. Alles, was eingerückt ist, wird nur ausgeführt, wenn die `if`-Abfrage zutrifft – und in der Einrückung kann es dann auch wieder neue `if`-Abfragen mit ihren eigenen Bedingungen und Einrückungen geben usw.

»elif« – »else if«

Man kann die obige Aufgabe aber auch noch anders lösen. Es gibt nämlich noch einen interessanten Befehl, den man zumindest ab und zu gut gebrauchen kann, den `elif`-Befehl, der eine Kombination von `else` und `if` ist. Wie funktioniert der?

Manchmal braucht man so eine Struktur:

Wenn, dann … oder sonst wenn, dann … oder sonst wenn, dann … – ansonsten …

Und das sieht in Python in etwa so aus:

Wenn Bedingung 1 zutrifft …	`if Bedingung1:`
… dann tu dies.	`# Befehle …`
Ansonsten, falls Bedingung 2 zutrifft …	`elif Bedingung2:`
… dann tu dies.	`# Befehle …`
Ansonsten, falls Bedingung 3 zutrifft …	`elif Bedingung3:`
… dann tu dies.	`# Befehle …`
Wenn nichts von dem Vorherigen zutrifft …	`else:`
… dann tu das hier.	`# Befehle …`

Wenn du das jetzt in unser kleines Programm einbauen möchtest, dann könnte es zum Beispiel so aussehen:

```
km = int(input("Wie lang ist die Strecke in km?"))
vm = input("Zu Fuß (1) oder Fahrrad (2)?")

if vm == "1":
    print("Es dauert",km/5,"Stunden.")
elif vm == "2":
```

```
    print("Es dauert",km/15,"Stunden.")
else:
    print("Bitte nur 1 oder 2 eingeben!")
```

Erst wird abgefragt, ob die 1 eingegeben wurde, dann, *falls nicht* (`elif`), wird noch gefragt, ob die 2 eingegeben wurde. Falls *beides nicht zutrifft*, kommt das letzte `else`, das zu der Meldung führt, dass die Eingabe nicht okay war. Es dürfen beliebig viele `elif`-Befehle nach dem `if` kommen – das letzte `else` trifft nur dann zu, wenn keine der Bedingungen aus `if` und `elif` zutreffen.

Das waren also drei Möglichkeiten, wie man Eingaben mit Bedingungen auswerten und dabei Fehler abfangen oder vermeiden kann.

Nach diesem ersten praktischen Ausflug in das Programmieren mit Bedingungen folgt jetzt noch ein kleiner Überblick, was genau du mit `if` noch alles machen kannst und in welchen Formen diese Struktur verwendbar ist.

»if« – »else« im Überblick

Nach `if` steht immer eine Bedingung und es wird geprüft, ob diese Bedingung wahr ist. Beim Programmieren gibt es keine Halbwahrheiten. Entweder ist eine Bedingung *wahr* oder sie ist *falsch*. Bedingungen, die man prüfen kann, sind aber nicht nur gleiche Zahlenwerte. Man kann Zahlen wie Zeichen auf Gleichheit, Ungleichheit, größer oder kleiner prüfen.

Beispiele:

`if x == 3:`	Prüft, ob `x` gleich 3 ist.
`if x != 3:`	Prüft, ob `x` ungleich drei ist (also *nicht* 3).
`if x > 5:`	Prüft, ob `x` größer als 5 ist.
`if x < 9:`	Prüft, ob `x` kleiner als 9 ist.
`if x <= 7:`	Prüft, ob `x` kleiner oder gleich 7 ist.
`if x >= 2:`	Prüft, ob `x` größer oder gleich 2 ist.

Das geht natürlich nicht nur mit Zahlen, sondern auch mit Zeichenketten:

`if name == "Otto":`	Prüft, ob `name` gleich »Otto« ist.
`if "Otto" > "Erwin":`	Prüft, ob der Text `"Otto"` größer als der Text `"Erwin"` ist, ob er also weiter hinten in der alphabetischen Sortierung steht.

Eine Bedingung, die mit `if` geprüft wird, nennt man auch eine *logische Aussage*, die immer entweder *wahr* (`True`) oder *falsch* (`False`) ist, zum Beispiel:

- `5 > 3` ist zum Beispiel eine wahre Aussage (*True*).
- `5 == 7` ist zum Beispiel eine falsche Aussage (*False*).

Man kann diese Überprüfungen auch in eine Variable schreiben:

```
bedingung = (5 > 3)
print(bedingung)
```

Das ergibt als Ausgabe:

```
True
```

[+] **Große Anfangsbuchstaben bei »True« und »False«**

Wenn du `True` oder `False` in einem Programm als Wert verwendest, müssen beide immer mit großem Anfangsbuchstaben geschrieben werden. Und sie werden ohne Anführungszeichen geschrieben, sonst wären sie nichts anderes als ein beliebiger String.

Ebenso kann man statt des Vergleichs eine Variable mit `if` abfragen, die `True` oder `False` enthält:

```
if bedingung == True:
```

Oder noch einfacher:

```
if bedingung:
```

[+] **Wahrheitsaussage als Variablenwert**

Hinter dem `if` steht immer eine *Aussage*, die wahr (`True`) oder falsch (`False`) ist. Wenn aber eine Variable den Wert *wahr* oder *falsch* enthält, kann man auch diese hinter das `if` schreiben, dann ist die Variable eine *Aussage, die wahr oder falsch ist* (man nennt das auch eine *boolesche Variable*, die nur einen von zwei Werten enthalten kann, `True` oder `False`).

```
x = int(input("Gib eine Zahl größer als 5 ein:"))
aussage = (x > 5)
if aussage:
    print("Korrekt - die Zahl ist über 5.")
if aussage == False:
    print("Falsche Eingabe")
```

Übrigens entspricht der Wert `False` in Python dem Wert `0`, der Wert `True` entspricht dem Wert `1` oder jeder anderen Zahl außer `0`.

Man kann also auch folgendermaßen abfragen:

```
x = int(input("Gib einen Wert ein:"))
if x:    # bedeutet: x ist True, also etwas anderes als 0
    print("Du hast etwas anderes als 0 eingegeben.")
else:    # bedeutet: x ist False, also 0
    print("Du hast den Wert 0 eingegeben.")
```

Etwas trickreicher wird die Logik noch, wenn man mehrere Bedingungen miteinander verknüpft.

Wahr und falsch beim Verknüpfen

`(5 > 3) or (5 < 2)` ist eine *wahre* Aussage, denn die erste Aussage `(5 > 3)` stimmt. Da zwischen den Aussagen ein ODER steht, muss nur die erste oder die zweite (oder müssen beide) stimmen, damit die gesamte Bedingung *wahr* ist.

Wenn ich also sage: »Das Auto ist rot oder blau«, dann ist die Aussage wahr, wenn das Auto rot ist *oder* wenn es blau ist.

Neben der ODER-Verknüpfung gibt es auch noch die UND-Verknüpfung – AND.

`(5 > 3) and (5 < 2)` ist eine *falsche* Aussage, denn es stimmt nicht, dass die erste *und* die zweite Bedingung zutreffen, weil die zweite Aussage falsch ist. Bei der Verknüpfung von Bedingungen mit UND müssen *alle* Aussagen zutreffen, sonst ist die Gesamtaussage falsch.

Beispiel: Ein einfarbiges Auto kann nicht rot *und* blau sein. Die Aussage »Das Auto ist rot *und* das Auto ist blau« muss damit falsch sein.

Als drittes gibt es noch NOT (nicht). Damit wird eine Aussage umgekehrt:

`not (5 < 2)` ist *wahr*, denn es ist schließlich zutreffend, dass 5 *nicht* kleiner als 2 ist.

Mit NOT wird die Wahrheit einer Aussage also immer ins Gegenteil umgedreht. Wahr wird falsch, falsch wird wahr.

Im Grunde funktioniert es wie in der normalen menschlichen Umgangssprache. Man muss es einfach nur immer ins Deutsche übersetzen und mit dem gesunden Menschenverstand überlegen:

(Aussage1) **and** (Aussage2)	Ist nur wahr, wenn beide Aussagen wahr sind.
(Aussage1) **or** (Aussage2)	Ist dann wahr, wenn mindestens eine der Aussagen wahr ist.

not (Aussage)	Ist nur dann wahr, wenn die Aussage falsch ist, und ist falsch, wenn die Aussage wahr ist (Umdrehung).

Alles logisch, oder?

Programm: Eintrittsprüfung

Neue Aufgabe: Nehmen wir an, jemand möchte herausfinden, ob er einen Film im Kino anschauen darf. Es gibt eine FSK-Freigabe (`fsk`) und das Alter des Kindes (`alter`).

```
alter = int(input("Wie alt bist du?"))
fsk = int(input("Ab wann ist der Film freigegeben?"))
```

Wie prüft man nun, ob der Benutzer in den Film gehen darf? Klar, oder?

```
if (alter >= fsk):
    print("Du darfst in den Film gehen.")
else:
    print("Du darfst leider nicht in den Film gehen.")
```

Nehmen wir aber jetzt an, man dürfte, egal in welchem Alter, in jeden Film gehen, solange ein Erwachsener dabei ist (das stimmt in Wirklichkeit nicht, aber wir nehmen es mal an für diese Übung).

Dann würde das Programm so aussehen:

```
alter = int(input("Wie alt bist du?"))
fsk = int(input("Ab wann ist der Film freigegeben?"))
erwachsener = int(input("Ist ein Erwachsener dabei (1)? Oder nicht (0)?
"))

if (alter >= fsk) or erwachsener:
    print("Du darfst in den Film gehen.")
else:
    print("Du darfst leider nicht in den Film gehen.")
```

Solange eine der beiden Bedingungen erfüllt ist (Alter stimmt oder Erwachsener ist dabei) wird der Film erlaubt, ansonsten (wenn beides nicht zutrifft) eben nicht. Achte darauf, dass es hier nicht nötig ist, `erwachsener == 1` abzufragen, denn 1 entspricht ja `True` – und somit reicht es aus, die Variable `erwachsener` als Wahrheitswert abzufragen, da sie nur 0 (`False`) oder 1 (`True`) sein kann.

Und dann kann man noch zwei Zeilen hinzufügen:

```
if (alter >= fsk) and erwachsener:
    print("Du brauchst den Erwachsenen nicht mitzunehmen.")
```

Und zur Verdeutlichung noch mal eine Abfrage dazu:

```
if  (not (alter >= fsk)) and erwachsener:
    print("Der Erwachsene muss aber auf jeden Fall mitkommen.")
```

Damit hast du ein Beispiel für alle Verknüpfungen mit AND, OR oder NOT.

Schau dir das Programm genau an, probiere es mit verschiedenen Eingaben durch und versuch zu verstehen, wie es funktioniert. Wenn eine der beiden Bedingungen (Alter größer oder gleich `fsk` *oder* Erwachsener ist dabei) erfüllt ist, darf der Fragende den Film sehen. Wenn das nicht der Fall ist, darf er den Film auf jeden Fall nicht sehen.

Dann wird noch geprüft, ob vielleicht das Alter stimmt *und* ein Erwachsener dabei ist. Der wäre dann nämlich nicht nötig.

Und die letzte Abfrage prüft, ob das Alter zu niedrig ist *und* ein Erwachsener dabei ist. Dann ist der Erwachsene auf jeden Fall nötig.

Die Klammern sind dabei eine Hilfe, weil sie klar zeigen, worauf sich das `and` oder das `or` oder das `not` bezieht. Wenn du Bedingungen mit `and`, `or`, `not` verknüpfst, solltest du die Bedingungen selbst immer in Klammern setzen, um Unübersichtlichkeit oder falsche Ergebnisse zu vermeiden.

Kapitel 9
Befehle und Module

Python kommt mit relativ wenigen eingebauten Befehlen aus. Einige hast du schon kennengelernt und einige kommen noch hinzu. Aber heißt das, dass Python damit begrenzt ist und nur simple Eingaben, Abfragen, Berechnungen und Ausgaben machen kann? Nein, keineswegs, denn Python lebt letztendlich von hinzugefügten Modulen. Mit ihnen steht der Programmierung eine riesige Fülle an Möglichkeiten offen.

Gerne wird Python benutzt, um etwas zu berechnen. Das hast du ja schon intensiv kennengelernt. Die Grundrechenarten plus, minus, mal und geteilt sind ja problemlos in Python verwendbar, dazu noch die Potenz, die Ganzzahldivision und die Restberechnung. Oft kommt man damit aus, aber eben nicht immer. Für ein leistungsfähigeres mathematisches Programm kann es sein, dass du auf einmal Funktionen brauchst, die nicht in Python eingebaut sind. Vielleicht willst du zum Beispiel die Wurzel einer Zahl berechnen oder den Sinus oder Cosinus eines Wertes oder mit Brüchen arbeiten.

Quadratwurzel, Sinus oder Cosinus sind leider keine Grundrechenarten, die direkt in den Kern der Python-Sprache integriert sind. Heißt das, dass wir sie nicht verwenden können?

Doch, das können wir. Denn Python ist in seinen Fähigkeiten eigentlich unbegrenzt. Befehle, die es nicht gibt, kannst du, wenn du dazu in der Lage bist, selbst definieren und hinzufügen – oder du kannst auf eines der reichhaltigen *Module* zurückgreifen, die mit Python mitgeliefert werden oder die du dir zum Beispiel von entsprechenden Webseiten herunterladen kannst.

Was sind Module?

Module sind Definitionen zusätzlicher Python-Kommandos, die du in dein Programm mit einbinden kannst, woraufhin du alle Befehle und Funktionen verwenden kannst, die darin enthalten sind. Module gibt es für alle Anwendungsbereiche. So findest du unter den Standardmodulen für Python (das heißt den mitgelieferten Modulen) Befehle und Funktionen für verschiedenste mathematische Operationen, für Zeichenkettenverarbeitung, für komplizierte Datentypen, für Zeit und Datumsberechnung, für den Dateizugriff auf der Festplatte, für Datenkompression und Verschlüsselung, für alle Arten von Onlinezugriffen, für Datenbanksteuerung, für grafische Ausgaben auf dem Bildschirm, für Klangerzeugung und -ausgabe, für Steuerungen ... Dabei habe ich hier nur ein paar wenige Beispiele aufgezählt, von denen du viele in diesem Buch noch besser kennenlernen wirst.

Module können selbst in Python geschrieben sein und somit problemlos auf jedem System verwendet werden. Module, die zum Beispiel spezielle Windows- oder Mac-Funktionen steuern, können auch in einer anderen Sprache geschrieben sein – aber sie werden dennoch in Python eingebunden und mit Python-Befehlen gesteuert. Module können selbst geschrieben werden, sie können aus dem Internet geladen werden oder sie sind schon in der Python-Bibliothek enthalten (Standardmodule) und müssen nur noch aufgerufen werden. In diesem Buch werden wir vor allem mit den Standardmodulen arbeiten und du wirst sehen, dass darin schon unglaublich viel enthalten ist.

Das Modul »math«

Lass uns ein bisschen rechnen: Wir wollen die Quadratwurzel eines Wertes `x` berechnen. Dafür gibt es eine Funktion `sqrt(x)` (`sqrt` ist die Abkürzung für *square root*, englisch für »Quadratwurzel«).

Um in einem Programm die Funktion `sqrt()` zu verwenden, müssen wir erst einmal das Modul *importieren*, in dem sie definiert ist, sonst kennt Python die Funktion nämlich nicht. Das ist in diesem Fall das sehr häufig verwendete Standardmodul *math*.

```
import math
```

Schreib mal folgendes Programm:

```
import math
x = int(input("Eine Zahl bitte:"))
print(math.sqrt(x))
```

Nun kannst du das Programm testen und einen Wert, wie zum Beispiel 81, eingeben. Das Ergebnis ist:

```
9.0
```

[+]

Zahlen

Das Ergebnis wird als `9.0` angezeigt, nicht als `9` – das ist mathematisch dieselbe Zahl, es zeigt uns aber, dass das Modul `math` intern generell mit *Fließkommazahlen* (auch *float* genannt) arbeitet. So wird selbst mit unserer Ganzzahl `x` als Ergebnis eine Fließkommazahl angezeigt.

Um eine Float-Zahl `x` in eine Integer-Zahl (Ganzzahl) umzuwandeln, kannst du `int(x)` verwenden, umgekehrt geht `float(x)`.

In der ersten Zeile wird das Modul `math` importiert, das heißt, es wird dem Programm gesagt, dass es dieses Modul verwenden soll. Weil `math` ein Standardmodul ist, das bereits in unserem Paket enthalten ist, findet Python das Modul ohne Probleme und bezieht es mit in das Programm ein. Wenn du nun eine Funktion wie `sqrt()` aus dem Modul `math` in deinem Programm benutzen willst, musst du zuerst den Modulnamen schreiben, dann einen Punkt, dann die Funktion.

Hier also:

```
print(math.sqrt(x))
```

Falls du aus dem Modul `math` nur die Funktion `sqrt` verwenden willst, dann kannst du auch nur diese direkt in dein Programm integrieren. Das ginge so:

```
from math import sqrt
x = int(input("Eine Zahl bitte:"))
print(sqrt(x))
```

Hier importierst du nicht mehr das gesamte Modul, sondern nur die Funktion `sqrt` aus dem Modul `math` **direkt in dein Programm**. Damit kannst und musst du die Funktion jetzt auch ohne vorangestelltes `math` verwenden, denn jetzt ist die Funktion `sqrt` direkt für dein Programm definiert und das Modul `math` selbst mit all seinen anderen Funktionen ist gar nicht ins Programm einbezogen.

Das geht auch mit mehreren Befehlen bzw. Funktionen aus einem Modul:

aus diesem Modul — diese Funktionen: **sqrt**, **sin**, **cos**, **tan**

```
from math import sqrt, sin, cos, tan
```

importieren:

Mit dieser Zeile würdest du die Funktionen `sqrt()`, `sin()` (Sinus), `cos()` (Cosinus) und `tan()` (Tangens) aus dem Modul `math` ins Python-Programm integrieren und könntest sie *ganz normal* verwenden (ohne `math` voranzustellen). Mit Sinus, Cosinus und Tangens kann man zum Beispiel die Winkel in einem rechtwinkligen Dreieck berechnen.

Und wenn man es auf die Spitze treibt, kann man auch ganz einfach *alle* Funktionen aus einem Modul ins Python-Programm integrieren. Das geht folgendermaßen:

```
from math import *
```

Der Stern steht in diesem Fall für »alles«. Nach dieser Zeile können sämtliche Funktionen, die in `math` definiert sind, »einfach so« verwendet werden, ohne dass man es extra kennzeichnen muss. Zum Beispiel gibt `print( (sin(x) )` dann den Sinuswert für Variable `x` aus.

Drei Wege zum Modul

Es gibt also drei Wege, Funktionen aus Modulen einzubinden. Ich stelle sie dir hier kurz vor:

```
import Modulname
```

Zum Beispiel `import math`. Damit holst du das ganze Modul in dein Programm und benutzt die Funktionen des Moduls mit vorangestelltem Modulnamen. Zum Beispiel `math.sqrt(16)`. Das ist der einfachste und sicherste Weg. So ist immer klar, woher eine verwendete Funktion stammt, und du vermeidest Namenskonflikte, wenn du mehrere Module einbindest.

```
from Modulname import Funktionsname
  (, Funktionsname …)
```

Das wäre zum Beispiel `frommath import sqrt`. Dann kannst du diese angegebene Funktion (oder Funktionen) ohne Namenserweiterung verwenden: `sqrt(16)`.

Das ist natürlich bequemer, weil du weniger schreiben musst. Das kann aber zu Namenskonflikten führen, wenn verschiedene verwendete Module gleiche Namen für Funktionen haben. Andererseits ist das ja eine sehr gezielte Art, etwas einzubinden, und Dopplungen aus unterschiedlichen Modulen sollten so doch eher auffallen.

```
from Modulname import *
```

Hier importierst du tatsächlich alles aus dem Modul und kannst alle Funktionen ohne Erweiterung verwenden. Das solltest du aber nur sehr gezielt einsetzen, da es schnell unübersichtlich wird: Man sieht dem Code nicht mehr an, aus welchem Modul eine Funktion stammt, und Namenskonflikte bleiben leicht unentdeckt.

Welche Methode ist die beste? Das kommt drauf an. Einfach alle Befehle aus einem Modul zu importieren (die dritte Methode) ist sicherlich am bequemsten, weil man dann die Funktionen ohne Modulnamen *ganz normal* verwenden kann, als wären sie ein eingebauter Teil von

Python. Diese Methode wird auch am häufigsten verwendet. Solange du nur die Standardmodule verwendest, sollte das auch gar kein Problem sein.

Verwendest du aber unterschiedlichste Module aus verschiedenen Quellen, dann kann das eventuell zu Fehlern führen, falls verschiedene Module vielleicht Funktionen mit gleichen Namen haben. Denn dann überschreibt die zuletzt importierte Funktion die vorherigen mit gleichem Namen, was ein ernsthaftes Problem ist.

Auch ist es manchmal übersichtlicher und klarer, wenn der Modulname im Programm sichtbar bleibt. Dann weiß man auch bei größeren Programmen immer, aus welchem Modul die Funktion eigentlich kommt. Für die Beispiele in diesem Buch würden aber alle drei Methoden gleich gut funktionieren.

[+]

Für Mathe-Profis

Weil Python ja die Potenzfunktion schon in der Basissprache eingebaut hat (zum Beispiel 7^2, geschrieben `7 ** 2`), kann man Quadratwurzeln im Grunde auch ohne die `sqrt`-Funktion berechnen. Denn man kann eine Zahl auch hoch ½ nehmen, um die Wurzel zu bekommen. Statt `sqrt(x)` kann man also ebenso `x ** 0.5` berechnen. Das aber nur am Rande ... Die anderen Funktionen aus `math` lassen sich nicht so leicht durch eingebaute Operatoren ersetzen.

Was hat das Modul `math` noch zu bieten? Hier nur ein paar Beispiele:

`sin(wert)`	Sinus des Wertes
`cos(wert)`	Cosinus des Wertes
`tan(wert)`	Tangens des Wertes
`floor(wert)`	die nächstkleinere ganze Zahl einer Kommazahl (zum Beispiel 1.0 bei 1.75)
`ceil(wert)`	die nächstgrößere ganze Zahl einer Kommazahl (zum Beispiel 2.0 bei 1.75)
`log(wert)`	der natürliche Logarithmus eines Wertes
`fabs(wert)`	der absolute Wert einer Zahl (ohne Minus)

Daneben gibt es noch viele Funktionen mehr. Wenn du alles erfahren möchtest, solltest du in der **Kommandozeile** bzw. der Python-Shell, den Befehl **`help(math)`** eingeben. Damit erhältst du eine Übersicht über trigonometrische, logarithmische, exponentielle und weitere mathematische Funktionen, die in `math` enthalten sind, allerdings auf Englisch. Auf Deutsch kann aber auch Google weiterhelfen.

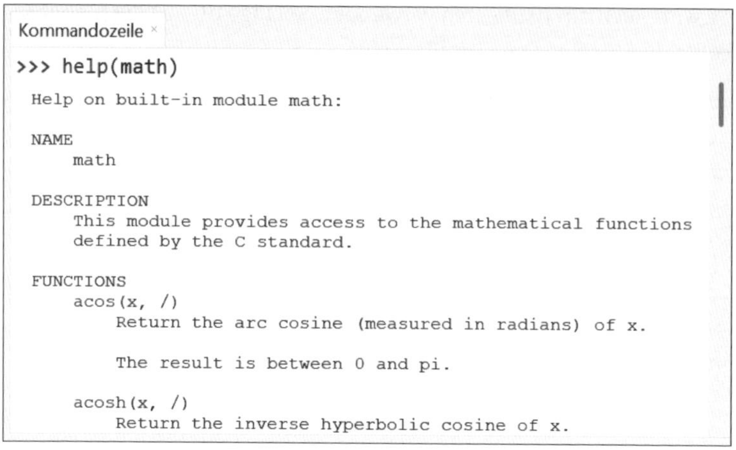

Abbildung 9.1: »math« hat eine ganze Menge zu bieten.

Hier ein kleines Programm, das einige der Funktionen von `math` verwendet:

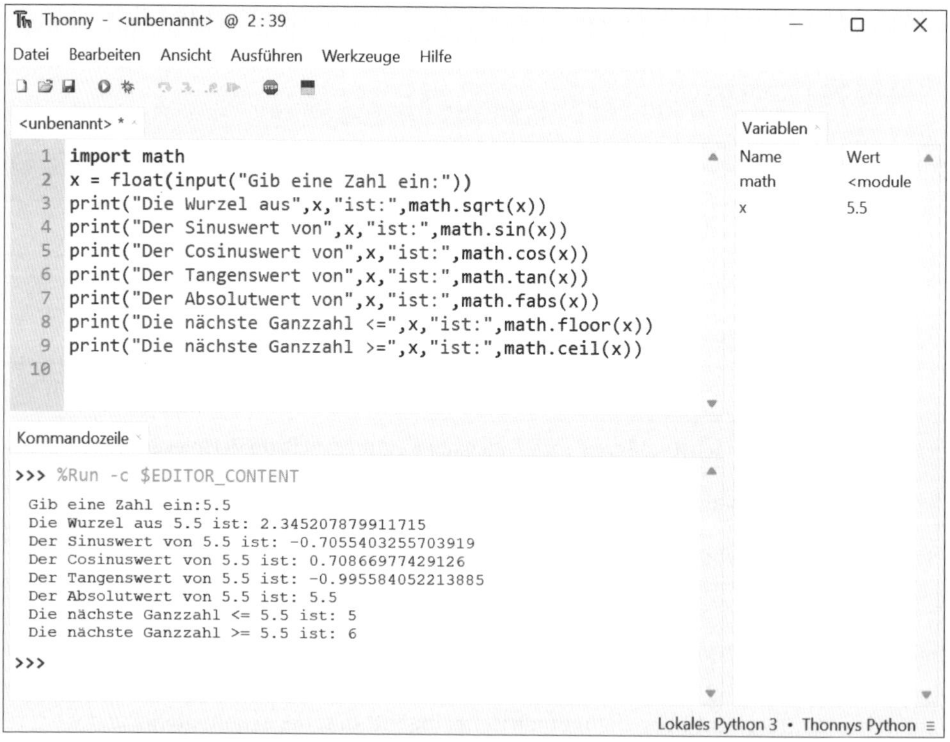

Abbildung 9.2: »math« ist der Rechenkünstler von Python.

```
import math
x = input("Gib eine Zahl ein:")
print("Die Wurzel aus",x,"ist:",math.sqrt(x))
print("Der Sinuswert von",x,"ist:",math.sin(x))
print("Der Cosinuswert von",x,"ist:",math.cos(x))
print("Der Tangenswert von",x,"ist:",math.tan(x))
print("Der Absolutwert von",x,"ist:",math.fabs(x))
print("Die nächste Ganzzahl <=",x,"ist:",math.floor(x))
print("Die nächste Ganzzahl >=",x,"ist:",math.ceil(x))
```

Das Modul »random«

Wem das jetzt alles zu speziell mathematisch ist, für den haben wir ein anderes Modul, das wir von jetzt an häufig verwenden werden: das Modul *random*.

Was kann »random«?

Das englische Wort *random* bedeutet auf Deutsch so viel wie »beliebig« oder auch »zufällig« – und genau darum geht es.

Mit den Funktionen aus dem Modul `random` kannst du Zufallszahlen erzeugen. Für viele Arten von Spielen ist das sehr hilfreich.

Stell dir vor, du willst einen Würfel programmieren, der eine zufällige Zahl von 1 bis 6 erzeugt, der also »würfelt«. Python hat für so etwas keinen eingebauten Befehl, aber das Modul `random`, das ebenfalls zu den Standardmodulen gehört, hat es schon.

Um die Funktionen aus dem Modul `random` zu verwenden, beginnt das Programm also wieder mit einem Importbefehl:

```
import random
```

Die Funktion darin, die wir benötigen, um einen Würfel zu programmieren, heißt:

```
randint(anfang,ende)
```

`randint` steht für *random integer*, was so viel bedeutet wie »zufällige Ganzzahl«.

Mit der Funktion `randint(1,6)` erhältst du in diesem Fall eine Zahl zwischen 1 und 6 (also inklusive 1 und 6), somit eine typische Würfelzahl. Am besten programmierst du gleich mal einen simplen Würfel. Das geht im einfachsten Fall so:

```
import random
wuerfel = random.randint(1,6)
print("Gewürfelt wurde",wuerfel)
```

Probiere es aus: Jedes Mal, wenn du das Programm startest, erhältst du erneut eine »zufällig gewürfelte Zahl«. Der Computer würfelt!

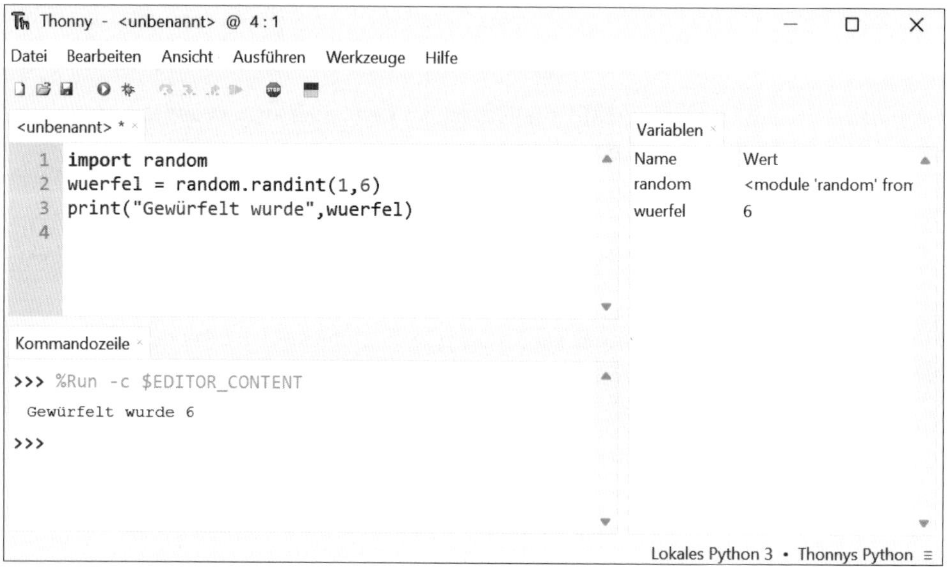

Abbildung 9.3: Hurra! Eine 6 gewürfelt!

Was sind überhaupt Zufallszahlen?

Kann sich ein Computer wirklich eine völlig zufällige Zahl »ausdenken«? Wie sollte er das eigentlich machen? Die Antwort ist einfach: Nein, das sind keine »echten Zufallszahlen« – allerdings muss man sich fragen, was denn überhaupt »echte Zufallszahlen« in einem Computer sein sollen? Der Computer erzeugt Zufallszahlen nach einem Verfahren, das man nicht durchschauen kann. Deshalb weiß man vorher nicht, welche Zahl als Nächstes kommt. Jedes Mal entstehen andere Zahlenfolgen und trotzdem verteilen sich die Zahlen auf Dauer ziemlich gleichmäßig. Diese Eigenschaft haben auch »echte Zufallszahlen«, die man mit dem Würfel oder einem Roulette-Rad erzeugen kann. Nach 1.000-mal Würfeln gleichen sich die verschiedenen Würfe allmählich an. Insofern verhalten sich die `random`-Zahlen eines Computers in der Praxis genauso wie »echte Zufallszahlen«.

Roulette

Beim französischen Roulette gibt es ein rotierendes Rad, in das eine Kugel geworfen wird. Am Ende landet die Kugel in einem von 37 Fächern – es gibt die Zahlen von 1 bis 36, die abwechselnd rot und schwarz sind, sowie die grüne Null.

Aufgabe

Ändere das Würfelprogramm von oben und bau ein Roulette-Programm daraus, das eine Ziehung macht. Als Ergebnis soll angezeigt werden »Die Kugel ist auf die Zahl x gefallen« oder »Die Kugel ist auf die grüne Null gefallen«. Schaffst du das? Versuch's mal, probiere es aus und vergleich dein Ergebnis anschließend mit dem folgenden Vorschlag.

```
import random
input ("Drück ENTER, um die Ziehung zu starten")
zahl = random.randint(0,36)
if zahl == 0:
    print("Die Kugel ist auf die grüne Null gefallen.")
else:
    print("Die Kugel ist auf die Zahl",zahl,"gefallen.")
```

Die zweite Zeile wäre nicht unbedingt nötig, aber sie schafft einen Startpunkt, um die Ziehung zu beginnen. Es wird eine Zahl von 0 bis 36 zufällig gewählt, dann wird geprüft, ob die 0 gezogen wurde. Falls ja, wird dies gesondert ausgegeben, anderenfalls wird die gewählte Zahl bekannt gegeben.

Programm: Entscheidungshilfe

Wenn du Zufallszahlen mit `if`-Abfragen verknüpfst, kannst du schon eine Menge machen. Wie wäre es mit einem Programm, das dir eine Entscheidungshilfe gibt, wenn du selbst nicht sicher bist, was du machen sollst? Ich gebe keine Gewähr, dass das Programm immer die klügste Antwort gibt, aber immerhin wird dir selbst dann die Entscheidung abgenommen.

Aufbau:

- Du gibst eine Frage ein, die mit Ja oder Nein beantwortet werden kann.
- Das Programm antwortet auf die Frage, und zwar zufällig mit »Ja«, »Nein«, »Eher ja«, »Eher nein« oder »Tut mir leid, das musst du selbst entscheiden«.

Es gibt also fünf verschiedene Antwortmöglichkeiten. Kannst du so ein Programm schon selbst schreiben? Verwende eine Zufallszahl zwischen 1 und 5 und dann `if`-Abfragen. Nicht so schwierig, oder? Versuch es erst selbst, ehe du dir das folgende Programm anschaust.

Hier eine Möglichkeit, wie man es machen kann:

```
import random
frage = input("Gib deine Frage ein:")
antwort = random.randint(1,5)
print("Die Antwort lautet:")
if antwort == 1:
    print("Ja!")
elif antwort == 2:
    print("Nein!")
elif antwort == 3:
    print("Eher ja.")
elif antwort == 4:
    print("Eher nein.")
elif antwort == 5:
    print("Tut mir leid, das musst du selbst entscheiden.")
```

Was du bei der Frage eingibst, spielt keine Rolle. Es wird nicht weiterverarbeitet, sondern hilft nur dir selbst, deine Frage zu formulieren. Die Antwort ist dann eine von fünf Möglichkeiten – ausgelost durch die `randint`-Funktion und durch die Abfragen in Text umgesetzt.

Zusammenfassung

Du hast in diesem Kapitel erfahren, was *Module* sind, nämlich Dateien mit zusätzlichen Befehlen und Funktionen, die man in Python importieren und dann verwenden kann. Du kannst ein Modul komplett importieren und die Funktionen dann mit dem Modulnamen zusammen verwenden oder du kannst einzelne oder auch alle Funktionen eines Moduls in Python integrieren und die Funktionen dann direkt ohne Modulnamen verwenden.

Als Beispiele hast du die Module `math` und `random` kennengelernt. Insbesondere `random` wirst du noch oft verwenden.

Kapitel 10

Schleifen – Wiederholungen machen Programme stark

Mit den sogenannten Schleifen lernst du nach den Bedingungen die andere wichtige Programmierstruktur kennen, die genauso bedeutsam ist. Programmschleifen können aus wenigen Zeilen Python-Befehlen ein mächtiges Werkzeug machen, das Befehlsblöcke wieder und wieder ausführt.

»Papa, kannst du für mich bitte einmal bis 100 zählen?«, hat meine kleine Tochter früher oft zu mir gesagt. Ganz schön mühsam – wenn ich es denn mal wirklich gemacht habe. Als sie mich später dann bat, bis 1.000 zu zählen, war ich aber wirklich raus. »Das schaffen wir nicht mehr, so viel Zeit haben wir nicht«, lautete meine Antwort.

Was für einen Menschen sehr mühsam und langweilig ist, kann für ein Computerprogramm sehr einfach sein. Wenn man weiß, wie. Denn genau dazu sind Computer sehr gut zu gebrauchen: mühsame und langwierige Vorgänge für uns zu übernehmen, und das auch noch rasend schnell, wenn gewünscht. Wir wollen ein Programm schreiben, das erst einmal bis 100 zählt, später bis 1.000. Jede Zahl soll einzeln ausgeschrieben werden.

Wenn du das mit den Mitteln machst, die du bisher kennst, wird das Schreiben des Programms aber noch aufwendiger, als laut bis 100 zu zählen:

```
print(1)
print(2)
print(3)
print(4)
print(5)
print(6)
```

usw. …

Du müsstest hundert dieser Zeilen schreiben. Das kann es ja wohl nicht sein. Hier passiert in jeder Zeile dasselbe. Eine Zahl wird ausgegeben. Nur dass die Zahl jedes Mal um eins höher ist.

Programmierer sind bequem und vor allem effizient. Sie würden einen Befehl nicht zwei-, drei- oder viermal nacheinander eintippen, wenn im Prinzip immer dasselbe passiert.

Sobald sich ein Vorgang wiederholt, ist das ein Zeichen dafür, dass eine sogenannte *Schleife* verwendet werden sollte, eine *Wiederholungsstruktur*.

Die Zählschleife »for« mit »range«

Wir wollen also Python zählen lassen, und zwar von 1 bis 100. Da hat Python genau das Richtige für uns: Vorhang auf für die **for**-Schleife und **range**!

Erst einmal ein paar Worte zu `range`, dem Zahlenkünstler zum Durchzählen. Bei `range` handelt es sich um einen eigenen Datentyp, der sehr effizient Zahlenbereiche zum Iterieren, also zum Durchzählen, zur Verfügung stellt. Bei jedem Aufruf zählt `range` dann nach deinen Vorgaben weiter.

Ein paar Beispiele:

range(10) – zählt 10 Durchgänge, beginnend bei 0 bis 9.

range(1,101) – zählt 100 Durchgänge, von 1 bis 100.

range(1,5,2) – zählt 2 Durchgänge in Zweierschritten, 1 und 3.

range(2,15,3) – zählt 4 Durchgänge in Dreierschritten, 2, 5, 8, 11

So funktioniert das mit »range« …

Gibst du nur eine Zahl an, dann zählt `range` von 0 bis genau **vor** diesen Wert – ohne diesen Wert zu erreichen. Gibst du zwei Werte an, dann zählt `range` vom ersten Wert bis genau **vor** den zweiten Wert. Der zweite Wert selbst wird wieder nicht erreicht. Das hängt mit der Zählung ab 0 zusammen. Gibst du einen dritten Wert an, dann zählt `range` in diesen Schritten – auch wieder, ohne den zweiten Wert zu erreichen.

… und so die Sache mit dem »for«

So ein `range` kommt selten allein – meist tritt es in Verbindung mit einer `for`-Schleife auf. `for`-Schleifen gibt in den meisten Programmiersprachen, in Python sind sie aber etwas anders und haben eben das Quäntchen »Python« mehr. So sieht eine `for`-Schleife aus:

```
for i in range(10):
    print(i)
```

Die Variable `i` bekommt in jedem Durchlauf das nächste verfügbare Element aus einem `range`, einer Liste oder einem Objekt, eben je nachdem, was die Datenquelle in dem `for` ist.

Hier in unserem Beispiel ist es unser `range(10)`. Abgeschlossen wird der Befehl mit einem Doppelpunkt. Alles, was dann kommt und gleich eingerückt ist, gehört zur `for`-Schleife. Erst wenn eine Zeile anders eingerückt ist, gehört sie nicht mehr dazu.

Wenn kein Element mehr vorhanden ist, wird die Schleife verlassen und die Befehle unter der Schleife werden ausgeführt.

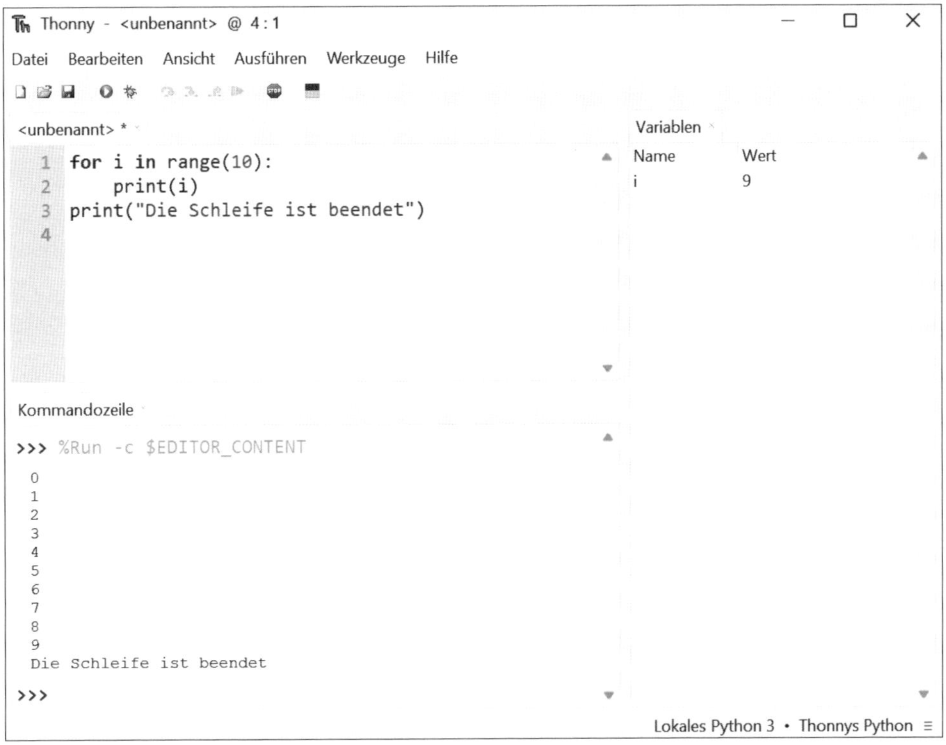

Abbildung 10.1: Die erste Schleife ist fertig.

Gerne kannst du die `for`-Schleife bzw. das verwendete `range` anpassen und Python bis 100 oder noch weiter zählen lassen.

Würfeln ohne Ende

Wie wäre es, wenn wir als Nächstes 100-mal würfeln und am Schluss schauen, was der Durchschnitt der gewürfelten Zahl ist?

100-mal zu würfeln ist erst mal kein Problem, denke ich. Vergiss nicht, das `random`-Modul am Anfang zu importieren, dann geht es los:

```
import random

for i in range(100):
    wuerfel = random.randint(1,6)
    print(wuerfel, end = " ")

print("\nDie Schleife ist beendet")
```

Wir haben eine `for`-Schleife, die dank `range(100)` genau 100-mal durchlaufen wird. In jedem Durchlauf wird eine Zufallszahl zwischen 1 und 6 berechnet und mit `print()` ausgegeben. Der optionale Parameter `end = " "` sorgt dafür, dass nach diesem `print()` kein Zeilenumbruch, sondern nur ein Leerzeichen geschrieben wird. So bleibt die Ausgabe etwas übersichtlicher als durch hundert Zeilen scrollen zu müssen.

Sobald die Schleife 100-mal durchlaufen wurde und `range` keine Daten mehr liefert, wird die Schleife verlassen und es geht nach der Schleife weiter – eben dort, wo der Code nicht mehr eingerückt ist.

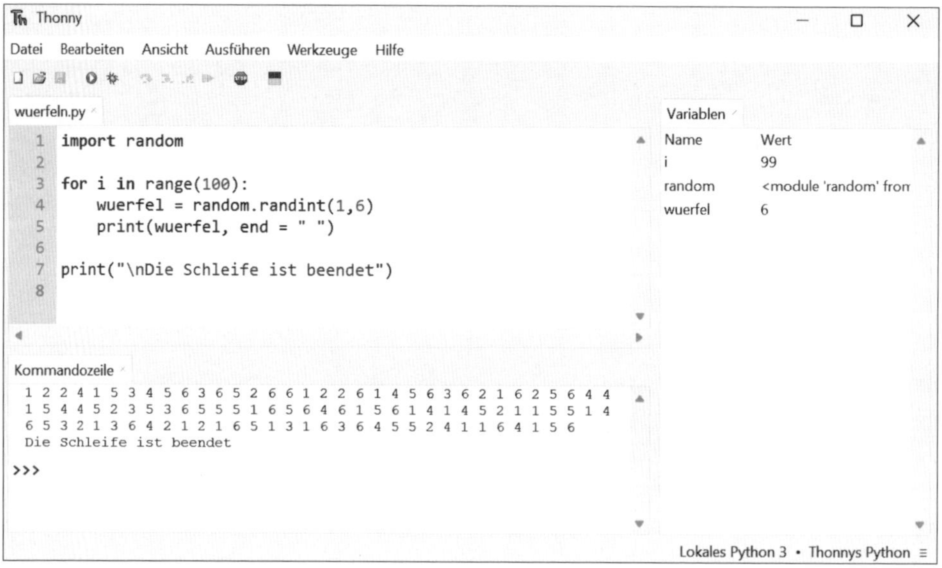

Abbildung 10.2: Schnell gemacht – 100-mal würfeln.

Weil wir bei allen `print()`-Befehlen in der Schleife den Zeilenumbruch durch ein Leerzeichen ersetzt haben, geben wir dem `print()` unter der Schleife mit **\n** einen Zeilenumbruch extra mit.

Das Ergebnis ist wie erwartet. 100 zufällige Würfelzahlen zwischen 1 und 6.

Um jetzt den Durchschnitt aller Würfe zu ermitteln, musst du natürlich erst einmal alle Würfelzahlen zusammenaddieren. Dazu brauchst du eine Variable für die Summe. Nenn sie am besten einfach `summe`. Die Anzahl der Würfe kann sich ändern, denn wir können ja mehrere Experimente mit verschiedenen Anzahlen machen. Also sollte auch die Anzahl in eine Variable, die zu Beginn eingegeben wird. Nenn diese Variable einfach `anzahl`.

Wie sieht das Programm dann aus? Versuch mal, das Würfelprogramm selbst abzuändern: Zuerst wird die Anzahl der Würfe eingegeben und in der Variablen `anzahl` gespeichert, außerdem muss die Variable `summe` erzeugt und zu Beginn auf 0 gesetzt werden. Dann wird anzahl Male gewürfelt, dabei wird jede Würfelzahl zur Summe addiert, dann wird der Durchschnittswert ermittelt. Durchschnitt? Klar, das ist die summe geteilt durch die anzahl.

So könnte das Ganze aussehen:

```
import random

anzahl = int(input("Wie oft soll gewürfelt werden?"))
summe = 0

for i in range(anzahl):
    wuerfel = random.randint(1,6)
    summe = summe + wuerfel
    print(wuerfel, end = " ")

print("\nDie Schleife ist beendet")
print("Der Durchschnitt ist:" , summe / anzahl)
```

Weil wir Zufallszahlen brauchen, wird also zuerst das random-Modul importiert, dann wird die anzahl eingegeben und als Integer gespeichert. Die summe wird auf 0 gesetzt. Anschließend wird so oft gewürfelt, wie in anzahl eingegeben, das heißt, es wird eine Würfelzahl ermittelt, sie wird zur summe addiert und mit print() im Fenster ausgegeben.

Am Schluss wird der Durchschnittswert mit summe / anzahl berechnet und ausgegeben.

Du kannst jetzt verschiedene Anzahlen ausprobieren. Würfelst du nur fünf- oder vielleicht zehnmal, dann schwankt der Durchschnitt noch ziemlich hin und her und kann theoretisch alles zwischen 1 und 6 sein. Je höher die Anzahl der Würfe, desto genauer wird aber der Durchschnittswert.

[+]

Erwartungswert

Wer Wahrscheinlichkeitsrechnung kennt, kann leicht ausrechnen, dass sich der erwartete Durchschnitt bei gleichmäßiger Verteilung der Würfe mit zunehmender Anzahl immer mehr der Zahl 3,5 annähern sollte. Das ist nämlich die genaue Mitte zwischen 1 und 6. Wenn also die Zahlen regelmäßig genug verteilt sind, sollte bei Anzahlen über 1.000 in der Regel etwas herauskommen, das sehr nah an der 3,5 liegt.

Bei hohen Anzahlen nervt es dich vielleicht, dass immer jede Würfelzahl im Ausgabefenster angezeigt wird, was eine ganze Weile dauert. Du kannst das verhindern, indem du einfach den Befehl print(wuerfel, end = " ") löschst. Du kannst auch ganz einfach ein # an den Anfang der Anweisung schreiben – damit wird diese Zeile »auskommentiert« und nicht mehr beachtet. Jetzt zeigt sich die wahre Rechengeschwindigkeit von Python: Selbst 1 Million Würfe (das ist eine 1 mit sechs Nullen) sind in wenigen Sekunden durch und ausgewertet.

Wenn man darüber nachdenkt, ist es schon ziemlich erstaunlich, was das Programm da in wenigen Sekunden leistet.

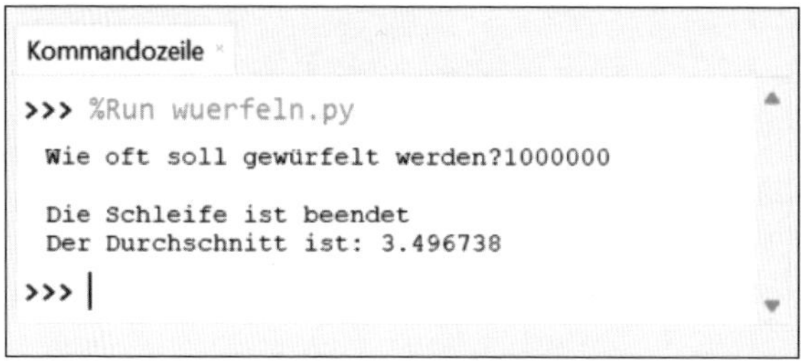

Abbildung 10.3: Nach 1 Million Würfen ist der Durchschnitt sehr nah an der 3,5.

Fazit: Das Ergebnis ist jedes Mal etwas anders, aber es nähert sich immer mehr der Zahl 3,5 an, je öfter gewürfelt wird. Damit verhält sich der Zufallsgenerator aus dem `random`-Modul genauso wie ein echter idealer Würfel. Gut zu wissen! Das kann man übrigens auch noch anschaulicher machen. Wie wäre es, wenn das Programm zehnmal nacheinander 1.000 Würfe macht und die Durchschnitte immer dazu ausgibt, sodass wir zehn Durchschnittswerte untereinander erhalten, die wir vergleichen können? Wie musst du das Programm dazu ändern?

Schleifen verschachteln

Um zehnmal nacheinander 1.000-mal zu würfeln, musst du zwei Schleifen *ineinander verschachteln*. Das geht in Python selbstverständlich problemlos. Folgendermaßen müsste das Programm aufgebaut sein:

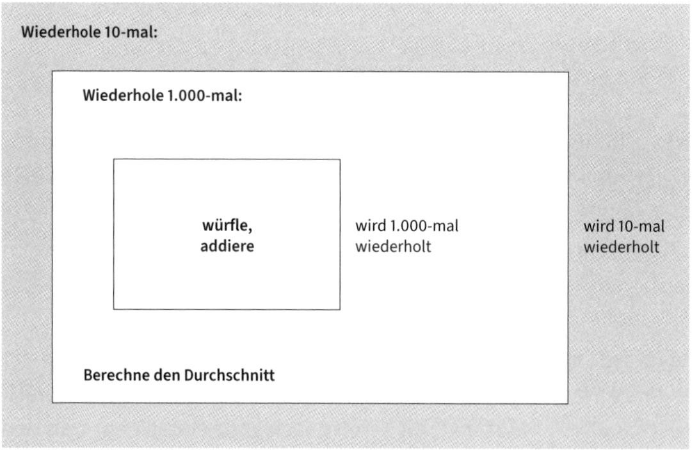

Abbildung 10.4: Zwei verschachtelte Schleifen wiederholen denselben Ablauf 10-mal mit jeweils 1.000 Würfen.

Und in Python sieht das dann ungefähr so aus:

```
import random

for i in range(10):
    summe = 0
    for j in range(1000):
        wuerfel = random.randint(1,6)
        summe = summe + wuerfel
    print("Der Durchschnitt ist:" , summe / 1000)

print("\nDie Schleife ist beendet")
```

Leerzeilen spielen übrigens kein Rolle in Python. Du kannst sie also gerne verwenden, um den Code übersichtlicher zu gestalten.

Schnelles Einrücken
Um Einrückungen im Codeeditor schnell und effizient zu ändern, kannst du übrigens einen ganzen Block von Zeilen mit dem Cursor oder der Maus markieren und dann die [⭾]-Taste drücken. Das rückt alle gewählten Zeilen einige Zeichen nach rechts. Willst du die ausgewählten Zeilen nach links rücken, drückst du [⇧] + [⭾].

[zB]

Die while-Schleife

Mit einer *Zählschleife* kann man eine Menge Sachen machen. Sie eignet sich für alle Aufgaben, in denen ein Vorgang automatisch mehrere Male wiederholt werden muss, egal, ob dreimal, x-mal oder 10.000-mal.

Es gibt aber noch einen zweiten Typ Schleife, der im Alltag des Programmierers ebenso wichtig ist. Das ist die `while`-Schleife. Sie ist mit einer *Bedingung* verknüpft und daher mit der `if`-Struktur verwandt. Allerdings wiederholt sie ihren Block immer wieder, solange die Bedingung gilt. `while` ist Englisch und bedeutet etwa »so lange wie«.

Der Aufbau ist also folgender:

- **WHILE-Bedingung** (solange die Bedingung wahr ist):
  - Führe Befehl aus.
  - Führe Befehl aus.
  - usw. …

  (Spring dann wieder nach oben und prüf die Bedingung erneut.)
- nächster Befehl, wenn die Bedingung nicht mehr erfüllt ist

Vergleich zwischen »if« und »while«

Beim `if`-Befehl wird der eingerückte Block einmalig ausgeführt, wenn die Bedingung wahr ist. Bei der `while`-Schleife wird der eingerückte Block ausgeführt, wenn die Bedingung wahr ist, und das Programm springt anschließend wieder an den Anfang und prüft die Bedingung erneut. Solange die Bedingung wahr ist, wird der Block immer wieder ausgeführt.

Wir probieren das mal mit einem ganz einfachen Python-Programm aus:

```
#Setze x auf 0
x = 0

#Solange x kleiner als 10 ist...
while x < 10:
    #...frage nach einer neuen Zahl
    x = int(input("Gib eine Zahl ein"))

#Die Schleife wurde verlassen
print("Die letzte Zahl ist nicht kleiner als 10")
```

Erst wird `x` auf 0 gesetzt, damit die Variable `x` überhaupt existiert. Jetzt kommt die `while`-Schleife: Es wird geprüft, ob `x` kleiner als 10 ist. Das trifft am Anfang auf jeden Fall zu, denn `x` ist ja 0. (Wenn die Bedingung von Anfang an nicht stimmt, wird der eingerückte Block unter der `while`-Zeile natürlich überhaupt nicht ausgeführt, genau wie bei `if`.)

Nun folgt also der eingerückte `input()`-Befehl, bei dem die Variable `x` neu eingegeben wird.

Nach der Eingabe springt Python wieder zurück zur Zeile mit `while` und überprüft die Bedingung erneut. Hast du eine Zahl unter 10 eingegeben, dann ist die Bedingung wahr (`x` ist kleiner als 10) und die eingerückte Zeile wird wieder ausgeführt, es wird also wieder ein neuer Wert für `x` eingegeben. Erst wenn du eine Zahl eingibst, die 10 oder höher ist, ist die Bedingung falsch. `x` ist nicht kleiner als 10 und die `while`-Schleife ist damit beendet. Daraufhin geht es mit dem nächsten Befehl nach der `while`-Schleife weiter und das Programm teilt mit, dass ein Wert eingegeben wurde, der nicht kleiner als 10 ist.

Probiere das mal selbst aus, dann verstehst du es am besten.

Mit der `while`-Schleife hast du das letzte ganz wichtige Hauptelement des Programmierens kennengelernt. Nun stehen dir zahlreiche Möglichkeiten offen, um kleine Spielchen und später noch vieles andere mehr zu programmieren.

Würfelpoker

Als Erstes wieder ein Würfelspiel. Diesmal aber wirklich ein Spiel und nicht nur eine Demo.

Kennst du das »Würfelspiel mit der 1«? Manche nennen es auch Würfelpoker. Die Regeln sind sehr einfach. Der Spieler nimmt einen Würfel und würfelt. Wenn er eine 2, 3, 4, 5 oder 6 würfelt, dann gehören die Punkte ihm und er zählt sie zu seinem Punktestand dazu. Wenn er aber eine 1 würfelt, verliert er alle Punkte und das Spiel ist beendet. Jederzeit kann man mit dem Würfeln aufhören und sich so seine Punkte sichern.

Das Programm dazu sieht in etwa so aus:

```
import random
summe = 0
weiter = "j"
wuerfel = 6
while (weiter == "j") and (wuerfel > 1):
    wuerfel = random.randint(1,6)
    if wuerfel > 1:
        summe = summe + wuerfel
    else:
        summe = 0
    print("Du hast eine",wuerfel,"gewürfelt.")
    print("Deine Punktzahl ist",summe)
    if wuerfel > 1:
        weiter = input("Weiterspielen? j/n")
```

Das ist unser bisher längstes Programm. Um es genau zu verstehen, musst du es Zeile für Zeile durchgehen und überlegen, was passiert.

Klar, am Anfang wird das Modul `random` importiert, weil wir ja Zufallszahlen zum Würfeln brauchen. Danach werden drei Variablen eingeführt und auf ihre Anfangswerte gesetzt. `summe` ist die Punktzahl, die setzen wir am Anfang natürlich auf 0. In `weiter` steht nachher die Antwort, ob das Spiel fortgesetzt werden soll, da schreiben wir erst mal ein `j` für »ja« rein, damit die `while`-Schleife überhaupt startet. In die Variable `wuerfel` (die gewürfelte Zahl) schreiben wir irgendwas rein, das größer als 1 ist. Diese Zahl wird aber noch nicht zur Punktzahl dazugerechnet. Auch sie ist einzig dafür da, dass die `while`-Schleife beim ersten Mal startet.

Achtung: Richtig starten [!]

Damit eine `while`-Schleife überhaupt beginnt, muss man vorher dafür sorgen, dass die abgefragte Bedingung beim ersten Durchlauf zutrifft. Meistens muss man dafür die mit `while` abgefragte Variable auf einen passenden Anfangswert setzen.

Nun geht das Programm in die `while`-Schleife. Da die Bedingungen am Anfang zutreffen (`wuerfel` ist größer als 1 und `weiter` ist `j`), wird der `while`-Block ausgeführt.

Es wird mit `randint(1,6)` eine Zahl von 1 bis 6 gewürfelt und in `wuerfel` gespeichert.

Anschließend folgt eine `if-else`-Abfrage. Wenn die gewürfelte Zahl größer als 1 ist, dann wird die Zahl zur Summe der Punkte hinzugezählt. Wenn nicht (wenn also 1 gewürfelt wurde), dann wird die Summe auf 0 gesetzt.

Nun folgt die Information. Es wird ausgegeben, welche Zahl gewürfelt wurde (`wuerfel`) und wie hoch der Punktestand ist (`summe`).

Danach folgt wieder eine `if`-Abfrage, denn die Frage nach dem Weiterspielen wird nur dann gestellt, wenn das Spiel noch läuft, also wenn keine 1 gewürfelt wurde. Wenn also keine 1 gewürfelt wurde, fragt das Programm, ob man weiterspielen möchte, und das Ergebnis wird in der Variablen `weiter` gespeichert.

Jetzt ist der `while`-Block beendet und das Programm springt automatisch wieder nach oben in die `while`-Bedingung. Wenn also keine 1 gewürfelt wurde und bei der Frage ein `j` eingegeben wurde, wird die `while`-Schleife erneut ausgeführt. Das Programm endet also, sobald man etwas anderes als `j` eingibt oder eine 1 würfelt.

Aufgabe

Probiere das Programm aus und versuch es vollständig zu verstehen. Mach kleine Änderungen und teste, was passiert!

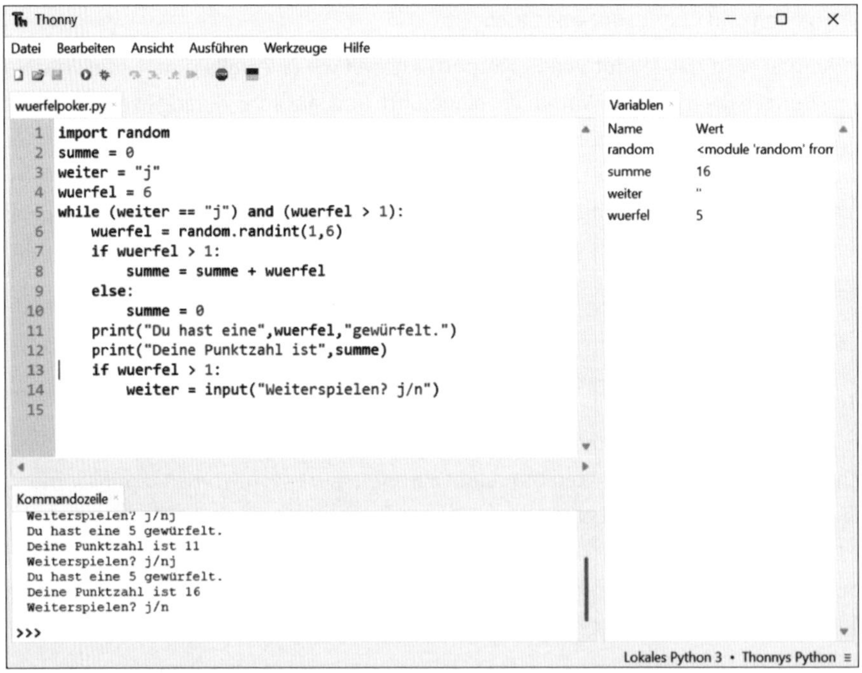

Abbildung 10.5: Weiterspielen?

Klassisches Zahlenraten

Das nächste Programm habe ich »Klassisches Zahlenraten« genannt, weil es in fast jeder Anleitung zum Programmieren irgendwann auftaucht. Das ist kein Zufall, denn es eignet sich sehr gut, um den Umgang mit `while`-Schleifen und `if`-Abfragen zu verstehen und zu festigen.

Wenn du die vorangegangenen Programme gut verstanden hast, dann solltest du vielleicht schon in der Lage sein, das Zahlenraten selbst zu programmieren. Probiere es aus. Als Hilfestellung hier der genaue Ablauf des Zahlenratens:

- Das Programm »denkt« sich eine zufällige Zahl zwischen 1 und 100 aus (`zufallszahl`).
- Der Benutzer gibt eine Zahl ein (`ratezahl`). Wenn sie kleiner ist als die Zufallszahl, sagt das Programm: »Die Zahl ist zu klein.« Wenn sie größer ist, sagt das Programm: »Die Zahl ist zu groß.« In beiden Fällen wird anschließend die nächste Zahl eingegeben und geraten.
- Wenn die Zahl richtig ist, gratuliert das Programm und ist beendet.

Alles klar? Los geht's. Du brauchst eine `while`-Schleife und zwei `if`-Abfragen. Es werden etwa zehn Zeilen Programmcode benötigt. Bitte schau dir diese Lösung erst nach deinem eigenen Versuch an:

```
import random
zufallszahl = random.randint(1,100)
ratezahl = 0
while ratezahl != zufallszahl:
    ratezahl = int(input("Rate die Zahl:"))
    if ratezahl > zufallszahl:
        print(ratezahl,"ist zu groß.")
    elif ratezahl < zufallszahl:
        print(ratezahl,"ist zu klein.")
print("Glückwunsch,",zufallszahl,"ist die richtige Zahl!")
```

Hast du es selbst geschafft? Dein Programm muss natürlich nicht identisch aussehen, oft gibt es viele verschiedene Wege, um erfolgreich zum Ziel zu kommen. Am Anfang löst man manche Probleme noch etwas umständlicher, später sucht man automatisch die kürzeste und einfachste Lösung. Aber solange das Programm sicher funktioniert, ist es in Ordnung!

Das hier vorgeschlagene Programm ist sehr einfach: In der zweiten Zeile wird die Zufallszahl zwischen 1 und 100 auserkoren und in der Variablen `zufallszahl` gespeichert. Außerdem wird die Variable `ratezahl` definiert und am Anfang auf 0 gesetzt, damit die `while`-Schleife gestartet wird.

Und die `while`-Schleife folgt als Nächstes. Die Befehle darunter werden so lange ausgeführt, wie `ratezahl` UNGLEICH (`!=`) `zufallszahl` ist – also solange die richtige Lösung nicht gefunden wurde. Da die Ratezahl am Anfang 0 ist, kann sie nicht gleich der Zufallszahl (zwischen 1 und 100) sein, also werden die Befehle in der `while`-Schleife beim ersten Mal auf jeden Fall ausgeführt.

Nun wird geraten: Es wird eine Zahl eingegeben und in `ratezahl` gespeichert. Damit das Programm mitteilen kann, ob die Zahl zu groß oder zu klein ist, braucht es zwei `if`-Abfragen, die dann mitteilen, ob die geratene Zahl zu groß oder zu klein ist. Die dritte Möglichkeit, dass die Zahl genau stimmt, braucht nicht per `if`-Abfrage geprüft zu werden, denn wenn dieser Fall eingetreten ist, beendet sich die `while`-Schleife automatisch und die letzte Zeile des Programms wird ausgeführt.

Nach den beiden `if`-Abfragen kehrt das Programm zum `while`-Befehl zurück und prüft dort erneut, ob die `ratezahl` falsch ist. Wenn ja, dann wird der `while`-Block erneut ausgeführt und eine neue `ratezahl` eingegeben. Wenn nein (wenn also die eingegebene Zahl definitiv richtig geraten ist), dann wird der Block unter `while` übersprungen und das Programm geht endlich in die letzte Zeile, wo zur richtigen Lösung gratuliert wird.

Alles klar?

Abbildung 10.6: Durch Herantasten nähert man sich der richtigen Lösung.

Das Programm kannst du natürlich noch etwas ausbauen. Wie wäre es mit einem Zähler, der die Anzahl der Rateversuche zählt? Am Schluss erfährt der Spieler, wie viele Versuche er gebraucht hat. Kein Problem, oder?

> **Aufgabe**
>
> Ändere das Programm ab, sodass es die Anzahl der Versuche mitzählt. Führe dazu die Variable `zaehler` ein, die am Anfang auf 0 gesetzt und bei jeder Eingabe um 1 erhöht wird.

Ich nehme an, das hat geklappt. Dein Programm könnte jetzt in etwa so aussehen:

```
import random
zufallszahl = random.randint(1,100)
zaehler = 0
ratezahl = 0
while ratezahl != zufallszahl:
    ratezahl = int(input("Rate die Zahl:"))
    zaehler = zaehler + 1
    if ratezahl > zufallszahl:
        print(ratezahl,"ist zu groß.")
    if ratezahl < zufallszahl:
        print(ratezahl,"ist zu klein.")
print("Glückwunsch,",zufallszahl,"ist die richtige Zahl!")
print("Du hast",zaehler,"Versuche gebraucht.")
```

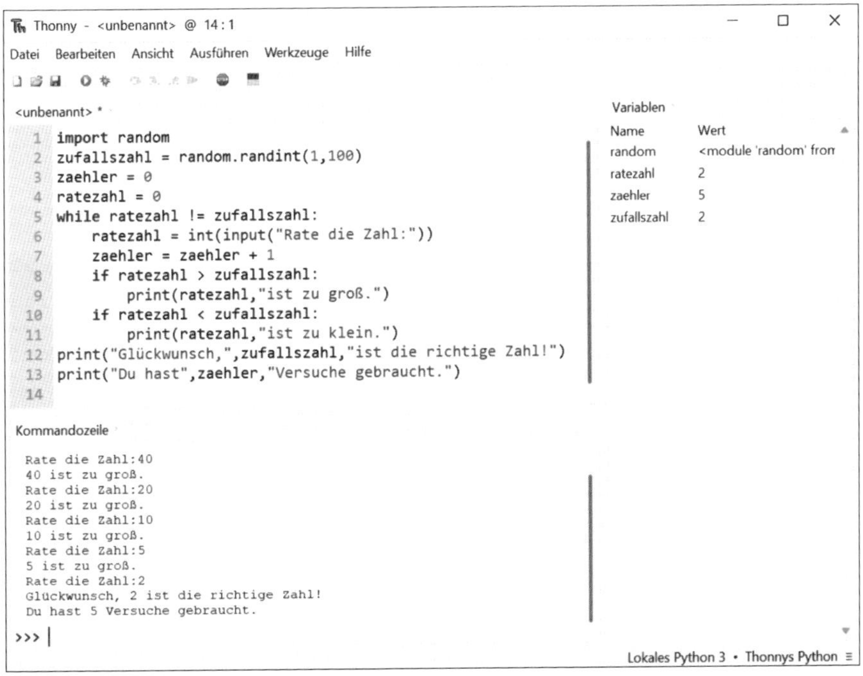

Abbildung 10.7: Nur fünf Versuche, nicht schlecht!

Das kleine Einmaleins

Nach dem Ratespiel kommt nun ein wirklich nützlicher Trainer. Beherrschst du das Einmaleins perfekt? Nein, nicht ganz? Dann kannst du es mit diesem Programm etwas trainieren. Doch? Na gut, dann kannst du deine Fähigkeiten hier beweisen.

Das Programm, das jetzt geschrieben werden soll, ist folgendes: ein Trainer, der sich unermüdlich zufällige Aufgaben aus dem kleinen Einmaleins ausdenkt (damit es nicht allzu leicht wird, Aufgaben von 3 × 3 bis 9 × 9). Das Programm stellt die Aufgabe und der Benutzer gibt die Lösung ein. Stimmt sie, dann gibt es einen Punkt und die nächste Aufgabe folgt. Stimmt sie nicht, dann gibt es einen Fehlerpunkt und die nächste Aufgabe kommt. Um das Programm zu beenden, gibt man statt einer Lösung ein »x« ein, worauf man eine Auswertung über Punkte und Fehler erhält.

Wieder einmal ist es ein Auftrag an dich: Versuch, dieses Programm zu schreiben. Wie du dabei genau vorgehst, ist dir überlassen. Vielleicht schreibst du erst einmal ein kleines Programm, das eine einzige Aufgabe stellt, und dann baust du es weiter aus. Oder du versuchst gleich alles auf einmal. Erst wenn du fertig bist oder wenn du wirklich nicht weiterkommst, solltest du hier im Buch weiterlesen. Dann gehen wir alles noch einmal Schritt für Schritt durch.

Lösungsweg

Das Programm verwendet erst einmal vier Variablen: `zahl1`, `zahl2`, `eingabe` und `loesung`. Im ersten Schritt soll das Programm nur eine Aufgabe generieren. Das geht so:

```
import random
zahl1 = random.randint(3,9)
zahl2 = random.randint(3,9)
loesung = zahl1 * zahl2
```

Nun muss die Aufgabe natürlich auch noch angezeigt werden. Das könntest du einfach per `print()` machen:

```
print(zahl1,"x",zahl2)
```

Nun wird der Lösungsversuch eingegeben:

```
eingabe = int(input("Wie lautet die Lösung?"))
```

Und nun wird die Lösung ausgewertet. Dazu verwendest du natürlich eine `if`-Abfrage:

```
if eingabe == loesung:
    print("Die Lösung ist richtig!")
else:
    print("Leider falsch! Richtig wäre",loesung)
```

Das wäre jetzt die simpelste Lösung ohne Wiederholungen, ohne Punktezählung usw.

Jetzt kommen die Punkte hinzu.

Am Anfang solltest du die Punkte und die Fehler auf 0 setzen:

```
punkte = 0
fehler = 0
```

In der `if-else`-Abfrage wird dann jeweils der Punktestand bzw. der Fehlerstand um 1 erhöht:

```
if eingabe == loesung:
    print("Die Lösung ist richtig!")
    punkte = punkte + 1
else:
    print("Leider falsch! Richtig wäre",loesung)
    fehler = fehler + 1
```

Nun macht das Ganze aber nur Sinn, wenn wiederholt Aufgaben gestellt werden. Also packst du die ganze Abfrage in eine `while`-Schleife. Abbrechen kann man mit der Eingabe von `99`, dieser Wert wird als Ergebnis nicht auftreten.

```
import random
punkte = 0
fehler = 0
eingabe = 0
while (eingabe != 99):
    zahl1 = random.randint(3,9)
    zahl2 = random.randint(3,9)
    loesung = zahl1 * zahl2
    print(zahl1,"x",zahl2)
    eingabe = int(input("Wie lautet die Lösung?"))
    if eingabe == loesung:
        print("Die Lösung ist richtig!")
        punkte = punkte + 1
    else:
        print("Leider falsch! Richtig wäre", loesung)
        fehler = fehler + 1
print("OK.",punkte,"Punkte und",fehler,"Fehler.")
```

Das sieht doch schon mal ganz gut aus – aber das Programm hat noch ein Problem: Wenn man `99` eingibt, wird noch ein Fehler gezählt, erst danach wird das Programm beendet. Es muss also verhindert werden, dass die Eingabe ausgewertet wird, wenn der Benutzer `99` eingegeben hat.

Dazu brauchst du eine zusätzliche `if`-Abfrage, die dafür sorgt, dass die Eingabe nur ausgewertet wird, wenn nicht 99 eingegeben wurde:

```
if eingabe != 99:
    if eingabe == loesung:
        print("Die Lösung ist richtig!")
        punkte = punkte + 1
    else:
        print("Leider falsch! Richtig wäre",loesung)
        fehler = fehler + 1
```

Gut. Damit ist das Programm schon mal ganz brauchbar.

So kannst du es schon testen:

```
import random
punkte = 0
fehler = 0
eingabe = 0

while (eingabe != 99):
    zahl1 = random.randint(3,9)
    zahl2 = random.randint(3,9)
    loesung = zahl1 * zahl2
    print(zahl1,"x",zahl2)
    eingabe = int(input("Wie lautet die Lösung?"))
    if eingabe != 99:
        if eingabe == loesung:
            print("Die Lösung ist richtig!")
            punkte = punkte + 1
        else:
            print("Leider falsch! Richtig wäre",loesung)
            fehler = fehler + 1
print("OK.",punkte,"Punkte und",fehler,"Fehler.")
```

Nun wären noch weitere Verbesserungen vorstellbar. Zum Beispiel könntest du die Ausgabe wiederholen und die richtige Lösung angeben, wenn der Benutzer falsch geraten hat. Dazu musst du nur eine Zeile ändern:

```
print("Leider falsch!",zahl1,"x",zahl2,"=",loesung)
```

Das könntest du auch bei einer richtigen Lösung einbauen:

```
print("Richtig!",zahl1,"x",zahl2,"=",loesung)
```

Damit kann man das Einmaleins schon ganz gut üben.

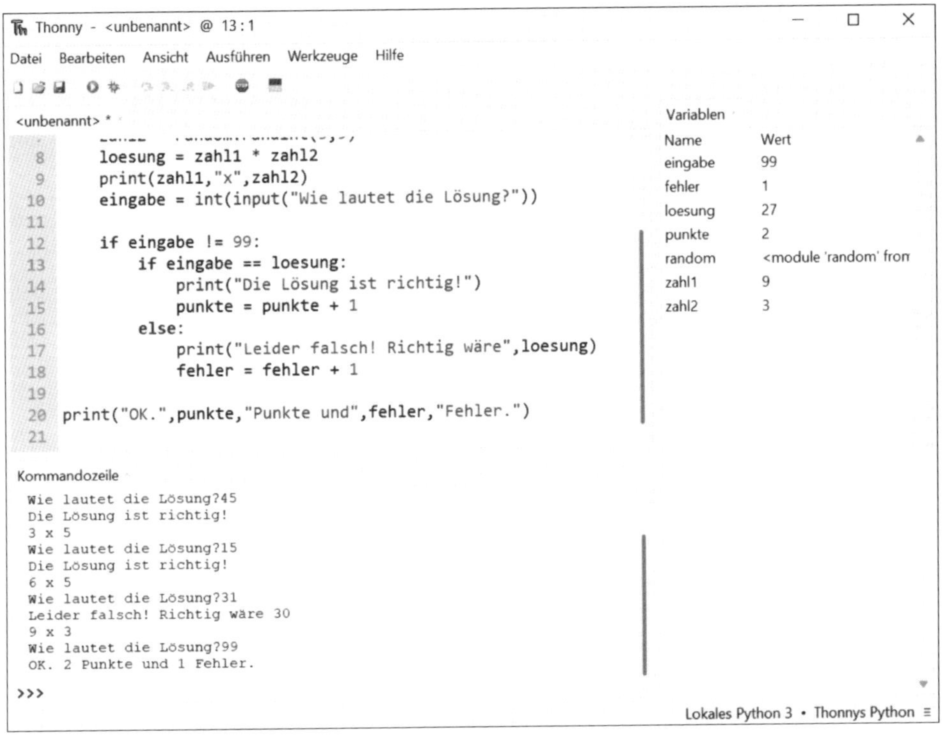

Abbildung 10.8: Das funktioniert schon mal, Verbesserungen gehen aber immer!

Mehr Möglichkeiten für while-Schleifen

Der Normalfall für `while`-Schleifen, von dem wir hier ausgegangen sind, ist also der, dass eine `while`-Schleife immer so lange läuft, wie die Bedingung zutrifft, die hinter `while` steht.

Endlosschleifen mit »while«

Man kann mit `while` auch Endlosschleifen produzieren, also Schleifen, die ewig weiterlaufen, zum Beispiel so:

```
while True:
    Befehl
    Befehl
```

usw. …

Die Bedingung bei `while True:` ist immer erfüllt, denn `True` ist und bleibt immer wahr. Das scheint auf den ersten Blick wenig Sinn zu machen, denn die Schleife würde ja niemals beendet und man könnte das Programm nur von außen beenden, indem man die Programmausführung abbricht. Aber weit gefehlt!

Auf diese Art wird die while-Schleife in jedem Fall mindestens einmal durchlaufen und es gibt tatsächlich viele Anwendungsfälle, in denen »ewig laufende« Schleifen benötigt werden – zum Beispiel bei Spielen oder Servern.

Außerdem kannst du dir deine eigene Logik und Bedingungen in der Schleife programmieren, um die Schleife an *jeder gewünschten Stelle* zu verlassen. So entfällt auch die Notwendigkeit, vor der Schleife die richtigen Bedingungen zu schaffen, damit die Schleife überhaupt betreten werden kann.

Schleife verlassen mit »break«

Es gibt nämlich eine einfache Möglichkeit, aus einer while-Schleife wieder herauszukommen, auch wenn die obere Bedingung wahr ist. Das macht man mit dem Kommando break, zum Beispiel in diesem Programm:

```
while True:
    x = int(input("Gib eine Zahl ein oder 0 für Ende."))
    if x == 0:
        break
    print("Das Doppelte deiner Zahl ist:",x*2)
print("Die Schleife wurde verlassen")
```

Mit dem Befehl break wird die while-Schleife komplett verlassen, ohne dass die Bedingung noch einmal geprüft wird. Dadurch kann man auch Endlosschleifen wieder verlassen. Und man verhindert hier, dass für die 0 ein Wert berechnet und ausgegeben wird. Falls die eingegebene Zahl 0 ist, bricht die while-Schleife ab und ist beendet. Wenn nicht, dann wird sie ganz normal fortgesetzt, es wird berechnet und dann wieder nach oben gesprungen.

Schleife vorzeitig fortsetzen mit »continue«

Während man mit break vorzeitig aus einer Schleife aussteigen kann, kann man mit dem Befehl continue vorzeitig wieder nach oben zur Abfrage der Bedingung springen, ohne den Rest der Schleifenbefehle abzuarbeiten. Mit continue verlässt du die Schleife also nicht, sondern brichst nur den aktuellen Durchlauf ab und gehst einfach »in die nächste Runde«.

```
x = 0
while x < 21:
    x += 1
    if x == 13:
        continue
    print(x)
```

Schau dir dieses Programm an: Es zählt von 1 bis 20. Aber die Zahl 13 wird ausgelassen (also ein Zähler für Abergläubische). Warum wird die Zahl 13 ausgelassen? Weil für den Fall, dass die Zahl 13 ist, der `continue`-Befehl ausgeführt wird – damit geht es wieder nach oben in die `while`-Zeile, bevor die Zahl ausgegeben wird. Dieses Beispiel könnte man auch anders programmieren, aber es zeigt, wie der `continue`-Befehl funktioniert.

Dabei kann es sogar mehr als ein `continue` oder `break` in einer Schleife geben, damit wird es noch flexibler!

Primzahlentester

Nicht nur für kleine Spielchen oder Trainer kann man Schleifen in Programmen gebrauchen. Sie sind auch sehr praktisch, wenn man komplizierte Berechnungen machen oder Werte prüfen will.

Zum Beispiel ist es gar nicht so einfach herauszufinden, ob die Zahl 1.237 eine Primzahl ist oder nicht. Wie kann man das am einfachsten ermitteln? Mit einem Taschenrechner kommst du da nicht weit.

Zur Erinnerung: Primzahlen sind Zahlen, die man nur durch 1 und durch sich selbst teilen kann. Bei keinem anderen Teiler kommt ein ganzzahliges Ergebnis heraus. Die Zahl 7 ist zum Beispiel eine Primzahl. Man kann sie weder durch 2 noch durch 3 oder 4 oder 5 oder 6 teilen. Aber bei höheren Zahlen kann man die Teiler nicht mehr so einfach und schnell im Kopf durchgehen und herausfinden.

Um solche Probleme zu lösen, kannst du einfach mal eben ein Python-Programm schreiben, das dir die Arbeit abnimmt, eine Zahl durch alle möglichen Zahlen zu teilen. Python macht das extrem schnell und zuverlässig, prüft einfach alles durch. Danach weißt du sicher, ob du eine Primzahl vor dir hast.

Die Aufgabe lautet also: Eine Zahl soll eingegeben werden und das Programm soll eindeutig ermitteln, ob es sich dabei um eine Primzahl handelt.

Es gibt dafür verschiedene Verfahren, von einfach bis kompliziert. Wir werden das einfachste verwenden, das auch am leichtesten zu verstehen ist: das Pobeverfahren.

Das Probeverfahren

Was muss das Programm machen? Vereinfacht gesagt muss es versuchen, die eingegebene Zahl durch alle Zahlen außer der 1 und sich selbst zu teilen, und prüfen, ob das Ergebnis eine ganze Zahl ist. Wenn das auch nur einmal der Fall ist, ist die Zahl keine Primzahl.

Fangen wir also ganz einfach an. Später wirst du das Programm noch verfeinern und optimieren.

Als Erstes wird die Zahl `x` eingegeben:

```
x = int(input("Gib eine Zahl ein"))
```

Zum Prüfen der Teiler musst du natürlich wieder eine Schleife verwenden. Die Schleife geht alle denkbaren Teiler durch und wird beendet, wenn entweder alle Teiler ohne Ergebnis geprüft wurden oder wenn ein Teiler »aufgeht«, dann ist es nämlich keine Primzahl.

Wie prüft man nun, ob eine Zahl durch einen Teiler teilbar ist? »Teilbar« ist ja eigentlich jede Zahl, nur eben nicht mit Ganzzahlergebnis. Und das musst du prüfen. Ist das Ergebnis `x / teiler` eine ganze Zahl?

Du kannst das mit den Mitteln machen, die du schon kennst. Erinnere dich an den Anfang des Buches mit dem Rechnen auf der Konsole. Es gibt einen Operator (das `%`-Zeichen), mit dem man den Rest einer Division ermitteln kann (das nennt man auch Modulo). Wenn der Rest 0 ist, dann ist die Zahl glatt teilbar.

```
if (x % teiler) == 0:
    primzahl = False
```

Wenn diese Bedingung zutrifft, dann ist `x` *keine* Primzahl, weil sie glatt durch einen der `teiler` teilbar ist (der Rest der Division ergibt 0). Also wird in dem Fall die Variable `primzahl` auf den Wert `False` gesetzt (»nicht wahr«). Zu Beginn muss `primzahl` natürlich auf `True` gesetzt werden, denn im Ausgangspunkt vermuten wir, dass jede Zahl eine Primzahl ist – bis der Gegenbeweis gefunden wird. Wenn die Variable nach dem Prüfen aller Teiler noch immer auf `True` steht, ist die Zahl eine Primzahl; wenn sie auf `False` steht, ist die Zahl keine Primzahl.

Jetzt zur Schleife. Welche Schleife eignet sich besser – eine Zählschleife oder eine `while`-Schleife?

Nun, man könnte meinen, eine Zählschleife wäre gut geeignet, denn wir wollen ja einfach alle Zahlen von 2 bis x–1 durchprüfen. Dann könnten wir diese Zahlen einfach per Zähler durchgehen und anschließend sehen, ob `primzahl` auf `False` gesetzt wurde.

Ja, das würde funktionieren, aber es wäre sehr ineffizient. Angenommen, wir prüfen die Zahl 999. Gleich bei der zweiten Prüfung käme heraus, dass sie durch 3 teilbar ist (also keine Primzahl). Trotzdem würde das Programm noch 995 weitere Teiler ausprobieren, bevor das Ergebnis angezeigt wird. Das kostet unnötig Zeit, vor allem bei großen Zahlen. Wenn die Zahl auch nur durch einen einzigen Teiler teilbar ist, dann kann die Prüfung sofort beendet werden.

Es läuft also wieder auf eine `while`-Schleife hinaus, die dann beendet wird, wenn entweder alle Teiler geprüft wurden oder wenn `primzahl == False` ist. Oder positiv ausgedrückt: Die `while`-Schleife läuft so lange, wie der `teiler` kleiner als die Zahl `x` und der Wert von `primzahl` wahr ist. Der Teiler beginnt mit 2 und wird in der Schleife natürlich immer um 1 erhöht, solange wir noch keinen Teiler gefunden haben.

Damit wird die `while`-Schleife zur Primzahlprüfung von `x` so aussehen:

```
teiler = 2
primzahl = True
while (teiler < x) and (primzahl):
    if (x % teiler) == 0:
        primzahl = False
    else:
        teiler = teiler +1
```

Am Ende nach der Schleife kann das Ergebnis dann ausgegeben werden. Es ist klar: Wenn die Variable `primzahl` auf `True` steht (*wahr ist*), dann handelt es sich um eine Primzahl. Ansonsten handelt es sich um keine Primzahl und die Variable `teiler` ist der Gegenbeweis (der erste Teiler, den das Programm gefunden hat, bevor es die Schleife beendet hat).

```
if primzahl:
    print(x,"ist eine Primzahl.")
else:
    print(x,"ist keine Primzahl. Teiler:",teiler)
```

Das gesamte Programm sieht jetzt also so aus und funktioniert:

```
x = int(input("Gib eine Zahl ein"))
teiler = 2
primzahl = True
while (teiler < x) and (primzahl):
    if (x % teiler) == 0:
        primzahl = False
    else:
        teiler = teiler + 1
if primzahl:
    print(x , "ist eine Primzahl.")
else:
    print(x , "ist keine Primzahl. Teiler:" , teiler)
```

Teste das Programm einmal mit kleineren und dann auch mit größeren Zahlen. Es ist absolut zuverlässig und sagt dir sicher, welche Zahl eine Primzahl ist und welche nicht. Bei Nicht-Primzahlen läuft es auch sehr schnell – klar, wenn eine Zahl durch 2 oder 3 teilbar ist, dann braucht die Schleife ja auch nur ein- bis zweimal durchlaufen zu werden, und schon ist das Ergebnis da.

Aber bei echten Primzahlen, die richtig hoch sind, spürt man dann doch, dass es eine ganze Weile dauern kann. Gib zum Beispiel mal »9999083« ein (eine Primzahl). Auf meinem Rechner dauert die Prüfung etwa 5 Sekunden. Die Zahl ist sehr hoch, fast 10 Millionen, und deshalb muss das Programm auch *fast 10 Millionen Teiler* durchprüfen. Bei 10 Millionen Divisionen und Überprüfungen sind 5 Sekunden Rechenzeit immer noch beeindruckend. Aber müssen es denn wirklich so viele Überprüfungen sein? Nein, müssen es nicht.

Wenn du etwas darüber nachdenkst, kommst du vielleicht erst einmal zu dem Ergebnis, dass spätestens bei der Hälfte der Zahl eigentlich Schluss sein müsste, denn wenn das Ergebnis der Division kleiner als 2 ist, kann keine sinnvolle Ganzzahl mehr dabei herauskommen. Denkt man weiter nach, reduziert es sich noch viel mehr. Mathematischer Fakt ist: Schon bei der Wurzel der geprüften Zahl kann man mit der Überprüfung Schluss machen, denn ab da wäre der Teiler so groß wie das Divisionsergebnis und anschließend dreht es sich nur noch um. Wenn also bis zur Wurzel von x kein Teiler gefunden wurde, wird es auch danach keinen mehr geben. Das macht einen riesigen Unterschied! Bei der Zahl 9.999.083 müsste das Programm dann nicht mehr fast 10 Millionen Rechnungen und Überprüfungen machen, sondern nur noch 3.161. So wird das Programm natürlich extrem viel effizienter und schneller. Wir legen jetzt also einen Maximalwert fest, bis zu dem der Teiler gehen muss, bevor die Schleife beendet ist. Die Variable nennen wir `max` und in ihr steht die Wurzel von x. (Die Wurzel kannst du auch ohne das Modul `math` ermitteln, indem du `x ** 0.5` rechnest.) Die Schleife ändert sich also folgendermaßen:

```
maximum = x ** 0.5
while (teiler <= maximum) and (primzahl):
```

Achte darauf, dass in der ersten Klammer jetzt `<=` steht, denn komplett bis einschließlich zur Wurzel von x sollen alle Teiler durchgeprüft werden. Ändere das Programm und prüfe die Zahl 9.999.083 noch einmal. Merkst du, wie viel schneller es jetzt geht? Da kommt das Ergebnis wieder sofort.

So ist das Programm auf jeden Fall auch für hohe Zahlen schnell und brauchbar – jedenfalls bis zu einer Grenze, die sicherlich für alle normalen Maßstäbe akzeptabel ist.

Es gäbe aber durchaus noch mehr Möglichkeiten, das Programm zu optimieren – zum Beispiel könnte man die Zahl gleich am Anfang darauf überprüfen, ob sie *gerade* ist (also durch 2 teilbar). Wenn ja, dann ist sie sowieso keine Primzahl und die Überprüfung braucht gar nicht erst begonnen zu werden. Wenn nein, dann ist es auf jeden Fall eine ungerade Zahl und die Variable `teiler` kann bei 3 beginnen und immer um 2 erhöht werden, denn gerade Teiler brauchen wir nicht zu prüfen – sie können bei einer ungeraden Zahl nicht mehr zutreffen. Wenn du möchtest, kannst du das Programm selbst dahingehend weiter optimieren. Das würde die Zeit der Überprüfung noch einmal halbieren! Du siehst, auch wenn ein Programm funktioniert, kann man immer noch versuchen es zu optimieren!

Aufgabe

Zum Schluss der Primzahlenberechnung noch eine Aufgabe für dich:

Angenommen, jemand fragt dich nach einer Liste aller Primzahlen von 1 bis 1.000, damit er darin jederzeit nachschlagen kann. Wie kannst du das Primzahltestprogramm so umbauen, dass es diese Liste aller Primzahlen von 1 bis 1.000 erzeugt?

Versuch, diese Aufgabe selbst zu lösen. Du brauchst nicht viel Neues dafür. Anstatt die Zahl `x` mit `input()` einzugeben, setzt du `x` am Anfang auf 2 und verwendest dann eine Zählerschleife, die 999-mal durchgeht und die Überprüfung macht. Nur wenn die Zahl eine Primzahl ist, wird sie mit `print()` ausgegeben. Am Ende der Schleife erhöhst du `x` um 1.

Alles klar?

Hier die Lösung zum Vergleichen:

```
x = 2
for i in range(999):
    teiler = 2
    primzahl = True
    maximum = x ** 0.5
    while (teiler <= maximum) and (primzahl):
        if (x % teiler) == 0:
            primzahl = False
        else:
            teiler = teiler +1
    if primzahl:
        print(x)
    x = x + 1
```

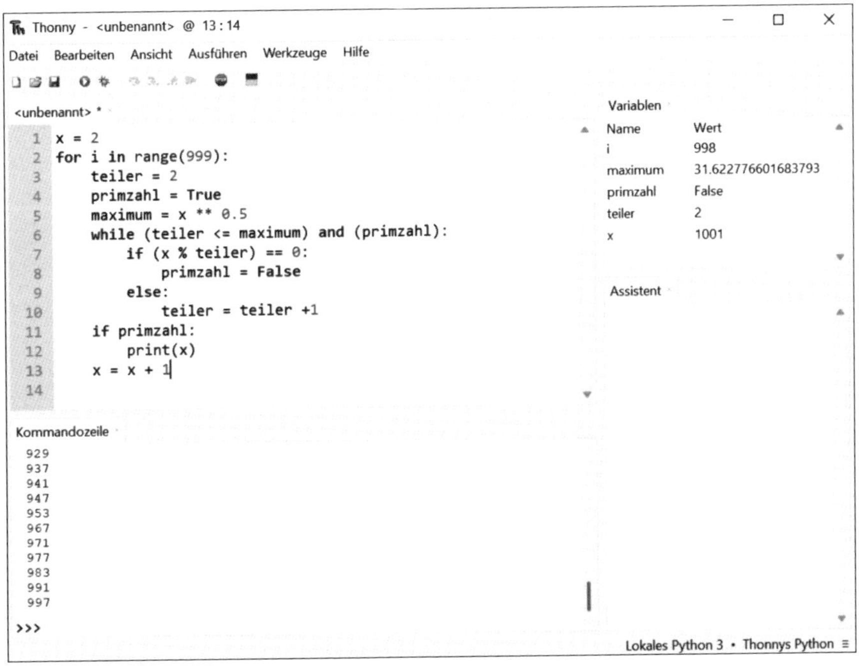

Abbildung 10.9: Eine Liste aller Primzahlen unter 1.000, berechnet in nur 1 Sekunde

Das Schachrätsel

Du siehst: Wer programmieren kann, kann damit sehr schnell und übersichtlich mathematische Aufgaben oder Rätsel lösen, die man mit Papier und Stift (oder auch Taschenrechner) nur sehr mühsam und langwierig hinbekommt, wenn überhaupt. (Je besser du Python beherrschst, desto hilfreicher kannst du es für die schnelle und clevere Lösung verschiedenster Aufgaben verwenden.)

Diese Geschichte ist uralt und den meisten Mathelehrern bekannt:

Ein König in Indien wollte den Erfinder des Schachspiels dafür belohnen, dass er so ein wunderschönes Spiel geschaffen hatte. Der Erfinder sollte sich einen guten Lohn dafür ausdenken. Er sagte: Nehmt ein Schachbrett und gebt mir ein Reiskorn für das erste Feld, zwei Reiskörner für das zweite, 4 für das dritte, 8 für das vierte usw. – auf jedem folgenden Feld doppelt so viele, bis alle 64 Felder voll sind.

Der König fühlte sich gekränkt und glaubte, der Lohn sei zu niedrig. Er hatte die Macht der mathematischen Zweierpotenzen unterschätzt. Denn auf den ersten Feldern landeten wirklich nur sehr wenige Reiskörner. Auf dem zehnten waren es immerhin noch überschaubare 512 – aber danach ging es immer gewaltiger aufwärts. Wie viele Reiskörner würde der Erfinder des Schachspiels insgesamt bekommen? Und wie viel wäre das in Gewicht, wenn 100 Reiskörner 3 g wiegen?

Jetzt zeigt sich, wie praktisch es ist, wenn man programmieren kann. Denn um die Aufgabe zu lösen, müssen wir gar nicht erst viele Mathekenntnisse in Potenzen usw. hervorholen. Wir lassen Python einfach alles genauso berechnen, wie es die Aufgabe sagt. Dazu brauchen wir zwei Variablen, nämlich die Menge Reiskörner auf dem aktuellen Feld, `menge`, und die Gesamtsumme aller Reiskörner, `summe`. Die `menge` ist am Anfang 1 (ein Reiskorn liegt auf dem ersten Feld), die `summe` ist 0. Nun brauchen wir nur noch eine Schleife, die 64-mal durchgeht und die `menge` jedes Mal zur `summe` hinzuzählt und sie anschließend für das nächste Feld verdoppelt. Und das war's dann.

Willst du es selbst versuchen? Dann mach dich einfach daran. Es ist nicht schwer.

Wenn du es korrekt geschrieben hast, sieht das Programm in etwa so aus:

```
menge = 1
summe = 0
for i in range(999)
    summe = summe + menge
    menge = menge * 2
print("Anzahl der Reiskörner insgesamt:" , summe)
```

Starte es und du bekommst sofort das Ergebnis: Die Gesamtsumme beträgt unglaubliche 18446744073709551615 Reiskörner. Wow! Strukturiert sieht die Zahl so aus:

18.446.744.073.709.551.615 und in Worten *18 Trillionen, 446 Billiarden, 744 Billionen, 73 Milliarden, 709 Millionen, 551 tausend und 615 Reiskörner*.

Das Gewicht kannst du jetzt berechnen, indem du diese Zahl mal 0,03 g nimmst (so viel wiegt laut Wikipedia etwa ein Reiskorn). Das Gesamtgewicht aller Reiskörner beträgt demnach 553 *Milliarden* Tonnen! Auf Statistikseiten im Web kann man ermitteln, dass die jährliche Gesamternte von Reis weltweit ca. 480 *Millionen* Tonnen beträgt.

Das heißt, der König müsste dem Erfinder des Schachspiels mehr als die weltweite Reisernte von 1.000 Jahren aushändigen! Verblüffendes Ergebnis, aber korrekt – und sehr einfach mit Python ermittelt!

Zins und Zinseszins

Zum Abschluss noch eine einfache Aufgabe für dich, die dem Schachrätsel ein wenig ähnelt, aber eher noch simpler ist. Nehmen wir an, du hast 100 € zusammengespart. Eine hübsche Geldsumme, aber du entscheidest dich dafür, sie nicht auszugeben, sondern sie auf ein sicheres Sparbuch einzuzahlen, das dir garantiert jedes Jahr 5 % Zuwachs beschert (ich weiß, das ist unrealistisch, aber es ist ja nur theoretisch). Später vergisst du dieses Sparbuch leider und erst 100 Jahre später fallen deinen Enkeln beim Aufräumen des Dachbodens die Papiere wieder in die Hand.

Aufgabe

Wie viel Geld hat sich bis dahin mit Zins und Zinseszinsen auf dem Sparbuch angesammelt? Auch diese Aufgabe kannst du ganz einfach mit Python lösen, sehr ähnlich wie das Schachrätsel.

Der Anfangswert deines Geldes ist 100 €. 100-mal wächst diese Summe, jedes Mal um 5 %. Um einen Wert um 5 % zu vergrößern, rechnest du den *Wert mal 1,05*. Das heißt, nach dem ersten Jahr sind es 105 €. Wie viel ist es nach dem hundertsten Jahr? Du brauchst nur vier Zeilen Python dafür, inklusive Ergebnisausgabe am Schluss.

Schreib das Programm selbst, bevor du die Lösung anschaust.

```
geld = 100
for i in range(100):
    geld = geld * 1.05
print("Nach hundert Jahren sind",geld,"Euro angesammelt.")
```

So kurz und so einfach.

Und die Summe? Stolze 13.150 €, über die sich deine Enkel freuen werden und die aus nur 100 € gewachsen sind. Also los. Geld anlegen! Es lohnt sich, wenn man nur genügend Geduld hat.

Du kannst das Programm jetzt jederzeit verwenden, um andere Startsummen oder andere Laufzeiten oder Prozentsätze auszurechnen. Zinsrechnungen braucht man im Alltag immer wieder.

Und noch eine Aufgabe

Schreib ein Programm, bei dem man die Anfangssumme, den Zinssatz und die Laufzeit in Jahren eingibt. Als Ergebnis soll die komplette angesammelte Geldsumme herauskommen.

Kapitel 11
Listig – mit Listen arbeiten

Wenn wir im täglichen Leben Informationen brauchen, schlagen wir manchmal in Listen und Tabellen nach. Wenn wir uns etwas merken wollen, schreiben wir auch Listen, wie zum Beispiel einen Einkaufszettel. Auch beim Programmieren können Listen ungeheuer nützlich sein.

In Variablen kann man alles Mögliche hineinschreiben, Ganzzahlen oder auch Kommazahlen, Werte wie `True` oder `False`, aber immer nur einen Wert pro Variable.

Etwas anders sieht das bei den Zeichenketten (Strings) aus. Da können wir nämlich ganze lange Ketten von Zeichen (Text) hineinschreiben. Wusstest du, dass eine Zeichenkette in Python schon eine Form von Liste ist?

Zeichenketten sind Listen

Wir haben die Strings nur noch nicht wirklich als Liste verwendet, sondern so getan, als würde der gesamte Text, der in einer Variablen steht, als feste Einheit zusammengehören.

Nein, eine Zeichenkette ist ähnlich wie eine Liste, eine Liste mehrerer einzelner Zeichen.

Wenn du also schreibst

```
name = "Erwin"
```

dann hast du in der Variablen `name` eine Liste von fünf Zeichen gespeichert.

Geh einmal ausnahmsweise wieder in die *Kommandozeile* und gib die Zuweisung `name = "Erwin"` ein.

Kann ich die Elemente dieser Liste denn auch einzeln ansprechen?

Klar. Mit

`print(name[0])` (die Null in eckigen Klammern!)

erhältst du ein einzelnes »E«. Probiere auch das auf der Konsole aus.

Die einzelnen Zeichen in der Zeichenkette `name` sind nämlich bei Python intern durchnummeriert und beginnen bei 0. Element 0 ist das »E«.

`name[1]` ist das »r«

`name[2]` ist das »w«

`name[3]` ist das »i«

usw.

Du kannst also auf jeden einzelnen Buchstaben zugreifen, wenn du möchtest. Die Position des Zeichens in der Zeichenkette nennt man den *Index* des Zeichens. Ebenso kannst du auch gleichzeitig auf mehrere zusammenhängende Buchstaben zugreifen. Das geht so:

```
print(name[0:2])
```

Ergebnis:

```
Er
```

Hier wird statt nur einem *Index* in eckigen Klammern eine *Reichweite (range)* von Zeichen angegeben. Das sind hier die Zeichen von 0 bis 2 (wobei das letzte Zeichen einer Reichweite bei Listen in Python nicht mehr dazugehört), also werden die Zeichen 0 und 1 ausgegeben.

```
print(name[2:5])
```

ergibt dementsprechend

```
win
```

[+]

Zeichenketten

Zeichenketten können in Python auch als Liste behandelt werden. Auf die einzelnen Zeichen kann man mit den *Indizes* (Positionen) der Zeichen in eckigen Klammern zugreifen, beginnend mit 0. Eine Teilfolge von Zeichen (*range*) kann mit dem ersten und dem letzten (ausschließlichen) Index, getrennt durch einen Doppelpunkt, angesprochen werden.

Auf die Weise kann man Zeichenketten auch neu zusammensetzen. Zum Beispiel so:

```
name = "Erwin Mayer"
umgedreht = name[6:11]+" "+name[0:5]
print(umgedreht)
```

Als Ergebnis wird ausgegeben:

```
Mayer Erwin
```

Lässt man den Wert vor dem Doppelpunkt weg, dann wird der Anfang der Zeichenkette verwendet, lässt man den Wert nach dem Doppelpunkt weg, dann wird das Ende der Zeichenkette verwendet.

```
name = "Otto Müller"
print(name[:4])
```

ergibt »Otto«.

```
name = "Otto Müller"
print(name[5:])
```

ergibt »Müller«.

Und

```
name = "Otto Müller"
print (name[:])
```

ergibt »Otto Müller«.

Übrigens kann man auch auf die letzten Buchstaben einer Zeichenkette zugreifen, ohne zu wissen, wie lang die Zeichenkette ist. Der Index `-1` ist nämlich automatisch der letzte Buchstabe der Zeichenkette, `-2` der vorletzte usw.

```
name = "Erwin Mayer"
print(name[-1])
```

Das ergibt ein »r«, den letzten Buchstaben.

Oder

```
dateiname = "meinSong.mp3"
endung = dateiname[-3:]
print(endung)
```

Das ergibt die Endung des Dateinamens, wenn diese drei Zeichen lang ist. In diesem Fall also »mp3«.

Listen in Python

Die Zeichenkette ist eine ganz spezielle Liste. Es gibt aber auch noch den allgemeinen Datentyp »Liste« in Python, in dem beliebige Listen aller Art gespeichert werden können, nicht nur Zeichenketten. In anderen Programmiersprachen heißt die Liste »Array«. Allerdings können Python-Listen etwas mehr als die meisten Arrays in anderen Sprachen.

Listen werden mit eckigen Klammern definiert, die einzelnen Elemente werden durch Komma getrennt.

Zum Beispiel eine Liste der Primzahlen unter 30:

```
primliste = [2,3,5,7,11,13,17,19,23,29]
```

Gibt man die Variable `primliste` wieder aus

```
print(primliste)
```

dann wird sie wieder in dieser Form angezeigt:

```
[2, 3, 5, 7, 11, 13, 17, 19, 23, 29]
```

Mit Listen kann man nun die gleichen Sachen machen wie mit Zeichenketten – und noch so einiges mehr. Du wirst an den Beispielen nachher sehen, wie praktisch Listen sein können. Zwei oder mehr Listen können mit dem `+`-Zeichen aneinandergehängt werden:

```
primliste1 = [2,3,5,7,11,13,17,19,23,29]
primliste2 = [31,37,41,43,47]
gesamtliste = primliste1 + primliste2
print(gesamtliste)
```

Als Ausgabe erhalten wir hier also die zusammengesetzte Liste:

```
[2, 3, 5, 7, 11, 13, 17, 19, 23, 29, 31, 37, 41, 43, 47]
```

Ebenso kann man Listen (wie String-Variablen) multiplizieren:

```
liste = [7]
print(liste *5)
```

ergibt

```
[7,7,7,7,7]
```

Nun ein kleines erstes Programm, das zeigt, wie man Listen zum Nachschlagen verwenden kann:

```
primliste = [2, 3, 5, 7, 11, 13, 17, 19, 23, 29, 31, 37, 41, 43, 47]
x = int(input("Gib eine Zahl unter 50 ein"))
if x in primliste:
    print(x,"ist eine Primzahl.")
else:
    print(x,"ist keine Primzahl.")
```

Das wäre also ein anderes Verfahren, um zu ermitteln, ob eine Zahl eine Primzahl ist. Anstatt es zu berechnen, schaut das Programm einfach in einer Liste nach, ob die Zahl vorkommt. Der Befehl dazu:

```
if x in primliste:
```

Mit dem Wörtchen `in` kann man in Python prüfen, ob ein Wert in einer Liste enthalten ist. (Natürlich ist das Berechnen der Primzahl aus dem vorigen Kapitel der sinnvollere Weg, denn schließlich müsste die Liste sonst extrem lang werden, wenn man auch höhere Zahlen berücksichtigen will. Aber gleich wirst du sehen, wo Listen mehr Sinn machen.)

Listen können natürlich nicht nur Zahlen enthalten, sondern auch Zeichen oder Zeichenketten sowie mathematische Ausdrücke:

```
gemischt = [7,2.55,-25,"Hallo","*",5*3]
print(gemischt)
```

Das ergibt als Ausgabe dann

```
[7, 2.55, -25, 'Hallo', '*', 15]
```

Du kannst auf jedes einzelne Element der Liste ebenso zugreifen wie auf die Zeichen einer Zeichenkette:

```
print(gemischt[3])
```

ergibt

```
Hallo
```

Auch hier hat das erste Element der Liste wieder den Index `[0]`. Das letzte kann man auch mit dem Index `[-1]` ansprechen. Ebenso wie bei den Zeichenketten kann man auch mehrere aufeinanderfolgende Elemente ansprechen (*range*):

```
print(gemischt[2:5])
```

ergibt

```
[-25, 'Hallo', '*']
```

Aber im Gegensatz zu Zeichenketten können ganze Werte wie Strings auch in einzelne Listenelemente geschrieben werden.

```
gemischt = [7,2.55,-25,"Hallo","*",5*3]
gemischt[0] = "Neu"
print(gemischt)
```

Das ergibt als Ausgabe

```
['Neu', 2.55, -25, 'Hallo', '*', 15]
```

Das erste Element der Liste `[0]` wurde hier überschrieben, statt einer 7 steht nun die Zeichenkette »Neu« drin.

Wochentag nachschlagen

Noch ein praktisches Beispiel, wofür man Listen gebrauchen kann:

```
import datetime
tage = ["Montag", "Dienstag", "Mittwoch", "Donnerstag", "Freitag",
       "Samstag", "Sonntag"]
wochentag = datetime.datetime.today().weekday()
print("Heute ist",tage[wochentag])
```

Dieses Programm verwendet das Modul `datetime`, ein Modul, mit dem man Datumsberechnungen machen kann. Hier verwenden wir nur eine Funktion, die die Wochentagsnummer des heutigen Tages herausfindet:

```
wochentag = datetime.datetime.today().weekday()
```

Das ergibt eine Nummer von 0 bis 6 (0 = Montag, 6 = Sonntag). Mithilfe einer kleinen Liste der deutschen Wochentagsnamen kann dir das Programm also auf Deutsch sagen, welcher Tag heute ist. Funktioniert an jedem Tag zuverlässig. Probiere es aus! Um solche Dinge nachzuschlagen, sind Listen sehr nützlich.

Listen per Programm erzeugen

Python hat zahlreiche Befehle eingebaut, um mit Listen zu arbeiten, weil man mit Listen sehr viele Programmieraufgaben lösen kann. So kann man Listen in einem Programm erzeugen, man kann ihnen Werte hinzufügen, sie ändern oder Werte löschen, sie sortieren und auf allerlei Informationen über die Liste zugreifen.

Lassen wir unser nächstes Programm einmal eine Liste von 20 zufällig gewürfelten Zahlen erstellen. Dazu müssen wir zunächst eine leere Liste erstellen:

```
zahlenliste = []
```

Um am Ende einer Liste ein Element hinzuzufügen, benutzen wir einen Python-Befehl speziell für Listen, der, durch einen Punkt getrennt, der Listenvariablen angehängt wird. Diese Art von Befehl nennt man *Methode* eines Listenobjekts. Das ist neu für dich, aber du wirst dieser Form später noch öfter begegnen.

```
zahlenliste.append(wert)
```

Append heißt »anhängen« – und genau das wird hier gemacht: Es wird der Liste ein Wert angehängt.

Um jetzt 20 Würfelzahlen in eine Liste zu schreiben, verwendest du den `append()`-Befehl in einem einfachen Programm:

```
import random
zahlenliste = []
for i in range(20):
    zahl = random.randint(1,6)
    zahlenliste.append(zahl)
print(zahlenliste)
```

Als Ergebnis bekommst du eine Liste ausgegeben, die so oder anders aussieht:

```
[4, 3, 2, 6, 1, 4, 5, 3, 5, 2, 1, 6, 6, 6, 4, 1, 3, 1, 3, 2]
```

Das sind 20 zufällig gewürfelte Zahlen in einer schönen Liste.

[zB]

Hinzufügen mit »+«

Übrigens könntest du statt mit `append()` auch ein Element durch Addieren einer Liste hinzufügen. Also könntest du statt `liste.append(20)` auch `liste = liste + [20]` schreiben oder in Kurzschreibweise: `liste += [20]`

Diese Kurzschreibweise kann man für Listen ebenso verwenden wie für Zahlenoperationen.

Die for-Schleife mit einer Liste

Bei den Schleifen und Wiederholungen im letzten Kapitel hast du ja bereits mit der `for`-Schleife und `range()` gearbeitet.

Mit einer `for`-Schleife kannst du problemlos alle Elemente einer Liste nacheinander durchgehen. Das Format ist

```
for z in zahlenliste:
```

Für jedes Element, das in der Liste `zahlenliste` steckt, wird die Schleife (also der Block unter der Schleife) einmal durchlaufen, wobei die Variable `z` bei jedem Durchlauf den Wert des aktuellen Elements hat. Wenn du jetzt also die Würfelzahlenliste mit ihren 20 Elementen einmal ganz durchlaufen möchtest, dann geht das so:

```
for z in zahlenliste:
    print(z)
```

Damit werden alle Zahlen aus der Liste `zahlenliste` untereinander ausgegeben.

Mit der `for`-Schleife kann man auch zählen.

Zum Beispiel kann man auch schreiben:

```
for x in [1,2,3,4,5,6,7,8,9,10]:
```

Das geht auch mit `range()` und `list()`:

```
list(range(anfang,ende))
```

`zahlenliste = list(range(0,100))` erstellt eine Liste mit 100 Elementen, beginnend bei 0, während das letzte Element die 99 ist (das Ende-Element ist nicht in der Liste eingeschlossen, damit ist das letzte Listenelement stets um 1 niedriger als die Ende-Zahl).

Du kannst das auch gern einmal testen (zum Beispiel in der Konsole):

```
print(list(range(0,100))
```

Ergebnis:

```
[0, 1, 2, 3, 4, 5, 6, 7, 8, 9, 10, 11, 12, 13, 14, 15, 16, 17, 18,
19, 20, 21, 22, 23, 24, 25, 26, 27, 28, 29, 30, 31, 32, 33, 34, 35,
36, 37, 38, 39, 40, 41, 42, 43, 44, 45, 46, 47, 48, 49, 50, 51, 52,
53, 54, 55, 56, 57, 58, 59, 60, 61, 62, 63, 64, 65, 66, 67, 68, 69,
70, 71, 72, 73, 74, 75, 76, 77, 78, 79, 80, 81, 82, 83, 84, 85, 86,
87, 88, 89, 90, 91, 92, 93, 94, 95, 96, 97, 98, 99]
```

Und wenn die erste Zahl eine 0 ist, kann man sie auch weglassen. Also noch kürzer:

```
for z in range(100):
```

Der Vorteil ist, dass man gleich einen Zähler mit dabeihat (`z`).

Will man mit der `for`-Schleife und `range()` von 1 bis 100 zählen und jede Zahl ausgeben, dann sieht das so aus (es wird immer `z+1` ausgegeben, dann geht es von 1 bis 100 statt von 0 bis 99):

```
for z in range(100):
    print(z+1)
```

Oder auch, was du ja schon kennst:

```
for z in range(1,101):
    print(z+1)
```

Mit `for` und `range()` ist das Zählen also oft noch kürzer und einfacher als mit `repeat`, weil man sich nicht um eine zusätzliche Zählervariable kümmern muss.

Mehr Befehle, Methoden und Funktionen für Listen

Mit der Liste kann man jetzt noch mehr machen. Es gibt zum Beispiel eine Funktion, die die Länge einer Liste ermittelt: `len()`. Nehmen wir noch einmal die Liste mit den 20 zufälligen Würfelzahlen zur Hand.

```
zahlenliste = [4, 3, 2, 6, 1, 4, 5, 3, 5, 2,
1, 6, 6, 6, 4, 1, 3, 1, 3, 2]
print(len(zahlenliste))
```

Das Ergebnis:

```
20
```

Okay, du wusstest schon vorher, dass die Liste 20 Elemente hat, aber in vielen Programmen kann sich die Länge der Liste jederzeit ändern. *Len* steht für *length* – und das bedeutet »Länge«, also Anzahl der Elemente in einer Liste.

Mit `min(liste)` kannst du den kleinsten Wert einer Liste ermitteln, mit `max(liste)` den größten.

```
print(min(zahlenliste))
print(max(zahlenliste))
```

Als Ergebnisse erhältst du hier wahrscheinlich die Zahlen 1 und 6 – außer wenn ganz zufällig eine der beiden Zahlen nicht gewürfelt wurde.

Eine praktische Methode für Listen ist auch noch `sort()`. *Sort* steht für »sortieren«, und das macht dieser Befehl auch.

```
zahlenliste.sort()
```

sortiert die Reihenfolge der Elemente in der Liste von der kleinsten bis zur größten Zahl.

```
print(zahlenliste)
```

ergibt jetzt

```
[1, 1, 1, 1, 2, 2, 2, 3, 3, 3, 3, 4, 4, 4, 5, 5, 6, 6, 6, 6]
```

Eine Art »Gegenteil« zu `sort()` ist `shuffle()`: Dieser Befehl (*shuffle* heißt auf Deutsch »mischen«) bringt eine Liste völlig zufällig durcheinander. Er gehört aber nicht zu den eingebauten Listenbefehlen, sondern zum Modul `random`, das auch sonst alle Zufallszahlenfunktionen enthält.

Mit

```
random.shuffle(zahlenliste)
```

wird die eben noch sauber sortierte Liste wieder völlig durcheinandergemischt. (Vergiss nicht, vorher das Modul `random` zu importieren!)

Interessant ist auch die Funktion `liste.count(wert)`. Damit erfährst du, wie oft ein Wert in einer Liste enthalten ist.

```
print(zahlenliste.count(6))
```

Gibt aus, wie oft die Zahl 6 in der Liste enthalten ist. In diesem Fall: 4 (viermal wurde die 6 gewürfelt).

Damit kannst du ein Programm zum Beispiel 120-mal würfeln lassen, jeden Wurf der Liste anhängen und anschließend mit `count()` für die Zahlen von 1 bis 6 auswerten, wie oft jede Zahl gewürfelt wurde. Wie geht das in Python? Versuch es gerne selbst einmal!

```
import random
zahlenliste = []
for i in range(120):
```

```
    zahl = random.randint(1,6)
    zahlenliste.append(zahl)
for wzahl in range (1,7):
    print(wzahl, ":" , zahlenliste.count(wzahl))
```

Als Ergebnis erhältst du eine Liste von Würfen mit Anzahlen:

```
1 : 22
2 : 20
3 : 25
4 : 21
5 : 18
6 : 14
```

Solche schönen Auswertungen kannst du also mit einer Liste machen.

Wenn du jetzt allerdings nicht 120, sondern vielleicht 100.000-mal würfeln willst, stößt diese Methode an ihre Grenzen, denn dann müsste das Programm zuerst eine Liste mit 100.000 Elementen aufbauen und diese dann sechsmal komplett durchgehen und auswerten. Das kostet Speicher und vor allem Zeit.

Da wir ja die einzelnen gewürfelten Zahlen und ihre Reihenfolge hinterher auch gar nicht mehr wirklich brauchen, ist es nicht nötig, jede einzelne Zahl zuerst in der Liste zu speichern. Es gibt nämlich noch eine bessere Methode zum Auswerten vieler Würfelzahlen.

Hierzu verwendest du einfach nur eine ganz kurze Liste mit sechs Elementen. In jedem Element steht 0. Wenn eine 1 gewürfelt wird, wird das erste Element um 1 erhöht, wenn eine 2 gewürfelt wird, das zweite usw. Dann stehen in der Liste am Ende alle Anzahlen von Würfen von 1 bis 6. Das Programm würde so aussehen:

```
import random
anzahlen = [0,0,0,0,0,0]
for i in range(100000):
    zahl = random.randint(1,6)
    anzahlen[zahl-1] = anzahlen[zahl-1] + 1
for z in range(6):
    print(z+1,":",anzahlen[z])
```

Gezählt wird jede Würfelzahl hier:

```
anzahlen[zahl-1] = anzahlen[zahl-1] + 1
```

Warum `zahl-1`? Weil die Liste ja bei 0 beginnt, die Würfelzahlen aber bei 1. Also werden die Einsen in `anzahlen[0]` gezählt, die Zweien in `anzahlen[1]` usw. Bei der Ausgabe ist es dann umgekehrt: Es wird von 0 bis 5 gezählt, aber es wird immer `z+1` ausgegeben.

Du kannst damit jetzt sogar 1 Million Würfe auswerten. Viel länger als 2, 3 Sekunden wird das auch nicht dauern.

Neben der `append()`-Methode, die einer Liste ein Element hinzufügt, gibt es natürlich auch noch das Gegenteil, die Methode `remove()` (*remove* = »entfernen«), die ein Listenelement löscht. `anzahlen.remove(0)` würde zum Beispiel das erste Element mit dem Wert 0 aus der Liste entfernen. Die Liste hätte dann nur noch fünf Elemente. Wenn ein Element gelöscht wird, rücken die anderen entsprechend nach – `anzahlen[1]` hätte danach den Index 0 usw.

Ein Lottozahlen-Tipp

Als nächste Aufgabe soll ein Programm geschrieben werden, das einen Tipp für die nächste Lottoziehung abgibt. Wer weiß, vielleicht ist das der Gewinnertipp für die Million? Beim Lotto gibt es 49 kleine Bälle, nummeriert von 1 bis 49, von denen nacheinander sechs gezogen werden. Wer die richtigen sechs Zahlen vorher getippt hatte, gewinnt vereinfacht gesagt die Million. Also, das Programm soll nacheinander sechs zufällige Zahlen ermitteln, die zwischen 1 und 49 liegen, und diese anzeigen. Nichts leichter als das, könnte man denken und folgendes Miniprogramm schreiben:

```
import random
for i in range(6):
    print(random.randint(1,49))
```

Leider funktioniert das so nicht wirklich sicher. Es kann ja bei diesem einfachen Programm passieren, dass eine Zahl **mehrfach** vorkommt, und das geht natürlich gar nicht. Im wirklichen Lotto ist das unmöglich. Du musst also einen Weg finden, der sicherstellt, dass eine Zahl nicht doppelt gezogen wird. Und – oh Wunder – die Lösung liegt darin, hier ebenfalls mit einer Liste zu arbeiten.

Hast du eine Idee, wie man vorgehen könnte? Ich sage gleich vorweg, dass es mindestens drei Möglichkeiten gibt, wie man an das Problem herangehen kann. Denk mal drüber nach!

Methode Nr. 1: Prüfen und bei Bedarf wiederholen

Die erste Methode ist folgende: Es werden nacheinander sechs Zahlen zwischen 1 und 49 gezogen und einer Liste angehängt. Jede Zahl wird nach der Ziehung anhand der Liste überprüft und wenn sie dort bereits vorhanden ist, so oft neu gezogen und mit der Liste verglichen, bis sie nicht in der Liste und somit keine doppelte Zahl ist. Das Programm dazu könnte so aussehen:

```
import random
lottotipp = []
for i in range(6):
    zahl = random.randint(1,49)
    while zahl in lottotipp:
        zahl = random.randint(1,49)
    lottotipp.append(zahl)
print(lottotipp)
```

Teste es. Du kannst es laufen lassen, so oft du willst, es wird keine doppelten Zahlen mehr geben. Mit der `while`-Abfrage wird bei jeder Ziehung sichergestellt, dass die gezogene Zahl nicht schon vorhanden ist, wenn doch, wird sogleich eine neue gezogen.

Es funktioniert also, aber es ist nicht elegant programmiert. Warum nicht? Weil man bei dieser Methode nicht vorher weiß, wie oft neu gezogen werden muss, bis eine Zahl kommt, die noch nicht vorhanden ist. Theoretisch könnten immer wieder Zahlen gezogen werden, die es schon gibt, und das Programm würde ewig brauchen (auch wenn das in der Praxis wegen der Verteilung der Zufallszahlen wahrscheinlich kaum passiert). Das Programm tut also so, als würde man nach jeder Ziehung den gezogenen Ball wieder hineinwerfen, und muss dann jedes Mal überprüfen, ob die neu gezogene Zahl schon mal gezogen wurde. Der Ablauf des Programms ist also nicht sauber vorhersagbar.

Methode Nr. 2: Den echten Vorgang simulieren

Warum nicht einfach so vorgehen, wie es der Wirklichkeit am nächsten kommt? Das heißt, wir brauchen als Erstes einen großen Eimer, in dem alle Zahlenbälle von 1 bis 49 drin sind. Das machen wir natürlich statt mit einem Eimer mit einer Liste, die alle Zahlen von 1 bis 49 enthält. Du kannst dazu den `range()`-Befehl verwenden.

```
gesamtliste = range (1,50)
```

Tatsächlich genügt das so noch nicht ganz, denn `range` ist ein anderer Typ als eine Liste, eine `list`. Das kennst du vom Prinzip ja schon mit den Typen `string`, `integer` und `float`. Aus einem `range` kann eben nichts gelöscht werden – bei einer `list` ist das kein Problem. Aber aus einem `range` kannst du problemlos eine `list` erzeugen:

```
gesamtliste = list(range (1,50))
```

Nun ziehst du eine dieser Zahlen, anschließend löschst du diese Zahl aus dem »Gesamttopf« (der Liste) und dann ziehst du die nächste. Eine Zahl kann nicht doppelt vorkommen, weil die schon gezogenen ja nicht mehr in der Liste sind, eben ganz so wie beim echten Lotto.

Worauf man dabei achten muss: Bei jeder Ziehung ist die Anzahl der möglichen Elemente um eins niedriger, weil ja immer eine Zahl fehlt. (Wie in echt auch: Bei der ersten Ziehung wird eine Zahl aus 49 möglichen gezogen, bei der zweiten eine aus 48, dann eine aus 47 usw.) Die Anzahl der noch vorhandenen Zahlen in der `gesamtliste` ermittelst du immer mit `len(gesamtliste)`.

So würde das Programm aussehen:

```
import random
gesamtliste = list(range (1,50))
lottotipp = []
for i in range(6):
    zahl = random.randint(1,len(gesamtliste))
    lottotipp.append(gesamtliste[zahl-1])
    del(gesamtliste[zahl-1])
print(lottotipp)
```

Auch das kannst du probieren. Es läuft im Zweifelsfall etwas schneller als das erste Programm (auch wenn das kaum spürbar wird). Vor allem aber ist es sicher und garantiert nach sechs glatten Durchläufen zu Ende und produziert trotzdem keine doppelten Zahlen.

Oft lohnt es sich, den Originalablauf einer Aufgabe mit den Mitteln von Python nachzuspielen.

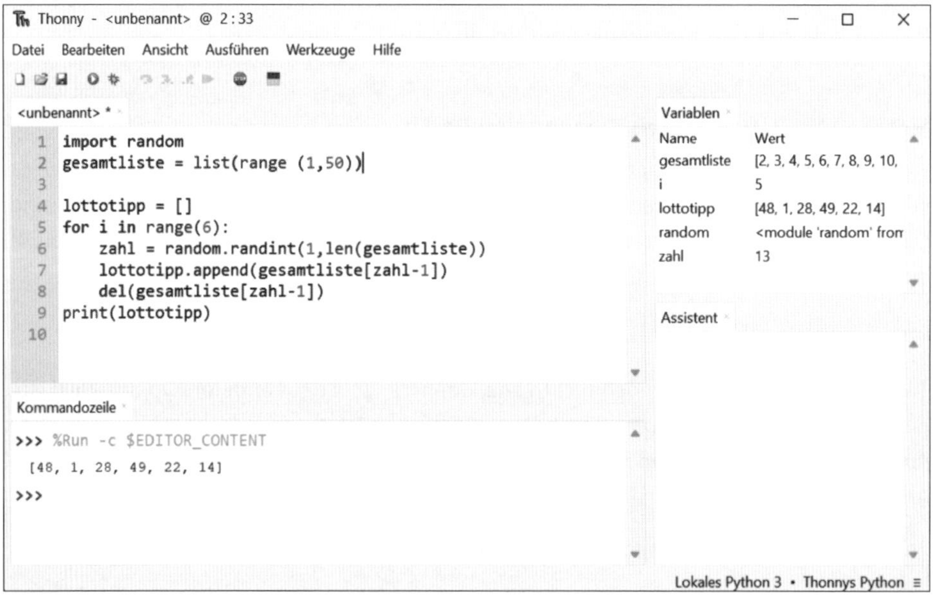

Abbildung 11.1: So sind sechs Lottozahlen schnell gefunden.

Aber es gibt noch eine dritte Methode, die ich dir zeigen möchte und die am cleversten ist, weil sie das kürzeste Programm erfordert.

Methode Nr. 3: Mit cleveren Tricks arbeiten

Die dritte Methode geht schlicht und einfach so: Es wird wieder eine Liste aller verfügbaren Zahlen von 1 bis 49 mit der `range()`-Funktion angelegt. Diese wird dann mit dem `random.shuffle()`-Befehl zufällig durchgemischt. Dann werden einfach die ersten sechs Zahlen dieser Liste als Lottozahlen genommen. (Es könnten auch die letzten sein oder welche aus der Mitte, denn nach dem Mischen sind sie alle gleich zufällig angeordnet.)

Das Programm dazu sieht so aus:

```
import random
gesamtliste = list(range(1,50))
random.shuffle(gesamtliste)
lottotipp = gesamtliste[0:6]
print(lottotipp)
```

Ebenso einfach wie raffiniert also, ohne irgendwelche Schleifen oder Abfragen. Es kann keine Doppelten geben, da ja jede Zahl nur einmal in der `gesamtliste` vorkommt, und trotzdem erhält man jedes Mal einen anderen zufälligen Lottotipp mit sechs Zahlen von 1 bis 49. Manchmal muss man erst in anderen Bahnen denken, bevor man die optimale Methode für einen Vorgang beim Programmieren gefunden hat. Der optimale Algorithmus ist meist der, der am einfachsten zu programmieren ist oder am schnellsten abläuft – oder beides.

Methode Nr. 4: Praktische eingebaute Funktionen von »random« verwenden

Und nun, wo wir den optimalen Algorithmus gefunden haben, stellt sich heraus, dass es noch einfacher geht. Für viele Vorgänge gibt es in den Modulen von Python nämlich schon existierende Funktionen, die man einfach nur benutzen muss! So zum Beispiel auch für die Ziehung mehrerer zufälliger Zahlen aus einer Liste. Es gibt im Modul `random` nämlich einen Befehl, der heißt `sample(liste, anzahl)` – dieser Befehl wählt automatisch eine Anzahl zufällig gezogener verschiedener Zahlen aus einer Liste aus. Genau das, was wir brauchen!

Unser Programm verkürzt sich damit noch weiter:

```
import random
gesamtliste = list(range(1,50))
lottotipp = random.sample(gesamtliste,6)
print(lottotipp)
```

Sehr praktisch, oder? Und man kann es noch weiter zusammenfassen:

```
import random
lottotipp = random.sample(range(1,50),6)
print(lottotipp)
```

Wenn man die Zahlen auch noch der Größe nach sortiert ausgeben möchte, ist nur ein weiterer Listenbefehl vor dem `print()` einzufügen:

```
lottotipp.sort()
```

Das sorgt dafür, dass die Liste der Lottozahlen von klein nach groß sortiert ausgegeben wird.

Das Lottospiel: Selbst tippen und gewinnen

Wie wäre es, die simulierte Lottoziehung in ein kleines Spiel zu erweitern, bei dem du selbst vorher sechs Zahlen tippen darfst und dann nach der Ziehung siehst, wie viele Richtige du gehabt hättest? Du lernst dabei nicht nur etwas über das Programmieren, sondern auch über die Gewinnchancen beim Lotto.

Als Erstes brauchst du dafür eine Liste mit sechs Elementen, in denen dein persönlicher Tipp enthalten ist. Den sollst du aber nicht einfach in den Programmcode schreiben, sondern nach und nach per `input()` eingeben. Das geht sehr einfach mit einer Schleife, die jede Eingabe der Liste anhängt.

```
meinTipp = []
for i in range(6):
    t = input("Gib eine Tippzahl ein:")
    meinTipp.append(t)
```

Nun haben wir die Liste mit deinem Tipp. Jetzt kommt die Ziehung. Die machen wir, wie in Methode Nr. 4 beschrieben, das geht am schnellsten.

```
allezahlen = range(1,50)
ziehung = random.sample(allezahlen,6)
```

Nur noch `random` importieren, die beiden Listen der Größe nach sortieren und am Schluss ausgeben, dann ist die erste Version fertig:

```
import random
meinTipp = []
for i in range(6):
    t = input("Gib eine Tippzahl ein:")
    meinTipp.append(t)
allezahlen = range(1,50)
ziehung = random.sample(allezahlen,6)
meinTipp.sort()
ziehung.sort()
print(meinTipp)
print(ziehung)
```

Du kannst jetzt sechs Zahlen nacheinander als Tipp eingeben und erhältst dann die Ausgabe deiner Tippliste (geordnet) sowie die Ausgabe der Ziehung und kannst selbst vergleichen, wie viele Zahlen du richtig getippt hast. Selbst vergleichen? Das kann es ja wohl nicht sein. Das soll natürlich auch das Programm machen.

Wie ermittelt das Programm, wie viele Richtige ich habe?

Nicht schwer. Du musst nur jedes Element deiner Tippliste durchgehen (dafür eignet sich hervorragend die `for`-Schleife) und prüfen, ob sie in der Liste `ziehung` enthalten ist. Wenn ja, dann hast du eine richtige Zahl, die du der Anzahl der richtig getippten Zahlen hinzufügen kannst. Am Schluss wird die Anzahl der Richtigen ausgegeben. Folgende Zeilen fügst du dem Programm am Schluss hinzu:

```
richtige = 0
for z in meinTipp:
    if z in ziehung:
        richtige = richtige + 1
print("Richtig getippte Zahlen:",richtige)
```

Du musst natürlich selbst darauf achten, sechs verschiedene und gültige Zahlen für deinen Tipp einzugeben. Den Rest macht das Programm.

Abbildung 11.2: Keine Zahl richtig getippt – soll leider öfter vorkommen …

Hast du schon den großen Gewinn? Bedenke, dass man mit einer richtigen Zahl noch gar nichts gewinnt, bei zwei richtigen Zahlen allein auch noch nichts und bei drei richtigen Zahlen etwa 10 €. Vier Richtige bringen 35–50 €. Erst ab fünf Richtigen wird es interessant mit ein paar tausend Euro – und bei sechs korrekt getippten Zahlen sind dann schon mal 600.000 € bis zu 1 Million € drin. Ein Lottotipp kostet 1 € (plus kleine Gebühr).

Testen wir mal die Chancen mit einem Programm. Du gibst einen Tipp ab und das Programm zieht 1.000-mal die Lottozahlen. Nur Kombinationen, mit denen du gewonnen hättest, werden ausgegeben. Dazu brauchst du nur einen kleinen Umbau:

```
import random

meinTipp = []
for i in range(6):
    t = int(input("Gib eine Tippzahl ein: "))
    meinTipp.append(t)

meinTipp.sort()

allezahlen = list(range(1, 50))

for _ in range(1000):
    ziehung = random.sample(allezahlen, 6)
    ziehung.sort()

    richtige = 0
    for z in meinTipp:
        if z in ziehung:
            richtige += 1

    if richtige > 2:
        print("Dein Tipp:", meinTipp)
        print("Ziehung :", ziehung)
        print("Richtige:", richtige)
```

Vielleicht bekommst du dabei schon ein Gefühl für die Chancen, viel Geld im Lotto zu gewinnen. Wenn du zweimal vier Richtige hattest und ein paar Mal drei Richtige, dann hast du die 100 € Einsatz wahrscheinlich wieder rausgekriegt, ansonsten eher nicht.

Bestimmt ist dir der Unterstrich in dem `for _ in range(1000):` aufgefallen? Der Unterstrich bedeutet einfach: »Diese Variable wird nicht benutzt.« Man schreibt ihn in einer Schleife, wenn man nur die Schleife durchlaufen will, ohne aber die Schleifenzahl zu benötigen. Das macht den Code klarer, weil sofort sichtbar ist, dass die Zahl keine Rolle spielt. Das ist typisch Python!

Mehrdimensionale Listen

Genug vom Lotto. Jetzt folgt wieder etwas für den praktischen Nutzen.

Du hast nun sehr viel über Listen gelernt, fast alles, was du brauchen wirst. Eine Sache ist noch wichtig und die lernst du jetzt kennen.

Listen können Zahlenwerte und Zeichenketten enthalten. Das weißt du schon. Listen können aber auch Listen enthalten. Wie? Ja, jedes Element einer Liste kann wiederum eine Liste sein.

Hier ist ein Beispiel: eine Liste, die drei Vokabeln enthält. Jede dieser Vokabeln besteht wiederum aus einer Zweierliste, die das Wort einmal auf Deutsch und einmal auf Englisch enthält.

```
vokabeln = [ ["Tisch","table"] , ["Auto","car"] , ["Haus","house"] ]
```

Wie kommt man nun an diese Werte heran?

```
print(vokabeln [0])
```

ergibt

```
['Tisch', 'table']
```

Logisch, denn diese kleine Liste ist das erste Element der großen Liste `vokabeln`. Um jetzt wiederum auf ein einzelnes Element aus dieser kleinen Liste zuzugreifen, brauchen wir einen *zweiten Index*, denn wir haben jetzt eine Liste mit *zwei Dimensionen*:

```
print(vokabeln [0] [0])
```

Das ergibt wie gewünscht

```
Tisch
```

```
print(vokabeln [0] [1])
```

ergibt

```
table
```

Mit einer `for`-Schleife kann man jetzt alle Elemente der großen Liste durchgehen und sie wiederum unterteilen, zum Beispiel so:

```
vokabeln = [["Tisch","table"],["Auto","car"],["Haus","house"]]
for vok in vokabeln:
    print(vok[0],"heißt",vok[1]+".")
```

Die Ausgabe ist

```
Tisch heißt table.
Auto heißt car.
Haus heißt house.
```

Beim Durchgang der Elemente von `vokabeln` wird jede der Minilisten mit `vok` angesprochen. `vok[0]` ist dabei das deutsche Wort, `vok[1]` ist das englische Wort.

Daraus kann man jetzt auch problemlos einen kleinen Vokabeltrainer machen:

```
vokabeln = [["Tisch","table"],["Auto","car"],["Haus","house"]]
for vok in vokabeln:
    eingabe = input("Wie heißt "+vok[0]+" auf Englisch?")
    if eingabe == vok[1]:
        print("Richtig!")
    else:
        print("Leider falsch!")
```

Alles klar? Die Liste der Wortpaare wird mit `for` durchgegangen, das erste Wort des Paares (deutsch) wird beim `input()`-Befehl angezeigt und die Eingabe in der Variablen `eingabe` gespeichert, das zweite Wort (englisch) wird dann mit `eingabe` verglichen. Das Ergebnis ist entweder richtig oder falsch, was dann angezeigt wird, bevor das nächste Wortpaar an die Reihe kommt.

Du kannst diesen Vokabeltrainer jetzt gern weiter ausbauen. Natürlich kannst du deine eigenen Wörter reinschreiben und auch um mehr Vokabeln erweitern. Um das Lernen abwechslungsreicher zu gestalten, kannst du die Reihenfolge der abgefragten Vokabeln auch mischen. Erinnerst du dich, wie das geht? Du brauchst dazu das Modul `random` und den Befehl `random.shuffle(liste)`. So sieht der Anfang dann aus:

```
import random
vokabeln = [["Tisch","table"],["Auto","car"],["Haus","house"]]
random.shuffle(vokabeln)
```

Und natürlich kannst du zählen lassen, wie viele Antworten richtig und wie viele falsch waren. Dazu brauchst du zwei Variablen `richtig` und `falsch`. Die setzt du am Anfang auf 0 und erhöhst sie jeweils, wenn die richtige oder die falsche Antwort gegeben wurde. Am Schluss wird ausgegeben, wie viele Antworten richtig und wie viele falsch waren. Schaffst du das alleine? Bestimmt! Versuch es, bevor du dir die Lösung anschaust.

```
import random
vokabeln = [["Tisch","table"],["Auto","car"],["Haus","house"]]
random.shuffle(vokabeln)
richtig = 0
falsch = 0
for vok in vokabeln:
    eingabe = input("Wie heißt "+vok[0]+" auf Englisch?")
    if eingabe == vok[1]:
        print("Richtig!")
        richtig = richtig + 1
    else:
        print("Leider falsch!")
        falsch = falsch + 1
print("Richtige Antworten:",richtig," - falsche Antworten:",falsch)
```

Zusammenfassung: Listen

Eine Liste besteht aus mehreren Elementen, die in einer Auflistung zusammengefasst sind und einer Variablen zugeordnet werden. Eine Liste wird bei der Definition in eckige Klammern geschrieben, die einzelnen Elemente werden durch Kommas voneinander getrennt.

Eine Liste kann als Elemente Zahlenwerte enthalten, Zeichenketten in Anführungsstrichen oder sogar weitere Listen in eckigen Klammern.

Die Liste als Ganzes wird über ihren Variablennamen angesprochen. Einzelne Elemente der Liste können über den Variablennamen und den Index des Elements in eckigen Klammern angesprochen werden. Das erste Element einer Liste hat immer den Index 0. Bei mehrdimensionalen Listen (Listen, die wiederum Listen enthalten) können einzelne Elemente über mehrere Indizes in eckigen Klammern nacheinander angesprochen werden.

Die folgenden Befehle und Funktionen für Listen hast du kennengelernt:

`liste1 + liste2`	Verknüpft die beiden Listen zu einer gemeinsamen Liste.
`liste * 5`	Vervielfältigt die Elemente der Liste nacheinander fünfmal.
`liste[0]`	Spricht das erste Element der Liste an.
`liste[-1]`	Spricht das letzte Element der Liste an.
`liste [2:4]`	Spricht Index 2 bis 3 der Liste an.

`liste[:5]`	Spricht das erste bis fünfte Element (0 bis 4) der Liste an.
`liste [:]`	Spricht das erste bis letzte Element der Liste an (also die ganze Liste).
`liste[1][3]`	Spricht Element 3 von Element 1 der Liste an (wenn die Elemente der Liste wiederum Listen sind).
`len(liste)`	Gibt die Anzahl der Elemente einer Liste zurück.
`min(liste)`	Gibt das kleinste Element der Liste zurück.
`max(liste)`	Gibt das größte Element der Liste zurück.
`del liste[0]`	Löscht Element 0 aus der Liste.
`liste.append(wert)`	Fügt `wert` als neues Element dem Ende der Liste hinzu.
`liste.count(wert)`	Gibt zurück, wie oft `wert` in `liste` enthalten ist.
`if wert in liste:`	Prüft, ob `wert` in der Liste als Element enthalten ist.
`liste.sort()`	Sortiert die Elemente der Liste von klein nach groß.
`random.shuffle(liste)`	Mischt die Elemente der Liste zufällig durcheinander (benötigt das Modul `random`).

Es gibt sogar noch mehr Funktionen, Methoden und Befehle für Listen in Python, die du in der Python-Dokumentation googeln kannst, aber mit diesen hier kommen wir in fast jeder Programmieraufgabe aus.

Jetzt hast du alle wichtigen Grundelemente von Python kennengelernt. Du kennst die wichtigsten Befehle für Eingaben, Ausgaben und Berechnungen. Du weißt, was man mit Variablen machen kann, du kannst Programme mit Bedingungen und Schleifen bauen und du kannst mit Listen umgehen. Das Einzige, was jetzt noch fehlt, sind eigene Funktionen und Objekte. Aber dazu kommen wir später. Jetzt wollen wir erst mal ein wenig Spaß haben mit dem, was du schon kannst. Du probierst im nächsten Kapitel deine Kenntnisse an grafischen Modulen aus. Das macht was her!

Kapitel 12

Die Schildkröte – ein grafischer Roboter

Du weißt jetzt schon einiges darüber, wie man in Python programmiert. Aber immer nur Buchstaben und Zahlen auf einer Konsole ein- und ausgeben? Da können wir mit Python doch viel mehr machen. Deshalb will ich dir eine kleine Schildkröte vorstellen, die du mithilfe von Python steuern kannst, um Linien, Kurven und andere geometrische Formen zu zeichnen.

Dabei handelt es sich bei *Turtle*, unserer Schildkröte, um einen absoluten Klassiker. In den 1960ern erblickte eine Sprache namens Logo das Licht der Welt – ein zentrales Element von Logo ist Turtle. Damit kann man mit einfachen Befehlen am Computer zeichnen und auch komplexe Muster entwerfen. Vor allem aber kann man die Auswirkungen der Befehle und verschiedener Konstrukte wie Schleifen sehr gut und vor allem ganz direkt erkennen.

Was lag also näher, als Turtle auch in Python zu integrieren, und zwar in Form eines Moduls namens `turtle`?

Abbildung 12.1: So stellt sich ChatGPT unsere Schildkröte vor.

Ein Modul namens »turtle«

`turtle` ist ein Turtle-Grafikmodul. Das heißt, das Modul enthält Befehle und Funktionen, mit denen man ein Zeichenfenster erstellen kann, auf dem man eine Figur steuert (in der Regel eine Schildkröte, aber das kannst du auch ändern), die Spuren hinterlässt – das heißt, man kann damit zeichnen. `turtle` gibt dir also so etwas wie einen kleinen Malroboter in einem Fenster an die Hand – und diesen Roboter steuerst du mit Python.

Die Besonderheit ist, dass sich die meisten Befehle auf die aktuelle Position oder Richtung der Schildkröte beziehen.

Dabei genügen am Anfang wenige Befehle, um gleich loslegen zu können. Diese gibt es:

- Mit `forward` bewegt sich unsere Schildkröte geradeaus, und zwar in ihrer *aktuellen Blickrichtung* und um eine angegebene Zahl von Pixeln.
- Mit `backward` bewegt sie sich entsprechend rückwärts.
- Mit `right` dreht sich die Schildkröte auf der Stelle nach rechts, ohne sich dabei fortzubewegen. Die Drehung wird in Grad angegeben; 90 wäre eine Drehung nach rechts, mit 180 dreht sich unsere Schildkröte um. Dabei erfolgt die Drehung von der *aktuellen Richtung* der Schildkröte aus.
- `left` ist entsprechend die Drehung nach links, auch wieder auf der Stelle und angegeben in Grad.

Das sind vier Befehle, mit denen man bereits sehr viel machen kann. Legen wir also los, und zwar auf der Kommandozeile bzw. der *Python-Shell*. So kannst du mit jedem Befehl sofort sehen, was passiert bzw. welche Auswirkungen der Befehl hat.

Die erste Schildkröte

Als Erstes muss das Modul `turtle` importiert werden. Das Modul gehört zu Python, muss aber trotzdem erst explizit geladen werden. Du kannst das mit

```
>>> import turtle
```

machen. Die drei spitzen Klammern gibst du natürlich nicht mit ein, das sind die spitzen Klammern, die dir anzeigen, dass du in der Python-Shell arbeitest. Um einen der Befehle des Moduls `turtle` zu verwenden, musst du jeweils `turtle` mit einem Punkt vor den Befehl schreiben.

Das Fenster mit unserer Schildkröte erscheint, sobald du den ersten Befehl eingibst:

```
>>> turtle.forward(50)
```

Damit geht die Schildkröte von der aktuellen Position und in der aktuellen Blickrichtung exakt 50 Pixel vorwärts. Dann drehen wir die Schildkröte nach rechts:

```
>>> turtle.right(90)
```

Hier tut sich nicht viel, die Schildkröte dreht sich auf der Stelle nach unten, bzw. aus ihrer Position eben nach rechts. Wir lassen sie noch etwas weiter laufen:

```
>>> turtle.forward(50)

>>> turtle.right(90)

>>> turtle.forward(50)

>>> turtle.right(90)
```

Unsere Schildkröte befindet sich wieder an ihrem Ausgangspunkt und hat dabei ein Quadrat gezeichnet.

Kleiner Tipp

Wenn du dich in der Kommandozeile befindest, kannst du die [↑]-Taste drücken und nacheinander werden dir alle in dieser Sitzung eingegebenen Befehle angezeigt. Du brauchst dann nur noch [↵] zu drücken und der jeweilige Befehl wird noch einmal ausgeführt.

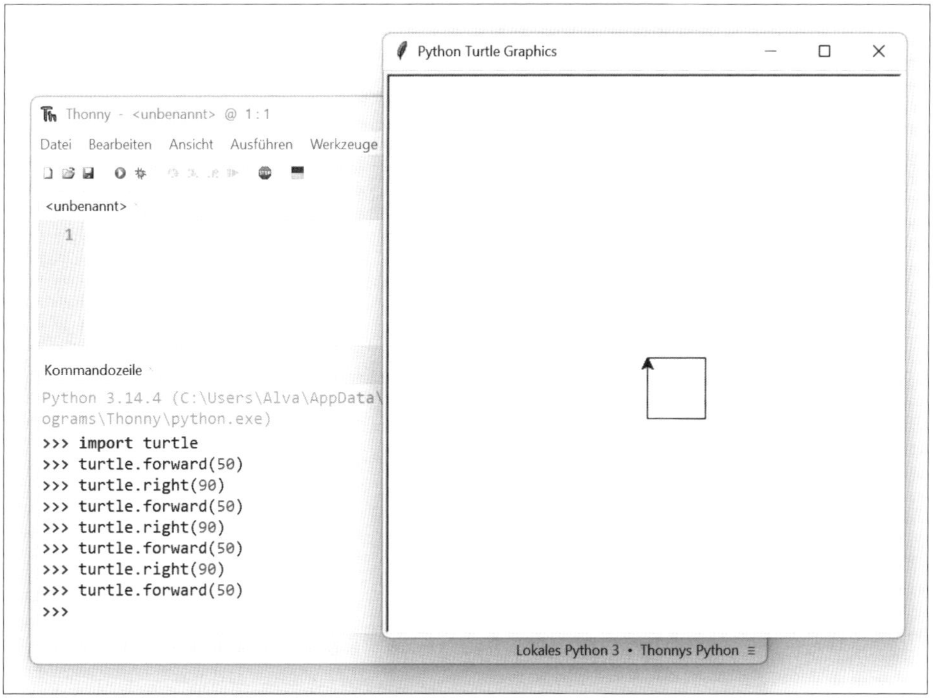

Abbildung 12.2: Viermal 50 Pixel weit gelaufen und danach je 90 Grad nach rechts gedreht – fertig ist das Quadrat.

Das ist ja toll! Aber mal ehrlich, wie eine Schildkröte sieht das ja nun nicht gerade aus, oder?

Das stimmt, aber du kannst das mit dem Befehl `shape` beliebig ändern. In unserem Fall müsstest du den Befehl mit dem Wert "**turtle**" aufrufen:

```
turtle.shape("turtle")
```

Python bringt aber noch andere Formen mit, die du genauso verwenden kannst. Dafür musst du nur `shape` aufrufen und als Parameter in den Klammern die Bezeichnung der gewünschten Form als String übergeben, also in Anführungszeichen. Diese Auswahl hast du:

- `arrow` – ein Pfeil, gut für Bewegungsrichtungen
- `circle` – ein kleiner Kreis
- `square` – ein Quadrat
- `triangle` – ein Dreieck
- `classic` – das alte Standardsymbol
- `turtle` – die Schildkröte

Aber machen wir weiter!

Du bist ja kein Python-Anfänger mehr. Diese Befehle machen viermal dasselbe – sie schicken die Schildkröte 50 Pixel vorwärts und drehen sie dann um 90 Grad nach rechts. Da verwenden wir doch lieber … natürlich … eine **Schleife**. Das geht nämlich auch ohne Probleme in der Python-Shell.

```
>>> import turtle
>>> for i in range(4):
    turtle.forward(100)
    turtle.right(90)
```

Falls du das Modul `turtle` schon importiert hast, brauchst du das natürlich nicht noch einmal zu tun. Es ist aber auch kein Problem, falls du den Import mehrfach durchführst – da ist die Python-Shell robust.

Zur Sicherheit erhöhen wir die Laufweite von 50 auf 100 Pixel. So kannst du das Ergebnis besser erkennen, auch wenn das erste Quadrat noch zu sehen sein sollte.

Sobald du die Schleife `for i in range(4):` geschrieben hast und [↵] drückst, rückt die Python-Shell automatisch deine folgenden Eingaben ein und kennzeichnet damit, dass diese Befehle zur Schleife gehören.

Drückst du zweimal [↵] hintereinander, verlässt du die Schleife und sie wird sofort ausgeführt.

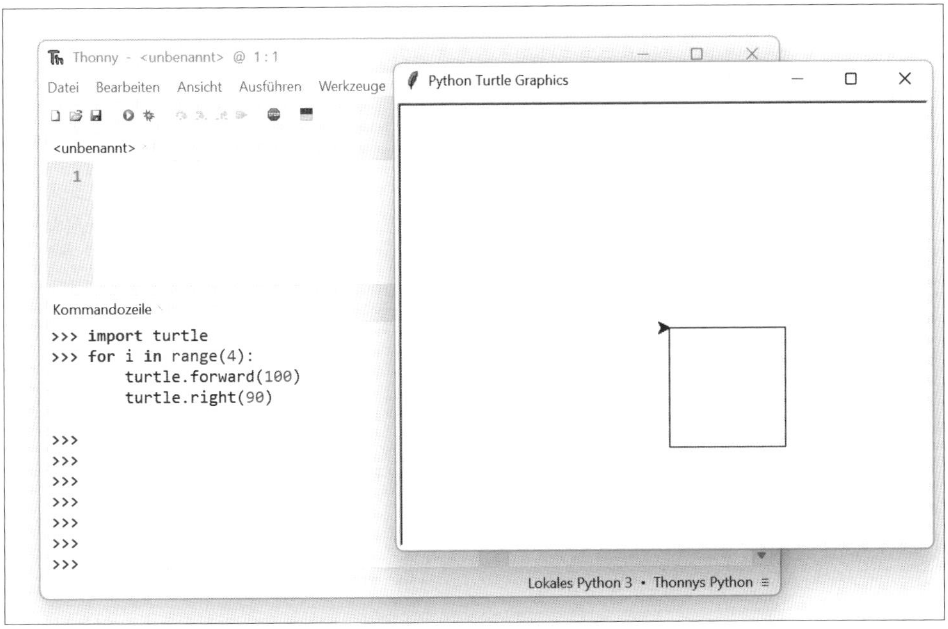

Abbildung 12.3: Und schon ist das Programm kürzer und macht dasselbe.

Und mit deinen Programmierkenntnissen steht dir jetzt schon eine Menge zur Verfügung, was du mit der Schildkröte machen kannst.

Probiere mal folgendes Programm aus, natürlich ohne die spitzen Klammern, die von der Python-Shell stammen:

```
>>> import turtle as t
>>> weite = 10
>>> for i in range(50):
    t.forward(weite)
    t.right(90)
    weite = weite + 10
```

Schau es dir zuerst genau an und überleg, was es macht, bevor du es startest. `weite` wird auf 10 gesetzt. Dann macht die Turtle 50-mal dasselbe: Geht vorwärts, und zwar so viele Pixel, wie in `weite` stehen, also erst mal 10, dann biegt sie 90 Grad nach rechts ab, dann wird `weite` um 10 vergrößert. Die nächste Linie ist also 20 Pixel lang, dann wieder abbiegen, dann 30 Pixel weit vorwärts … Was für ein Gebilde entsteht da?

Wie war das noch mal mit dem »import turtle as t«?

Bei einem einfachen `import turtle` musst du den Namen des Moduls **vor jede** verwendete Funktion schreiben. Eben **turtle**`.right(90)`. Das kann schon eine Menge Tipperei bedeuten. Mit `import turtle as t` importierst du das Modul und legst gleichzeitig eine beliebige Abkürzung fest – in unserem Fall eben kurz und knapp **t**. So genügt es, diese Abkürzung vor die verwendete Funktion zu schreiben: **t**.`right(90)`

Wie du gesehen hast, kann man mit nur wenigen Zeilen Python-Code interessante Figuren zeichnen, alles durch vielfache Wiederholung, bei der sich jedes Mal ein Wert ändert.

Warum dauert das Zeichnen mit der Schildkröte eigentlich so lange? Ist Python wirklich so langsam? Natürlich nicht. Die Geschwindigkeit der Turtle ist als Standard auf *langsam* gestellt, damit man gut mitverfolgen kann, was passiert. Mit der Funktion `speed(geschwindigkeit)` kannst du die Geschwindigkeit der Turtle beim Vorwärtsgehen ändern. 1 ist extrem langsam (1 Pixel pro Sekunde), 10 wäre recht schnell. Mit 0 hast du gar keine Animationen mehr.

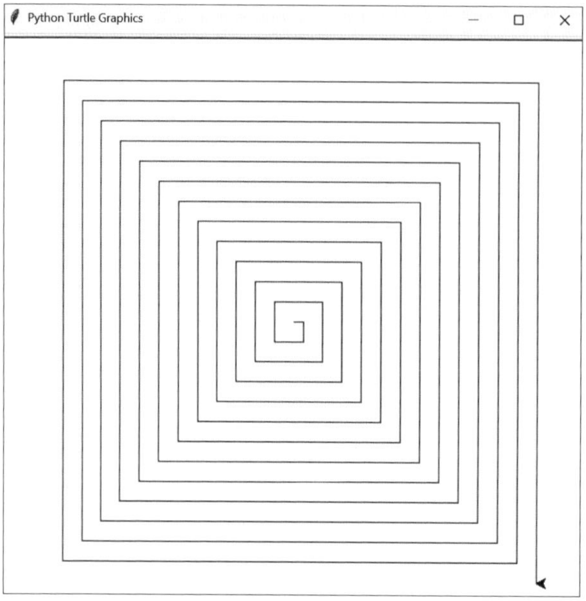

Abbildung 12.4: Eine coole rechteckige Spirale!

Aufgabe

Lass die Turtle ein Dreieck zeichnen.

Wie gehst du vor? Beim Quadrat musstest du vier Linien zeichnen und die Turtle dazwischen jedes Mal um 90 Grad nach rechts drehen. Klar, 4 × 90 ergibt 360 – damit ist man einmal rum. Beim Dreieck ist es ähnlich. Nur musst du nun drei Linien zeichnen (zum Beispiel mit der Länge 200) und die Schildkröte dazwischen um jeweils 120 Grad drehen, denn 3 × 120 ist wieder 360 – und das muss für eine geschlossene Figur am Ende immer herauskommen.

```
from turtle import *
color("red")
for i in range(3):
    forward(200)
    right(120)
```

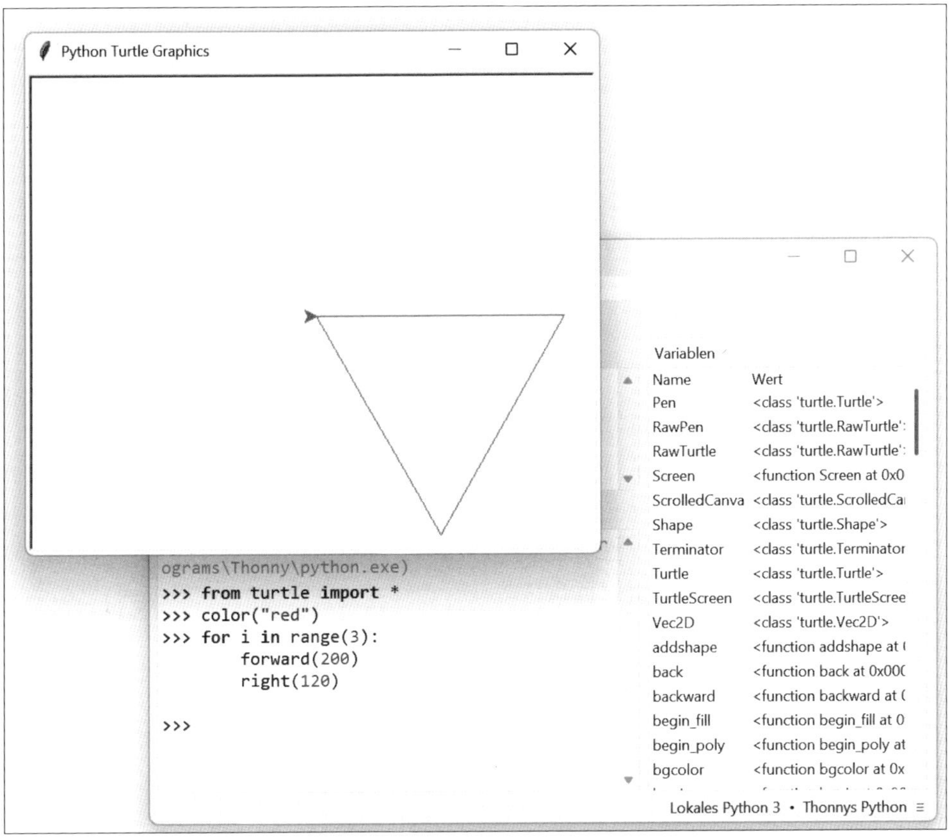

Abbildung 12.5: So schnell ist ein Dreieck gezeichnet.

*Und wie war das jetzt mit diesem »from turtle import *«?*

So kannst du das angegebene Modul direkt importieren und kannst die Befehle und Funktionen ohne `turtle.` oder `t.` verwenden. Bei größeren Programmen muss man damit aber vorsichtig sein – denn Funktionen wie `color()` gibt es in vielen Modulen und da ist es dann sicherer, eine eindeutige Bezeichnung zu verwenden.

Und ein Sechseck? Kannst du das Programm selbst so ändern, dass ein sauberes Sechseck entsteht? Logisch, oder?

```
import turtle as t
t.color("gray")

for _ in range(6):
    t.forward(100)
    t.right(60)
```

Statt dreimal wird sechsmal gezeichnet, die Länge beträgt dabei nur 100, damit die Figur nicht zu groß wird, und den Winkel für die Drehung errechnest du natürlich mit 360 geteilt durch 6, also 60.

[+]

Speichern und in den Editor umziehen

Natürlich kannst du alle Beispiele auch als normales Programm schreiben und auch abspeichern. Da die Beispiele so langsam doch etwas umfangreicher werden, kannst du gerne von der Python-Shell in den Editor wechseln.

Falls das Zeichenfenster direkt nach der Ausführung geschlossen wird, kannst du mit `done()` bzw. `t.done()` dafür sorgen, dass das Fenster geöffnet bleibt.

Aus unserem Programm kannst du jetzt ein universelles Programm machen. Der Benutzer gibt ein, wie viele Ecken die Figur haben soll, und das Programm zeichnet darauf ein gleichseitiges 3-, 5-, 7-, 9-, 10- oder n-Eck.

Zu beachten ist dabei Folgendes: Die Schrittweite der Turtle muss umso kleiner sein, je mehr Ecken gewünscht sind, am besten etwa 600 geteilt durch Eckenanzahl. Die Anzahl der Ecken entspricht natürlich der Anzahl der Linien. Der Winkel nach dem Zeichnen der Linie errechnet sich immer aus 360 geteilt durch die Anzahl der Ecken.

Kriegst du so ein Programm hin? Versuch es einmal! Anschließend kannst du dein Ergebnis mit der Version hier vergleichen:

```
import turtle as t

ecken = int(input("Wie viele Ecken? "))
weite = 600 / ecken

t.color("gray")

for _ in range(ecken):
    t.forward(weite)
    t.right(360 / ecken)

t.done()
```

Teste das Programm mit verschiedenen Werten. Was beobachtest du?

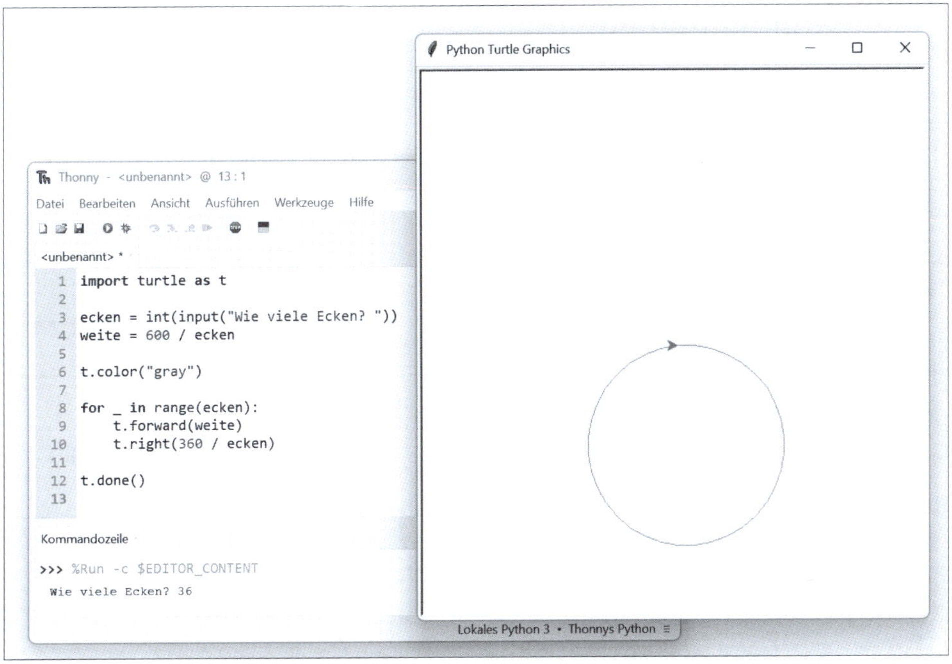

Abbildung 12.6: Ein 36-Eck sieht einem Kreis schon ganz schön ähnlich.

Genau, je mehr Ecken du zeichnen lässt, desto mehr ähnelt das gleichseitige n-Eck einem Kreis. Der perfekte Kreis wäre somit ein gleichseitiges n-Eck mit unendlich vielen Ecken, aber aufgrund der begrenzten Auflösung eines Computerbildschirms reichen 36 Ecken fast aus, um einen schönen Kreis zu zeichnen.

Aufgabe
Schreib ein Turtle-Programm, das ein Zickzackmuster und/oder eine Treppe zeichnet. Verwende dabei Wiederholungen.

Weitere Turtle-Befehle

Das Modul `turtle` ist ganz schön mächtig. Es kann weit mehr, als nur die Turtle vorwärtszubewegen und sich drehen zu lassen.

Du kennst schon die Befehle `forward()`, `backward()`, `right()`, `left()` sowie `speed()`. Jetzt kommen noch ein paar neue dazu:

`penup()`	Hebt den Stift an – die Turtle hinterlässt beim Bewegen keine Linie mehr.
`pendown()`	Setzt den Stift wieder ab – die Turtle zeichnet beim Bewegen eine Linie.
`color()`	Legt die Farbe der Linie fest, die die Turtle zeichnet.
`pensize()`	Bestimmt die Breite der gezeichneten Linie (in Pixeln).
`dot()`	Zeichnet einen gefüllten Punkt (einen kleinen Kreis) an der aktuellen Position der Turtle.
`begin_fill()`	Startet das Zeichnen einer Form, die später gefüllt werden soll.
`end_fill()`	Beendet die Form und füllt sie mit der zuvor gewählten Farbe.
`fillcolor()`	Legt die Farbe fest, mit der eine Form gefüllt wird.
`home()`	Setzt die Turtle zurück auf die Ausgangsposition: Mitte des Fensters, Blickrichtung nach rechts.
`goto()`	Setzt die Turtle direkt auf die Koordinaten `(x, y)`.
`setpos()`	Alternative Schreibweise zu `goto(x, y)`.
`setheading()`	Setzt die Blickrichtung der Turtle auf einen bestimmten Winkel.

Puh, das waren jetzt wirklich nur einige wenige der vielen Turtle-Befehle, die es im Modul `turtle` insgesamt gibt. Eine Gesamtübersicht findest du in der Hilfe, die du am einfachsten in der Python-Shell aufrufen kannst:

```
import turtle
help(turtle)
```

Beginnen wir mit den ersten beiden Befehlen: Mit `penup()` und `pendown()` kann man den Stift der Turtle anheben oder wieder absetzen. So kann sich die Turtle bewegen, ohne dabei eine Linie zu zeichnen.

Kleines lustiges Beispiel dafür:

```
import turtle as t
t.color("gray")
for _ in range(30):
    t.pendown()
    t.forward(10)
    t.right(6)
    t.penup()
    t.forward(10)
```

```
    t.right(6)
t.done()
```

Die Turtle zeichnet wieder einen »Kreis«, aber diesmal zeichnet sie immer die Hälfte jeder Strecke mit `pendown()` und die nächste Hälfte mit `penup()`. So erhältst du einen gestrichelten Kreis.

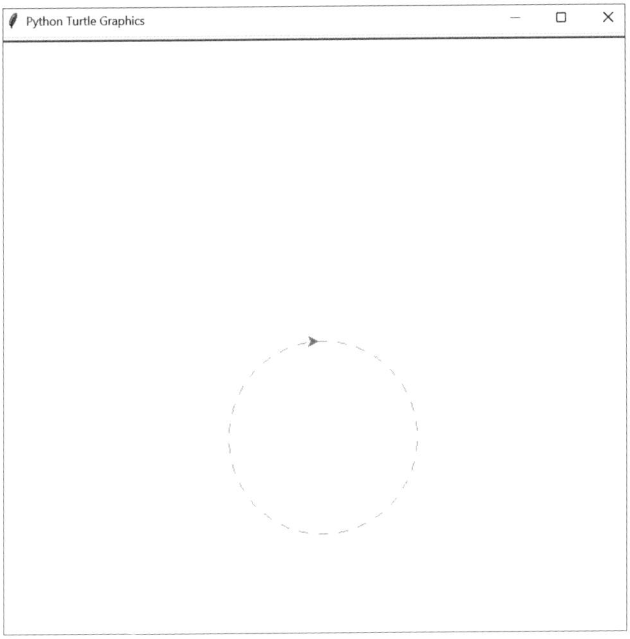

Abbildung 12.7: Ein gestrichelter Kreis mit »pendown()« und »penup()«

Und natürlich malt die Turtle nicht nur in Grau, sondern sie kann in jeder gewünschten Farbe malen. Dazu musst du ihr mit dem Befehl `color("farbe")` oder `pencolor("farbe")` nur sagen, welche Farbe sie verwenden soll.

`pencolor()` ändert nur die Linienfarbe, während `color()` sowohl die Linien- als auch die Füllfarbe ändert. Die Farbnamen müssen auf Englisch angegeben werden. Verwendet werden können alle Farben aus dem international definierten X11-Farbset, das über 140 Farbnamen umfasst (zum Beispiel `red`, `skyblue`, `gold`, `darkgreen`, `hotpink`).

Wenn du wissen möchtest, welche Farben alle zur Verfügung stehen, kannst du die X11-Tabelle im Web nachschlagen:

www.w3schools.com/colors/colors_x11.asp

Wir beschränken uns erst einmal auf die klassischen englischen Farbnamen:

`black`, `white`, `blue`, `red`, `yellow`, `green`, `brown`, `pink`, `purple`, `orange`, `gray`

Die funktionieren alle problemlos.

Für Linien, die dicker sind als 1 Pixel, kannst du mit pensize(breite) einstellen, wie dick die Linie der Turtle sein soll.

Und dann gleich noch ein Befehl:

```
dot(d)
```

Damit zeichnet die Turtle einen schönen ausgefüllten Kreis mit dem Durchmesser d an ihrer aktuellen Position.

Wenn du zum Beispiel eine hübsche kleine Kette mit Perlen in verschiedenen Farben zeichnen willst, dann kannst du das so machen:

```
import turtle as t

t.color("grey")
t.pensize(3)

t.pencolor("red")
t.right(45)
t.forward(40)
t.dot(25)

t.pencolor("blue")
t.forward(40)
t.dot(25)

t.pencolor("green")
t.forward(40)
t.dot(25)

t.done()
```

Nach jeder Linie wird ein Kreis gezeichnet, dann die Farbe gewechselt.

»Moment«, könntest du jetzt einwenden, »das sieht doch wieder sehr umständlich aus. Wenn ich jetzt statt drei vielleicht zehn Perlen in zehn Farben malen möchte, muss ich zehnmal nacheinander dasselbe schreiben, nur mit je anderer Farbe? Das kann es doch nicht sein!« Und du hast recht. Du kannst hier natürlich auch wieder mit einer Schleife arbeiten, aber … jedes Mal soll ja eine andere Farbe gewählt werden und die Farben müssen mit Namen bezeichnet werden. Gibt es dafür eine Lösung?

Ja, denk etwas zurück … Wie wäre es mit einer Liste, in der die Farbnamen drinstehen? Die könnte man mit einer for-Schleife durchlaufen …

Wie wäre es damit?

```
import turtle as t

farben = ["black", "blue", "red", "yellow", "green", "brown",
          "pink", "purple", "orange", "gray"]

t.color("gray")
t.pensize(3)
t.right(45)

for f in farben:
    t.pencolor(f)
    t.forward(40)
    t.dot(25)

t.done()
```

Jetzt malst du sogar zehn verschiedene Farben und hast trotzdem ein kürzeres Programm – wieder ein gutes Beispiel für eine Liste.

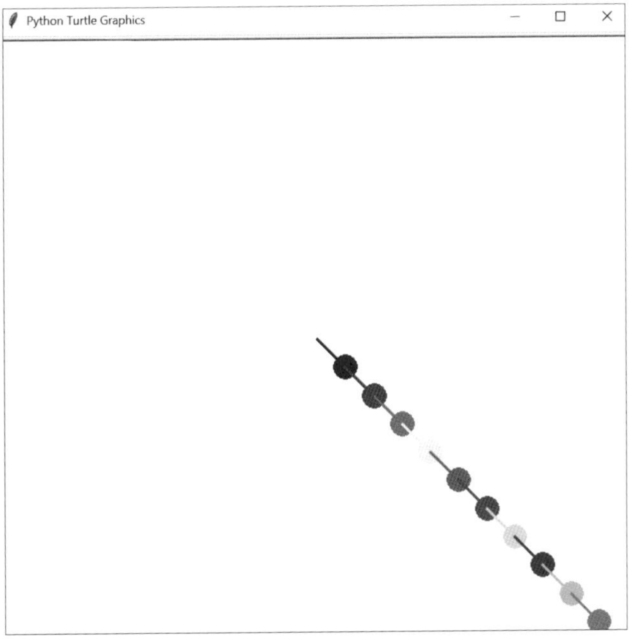

Abbildung 12.8: Bunte Perlenkette, mit einer Liste erstellt

Grafik mit Koordinaten

Und da wir schon bei Listen sind, kommen wir gleich mal zu den neuen Befehlen mit Koordinaten. Die Turtle kann sich nicht nur eine bestimmte Weite vorwärtsbewegen und drehen, sondern sie kann auch ganz gezielt auf bestimmte Punkte im Fenster gesetzt werden oder sich zu ihnen hinbewegen. Diese Punkte werden mit Koordinaten angegeben, also x-Position (horizontal) und y-Position (vertikal). Der Ursprung der Koordinaten (also die Koordinate 0,0) ist normalerweise genau in der **Mitte** des Fensters. Alles rechts davon hat einen positiven x-Wert, alles links davon einen negativen. Alles darüber hat einen positiven y-Wert, alles darunter einen negativen.

Mit dem Befehl

```
setpos(0,0)
```

wird die Turtle also genau in die Mitte des Fensters gesetzt.

Mit `setpos(200,200)` geht sie in das rechte obere Viertel. `goto(200,200)` funktioniert übrigens genauso.

Beim Standardfenster des *Turtle Playgrounds* ist die Zeichenfläche genau 800 Pixel breit und 600 Pixel hoch. Die Koordinaten des sichtbaren Bereichs gehen also von –400 bis 400 (x-Wert) und von –300 bis 300 (y-Wert).

Die x-Achse und y-Achse kannst du schnell und gut per Python zeichnen:

```
import turtle as t

t.hideturtle()
t.pencolor("black")

# x-Achse
t.penup()
t.goto(-400, 0)
t.pendown()
t.goto(400, 0)

# y-Achse
t.penup()
t.goto(0, -300)
t.pendown()
```

```
t.goto(0, 300)

t.done()
```

Mit diesem kleinen Programm erscheint das Koordinatenkreuz blitzschnell in Schwarz im Fenster der Turtle.

Jetzt könnte man natürlich auch beliebige Figuren zeichnen, indem man nacheinander die Koordinaten eingibt, zu denen die Turtle wandern soll. Auch dafür ist eine Liste sehr praktisch, damit man nicht hundert Befehle untereinanderschreiben muss.

Da wir aber für jeden Punkt zwei Koordinaten brauchen (x und y), empfiehlt sich hier eine Liste, die wiederum aus Minilisten (Koordinatenpaaren) besteht.

Probiere das mal aus:

```
import turtle as t

t.color("grey")
t.penup()
t.goto(-100, -200)
t.pendown()

figur = [
    [100, 0],
    [-100, 0],
    [100, -200],
    [-100, -200],
    [-100, 0],
    [0, 150],
    [100, 0],
    [100, -200]
]

for koord in figur:
    t.goto(koord[0], koord[1])
t.done()
```

Die Koordinaten der einzelnen Punkte stehen alle in der Liste, die dann einfach Element für Element mit der Variablen `koord` abgearbeitet wird. Da jede Koordinate selbst wieder eine Liste ist, steht also die x-Position der Koordinate jeweils in `koord[0]` und die y-Position in `koord[1]`.

Und was kommt heraus? Eine wohlbekannte Figur:

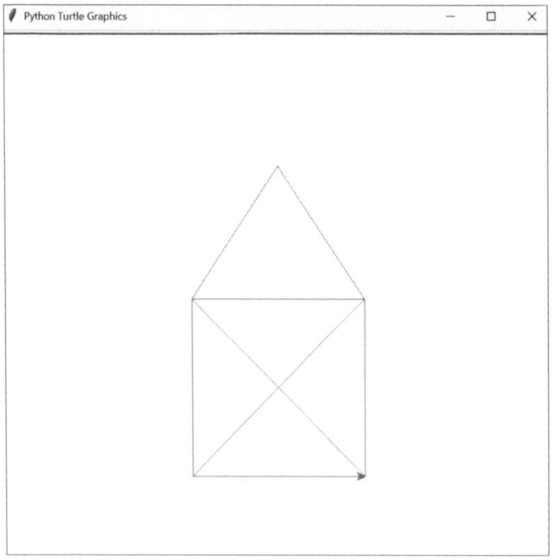

Abbildung 12.9: Malen nach Koordinaten – das ist das Haus …

Du kannst gerne experimentieren und diesem Programm eine andere Stiftfarbe, Stiftgröße und was immer du möchtest hinzufügen.

Funktionsgraphen programmieren

Viele denken bei Koordinaten natürlich auch gleich wieder an den Matheunterricht oder an Physik. Klar, wenn man ein Koordinatensystem hat, kann man darauf Werte eintragen, zum Beispiel die Auswertung einer Temperaturliste über die Zeit oder den Graphen einer mathematischen Funktion. Und das kann Python natürlich ganz wunderbar automatisch machen.

Sehr cool sieht zum Beispiel immer eine Sinuskurve aus und die ist recht einfach in Python zu erzeugen – selbst wenn man nicht mehr genau weiß, was der Sinuswert eigentlich ist. Dazu zeichnen wir, wie eben schon probiert, zuerst einmal die x- und y-Achse in schwarzen Linien.

Nun wandern wir einmal durch die gesamte x-Achse, von links nach rechts, das heißt von –400 bis +400. Jede dieser Zahlen ergibt einen Sinuswert in Form einer Kommazahl zwischen –1 und 1. Diesen müssen wir noch mit der gewünschten Höhe multiplizieren, damit die Kurve überhaupt richtig sichtbar wird. Um die Breite der Kurve zu verändern, teilen wir den x-Wert. Die Sinusformel für die Grafik sieht dann ungefähr so aus:

```
breite = 50
hoehe = 200
for x in range(-400, 401):
    y = math.sin(x / breite) * hoehe
    t.goto(x, y)
```

Und weil Sinus ja eine Funktion aus dem Mathemodul ist, muss der Befehl `sin` aus dem Modul `math` zuerst importiert werden. Insgesamt haben wir am Ende folgendes Programm:

```
import turtle as t
import math

breite = 50
hoehe = 200

t.penup()
t.goto(-400, math.sin(-400 / breite) * hoehe)
t.pendown()

for x in range(-399, 401):
    y = math.sin(x / breite) * hoehe
    t.goto(x, y)

t.done()
```

Wir berechnen vor der Schleife den ersten Punkt unserer Kurve und bewegen unsere Turtle ohne zu zeichnen dorthin. Erst dann setzen wir den Stift an und beginnen zu zeichnen. Anderenfalls hätten wir eine etwas unschöne Linie vom Startpunkt hin zur Kurve.

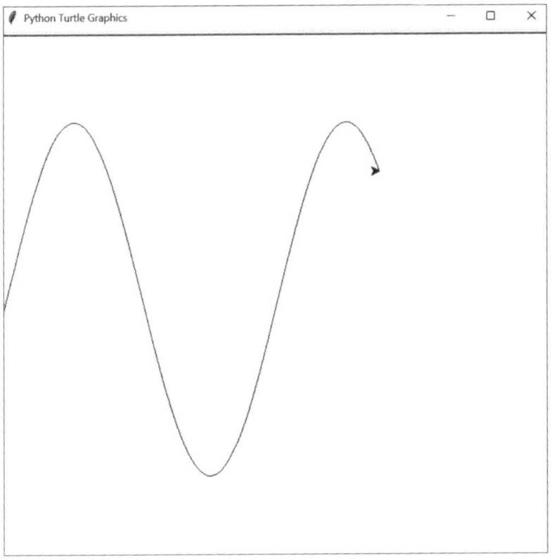

Abbildung 12.10: Das Ergebnis ist eine wunderschöne Sinuskurve, die durch den Ursprung (0,0) geht, denn »sin(0)« ist 0. Hier ist unsere Turtle noch beim Zeichnen.

Du kannst gerne mit den Werten für `hoehe` und `breite` experimentieren und sehen, wie sich die Kurve verändert.

Zufallsbilder erstellen

Mithilfe des Moduls `random`, das du ja schon ausführlich kennengelernt hast, kannst du natürlich auch zufällige Bilder erstellen. Das geht schon ganz simpel – erstelle ein Turtle-Fenster und zeichne 1.000 zufällige Punkte, irgendwo verteilt auf der Fläche. Wenn die von Python erzeugten Zufallszahlen einigermaßen gleichmäßig verteilt sind, sollte man das auch an dem Bild gut erkennen können.

Versuch mal, so ein Programm selbst zu schreiben. 1.000-mal wird eine Schleife durchlaufen, jedes Mal wird ein zufälliger Punkt auf dem Feld gezeichnet – das heißt ein Punkt mit einer Zufallszahl als x-Koordinate von –400 bis +400 und einer Zufallszahl als y-Koordinate von –300 bis +300.

Du brauchst dazu das Modul `turtle` und den Befehl `randint` aus dem Modul `random`.

Gelingt es dir? Hier ein Vorschlag:

```
import turtle as t
from random import randint

t.hideturtle()
t.pencolor("black")
t.penup()
t.speed(0)

for _ in range(1000):
    x = randint(-400, 400)
    y = randint(-300, 300)
    t.goto(x, y)
    t.dot(3)

t.done()
```

Nach dem Import des `turtle`-Moduls und des Befehls `randint` aus dem Modul `random` wird ein Turtle-Fenster erzeugt. Damit das Zeichnen schnell geht, wird die Schildkröte dann unsichtbar gemacht und die Stiftfarbe auf Schwarz gesetzt.

Nun kommt die `for`-Schleife, mit deren Hilfe der Zeichenvorgang 1.000-mal wiederholt wird: In die Variable `x` wird ein Zufallswert von –400 bis +400 geschrieben, in die Variable `y` ein Zufallswert zwischen –300 und +300. `x` und `y` zusammen ergeben einen zufälligen Punkt im Fenster. Dieser wird dann mit dem Befehl `dot(3)` gezeichnet (3 ist der Radius – er könnte auch 1 sein, aber dann werden die Punkte sehr winzig und wir wollen sie ja auch deutlich sehen).

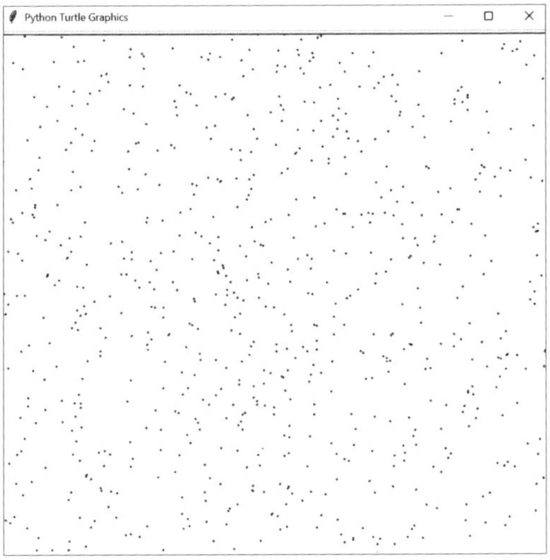

Abbildung 12.11: Tausend Punkte, jeder einzelne zufällig gesetzt und doch ganz gut über die ganze Fläche verteilt

Probiere das Programm nun auch noch mal mit 10 und 100 Punkten aus und dann vielleicht mit 10.000 und 100.000 Punkten. Jetzt dauert das Zeichnen schon ein bisschen länger. Du kannst am Ergebnis anschaulich erkennen, dass sich die Zufallszahlen bei entsprechender Menge ziemlich gleichmäßig über die Fläche verteilen. Bei wenigen Punkten kann man nicht vorhersagen, wo sie auftauchen, aber je mehr es werden, desto regelmäßiger sind sie verteilt.

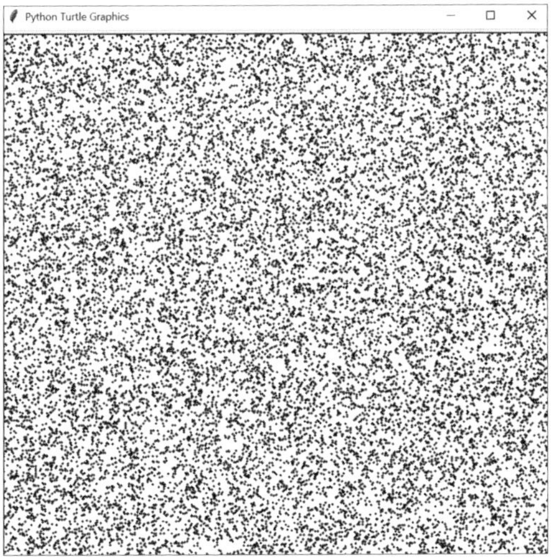

Abbildung 12.12: Bei 100.000 Punkten erinnert das Bild an das Rauschen eines alten Fernsehers.

Und bei 1 Million Punkten (1.000.000) wird die Zeichenfläche in der Regel komplett schwarz.

Variationen – Zufallsmuster

Natürlich kannst du mit einfachsten Mitteln jetzt völlig verschiedene Arten von Zufallsmustern herstellen. Zum Beispiel könntest du auch die Größe der Punkte zufällig gestalten – zwischen 1 und 30. Wie müsstest du das Programm ändern?

Ganz klar, statt der 3 müsste eine Zufallszahl im `dot()`-Befehl verwendet werden.

```
dot(randint(1,30))
```

Das ergibt dann eine Art Kuhfleckenmuster bei 1.000 Durchläufen.

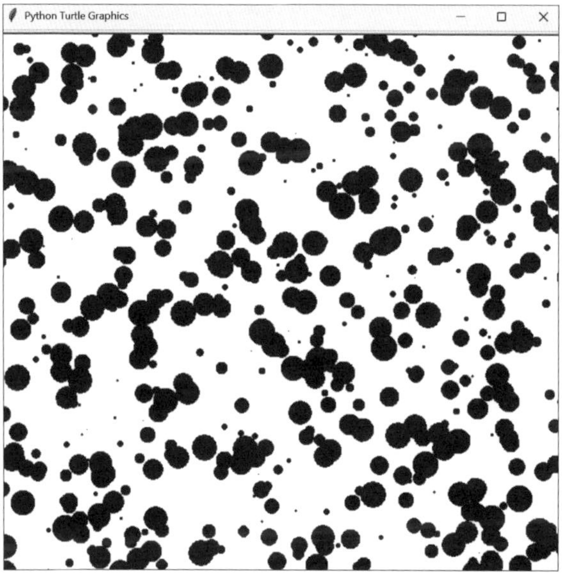

Abbildung 12.13: Interessantes Fleckenmuster bei zufälligen Kreisgrößen

Und nun könntest du natürlich, um das Bild hübscher und bunter zu machen, auch noch zufällige Farben für jeden Kreis wählen. Wie macht man denn das? Erinnere dich: Farben haben wir bislang per Farbnamen gesetzt. Wie kann man denn so einen Namen zufällig wählen?

Ganz einfach: mit einer Liste. Du kannst dieselbe Liste verwenden, die du auch schon bei der Perlenkette weiter vorne in diesem Kapitel angelegt hast:

```
farben = ["black", "blue", "red", "yellow", "green", "brown", "pink", "purple",
"orange", "gray"]
```

Und wie wählst du eine zufällige Farbe aus der Liste? Klar, du musst den Index der Liste per Zufallszahl wählen. Die Liste hat zehn Elemente, also musst du einen Index von 0–9 wählen, um einen der Farbnamen zu bekommen.

```
farben[randint(0,9)]
```

Damit erhältst du eine zufällige Farbe aus der Liste der zehn Farbwerte. Das Programm könnte jetzt also so aussehen:

```
import turtle as t
from random import randint
farben = ["black", "blue", "red", "yellow", "green", "brown", "pink",
          "purple", "orange", "gray"]

t.hideturtle()
t.penup()
t.speed(0)

for _ in range(3000):
    t.pencolor(farben[randint(0, 9)])
    x = randint(-400, 400)
    y = randint(-300, 300)
    t.goto(x, y)
    t.dot(randint(1, 30))
t.done()
```

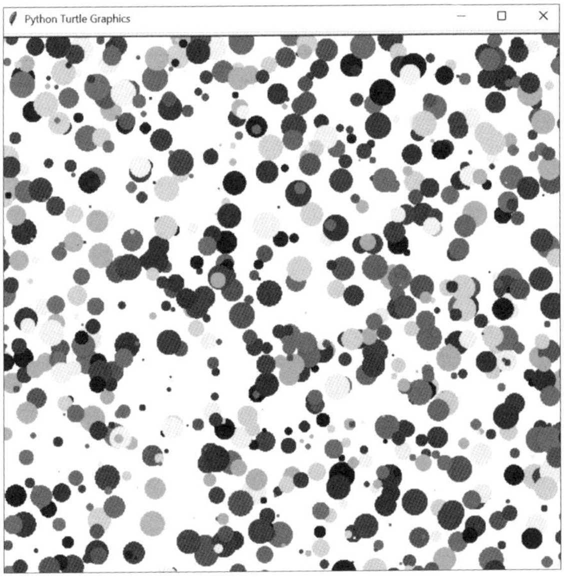

Abbildung 12.14: Das Ergebnis: buntes Konfetti! Zum Ausschneiden …

Eingebaute Funktionen nutzen

Das Tolle am Programmieren ist, dass es für ein Problem oft zahlreiche verschiedene Lösungswege gibt. Das macht es kreativ, eine Methode zu finden, um eine Aufgabe per Programm zu lösen. In erster Linie ist dabei wichtig, dass es funktioniert. Wenn das Programm am Ende sicher und präzise das tut, was es soll, ist die Aufgabe gelöst. Bei schwierigeren oder zeitaufwendigen Berechnungen kann es aber auch eine Rolle spielen, dass ein Programm am Ende so simpel, kurz und effizient wie möglich aufgebaut ist. Denn dann ist es am übersichtlichsten und läuft am schnellsten.

Im letzten Programm hast du deine Kenntnisse mit einfachen Funktionen der Turtle-Grafik und deinem Wissen über Listen und das `random`-Modul kombiniert. Mit dieser cleveren Zusammenstellung mehrerer Techniken kann man ein buntes Konfetti-Bild herbeizaubern. Das ist vor allem für das Lernen sehr wichtig.

Weitere Ideen

Probiere mit dem zufälligen Zeichnen gern weiter herum. Zeichne zufällige Linien (dafür brauchst du wieder das `random`-Modul) in zufälligen Farben, ändere die Dicke des Stifts, schalte die Schildkröte an und aus – es gibt eine Menge zu entdecken und auszuprobieren!

Kapitel 13

Funktionen selber schreiben

Du hast bereits eine Menge Funktionen in Python benutzt – sowohl solche, die fest eingebaut sind, als auch welche, die du vorher aus Modulen geladen hast. Funktionen machen das Programmieren übersichtlich. Jetzt ist es an der Zeit, eigene Funktionen zu basteln.

Eigene Funktionen zu schreiben ist einer der wichtigsten Schritte beim Programmieren – damit machst du deine Programme nicht nur kürzer, sondern auch klarer und leichter wartbar. Doch vorher schauen wir uns noch einmal an, was Funktionen eigentlich sind.

Was sind Funktionen noch mal genau?

Vielleicht kennst du Funktionen aus dem Matheunterricht, zum Beispiel:

$f(x) = x + 7$

Für jedes x definiert die Funktion f(x) einen Wert, der mit x+7 berechnet wird. Das ist auch die Grundidee von Funktionen in Python – allerdings können Funktionen viel mehr tun, als nur einen Wert zu berechnen.

Funktionen sind für die Programmiererin und den Programmierer wie Befehle, die etwas berechnen oder etwas ausführen. Selbst geschriebene Funktionen sind Befehle, die über die Standardbefehle von Python hinausgehen und spezielle Dinge leisten können. Eine Funktion führt ein kleines Programm aus und liefert bei Bedarf dann einen berechneten Wert zurück. Es gibt Funktionen, die bereits in Python eingebaut sind, wie zum Beispiel `print(wert)` oder `input("Text")`, und es gibt unzählige Funktionen, die man sich über Module hinzuladen kann, wie zum Beispiel `randint(x,y)` aus dem Modul `random` oder `sin(x)` aus dem Modul `math` oder `forward(x)` aus dem Modul `turtle`. Unbegrenzt werden die Möglichkeiten dadurch, dass man auch jederzeit einfach eigene Funktionen definieren kann.

In manchen Programmiersprachen wird zwischen Prozeduren und Funktionen unterschieden. Prozeduren sind wie Befehle, die nur etwas ausführen. Sie können allein aufgerufen werden:

```
print("Hallo")
```

gibt den Text »Hallo« aus.

»Echte« Funktionen werden hingegen wie Variablen verwendet, weil sie einen Wert zurückliefern:

```
x = input("Bitte Wert eingeben")
```

liefert den eingegebenen Wert zurück und schreibt ihn in die Variable `x`.

In Python unterscheidet man aber nicht zwei verschiedene Typen (Prozeduren und Funktionen). Beides sind dort einfach *Funktionen* und man kann sie mit oder ohne Rückgabewert verwenden – sie führen entweder nur einfach etwas aus oder sie liefern uns einen Wert zurück, den wir verwenden können. Zum Beispiel kannst du die `input()`-Funktion auch ohne Variable benutzen:

```
input("Das ist ein Eingabefenster")
```

Auch so öffnet sich ein Fenster – aber egal, was du darin eingibst, wird der Wert nicht gespeichert, weil er keiner Variablen zugewiesen wird.

[zB]

Aufruf von Funktionen

Der Aufruf einer Funktion besteht immer aus dem *Funktionsnamen* mit einem darauffolgenden runden Klammernpaar, in dem die Werte stehen, die man der Funktion mitgibt (*Parameter*). Es kann ein Wert in den Klammern stehen, wie bei `sin(0.8)`. Es können mehrere Werte in den Klammern übergeben werden, die man durch ein Komma voneinander trennt, wie bei `randint (1,6)`. Oder die Klammern können auch leer bleiben, wenn man der Funktion keinen Wert übergeben will, weil sie vielleicht ohnehin immer nur dasselbe macht oder keinen Wert braucht. Das hängt natürlich immer davon ab, wie die Funktion programmiert ist und welche Parameter sie erwartet.

```
input()
```

ohne Zuweisung und ohne Parameter würde übrigens auch funktionieren. Dann öffnet sich eben ein Eingabefenster ohne Text und der eingegebene Wert wird auch nicht gespeichert. Macht eigentlich keinen Sinn, ist aber erlaubt.

Eigene Funktionen schreiben

Es gibt unzählige Funktionen in den Python-Modulen, die du jederzeit verwenden kannst. Damit du aber richtig verstehst, was Funktionen genau sind, ist es sinnvoll, dass du eigene Funktionen schreibst, die du dann auch verwenden kannst. Später wird das für dich ohnehin ein ganz selbstverständlicher Teil des Programmierens sein.

Fangen wir ganz einfach an: Wir möchten eine Funktion mit dem Namen »verdoppeln« schreiben, die einen Zahlenwert ganz einfach verdoppelt. Wie definieren wir nun diese Funktion?

Dazu gibt es einen Python-Befehl, der heißt

```
def Funktionsname(Variablen):
```

Mit `def` definiert man eine Funktion. Der Doppelpunkt am Ende weist darauf hin, dass danach ein eingerückter Block steht, der zur Funktion gehört.

```
def verdoppeln(wert):
```

So definierst du eine neue Funktion mit dem Namen `verdoppeln`, die eine Variable mit dem Namen `wert` erhält. Man nennt die Werte, die man einer Funktion übergibt, auch Übergabeparameter bzw. Parameter oder Argument. Hier haben wir also einen Parameter, der der Funktion als Variable `wert` übergeben wird.

Danach folgt das, was die Funktion macht. Was macht sie? Sie nimmt die Variable `wert` mal 2 und liefert diesen doppelten Wert dann zurück. Das war's.

So sieht das in Python zum Beispiel aus:

Definiton

```
def verdoppeln(wert):
```

Berechnung

```
    doppelwert = wert*2
```

Rückgabe des Ergebnisses

```
    return doppelwert
```

Mit `def` wird die Funktion also definiert, mit `return` wird das Ergebnis der Funktion zurückgegeben.

Sobald du diese Funktionsdefinition eingegeben hast, kannst du die Funktion `verdoppeln` wie einen Befehl in Python verwenden, an jeder Stelle in deinem Programm und beliebig oft. Du musst nur beachten: Erst nachdem eine Funktion im Programm definiert wurde, kannst du sie verwenden. Sonst gibt es einen Fehler, weil die Funktion noch unbekannt ist.

Das kann zum Beispiel so aussehen:

```
def verdoppeln(wert):
    doppelwert = int(wert)*2
    return doppelwert
x = input("Bitte Wert eingeben")
print(verdoppeln(x))
```

Alles klar? Es wird ein Wert eingegeben und in x gespeichert, dann wird das Doppelte ausgegeben, indem die neue Funktion verdoppeln mit x als übergebenem Parameter verwendet wird. Wie gesagt kann eine Funktion auch mit mehreren Parametern (also übergebenen Werten) arbeiten, wenn sie so definiert wird. Schreib eine Funktion summe, die zwei Werte erhält, die sie dann addiert und als Summe zurückgibt. Schaffst du das selber?

Hier der mögliche Code für die Funktion:

```
def summe(wert1,wert2):
    zusammen = int(wert1)+int(wert2)
    return zusammen
```

Und im ganzen Programm wäre es dann so verwendbar:

```
def summe(wert1,wert2):
    zusammen = int(wert1)+int(wert2)
    return zusammen
x = input("Bitte Wert 1 eingeben")
y = input("Bitte Wert 2 eingeben")
print(summe(x,y))
```

Das ist verständlich, oder?

Eine einfache Funktion, die keinen Wert braucht, könntest du zum Beispiel so schreiben:

```
def warnung():
    print("Achtung, hier ist ein falscher Wert eingegeben worden!")

x = int(input("Bitte Zahl unter 10 eingeben"))
if x<10:
    print("Danke")
else:
    warnung()
```

In diesem Programm haben wir uns also am Anfang einen neuen Befehl definiert: die Funktion warnung().

Diese Funktion braucht keinen Wert und sie liefert auch keinen zurück. Alles, was sie macht, ist die Ausgabe eines Warntextes.

Wozu brauchen wir also Funktionen?

Funktionen sind aus mehreren Gründen sehr sinnvoll beim Programmieren. Zum einen machen sie Programme viel übersichtlicher. Eine Funktion kann viele Befehle und Berechnungen nacheinander enthalten – und sie wird im Programm dann nur mit einem einzigen Befehl aufgerufen. Wenn der Funktionsname deutlich genug ist, sind die Programme viel einfacher zu lesen.

Beispiel:

```
if antwort == richtig:
    zeige_smiley()
else:
    spiele_falschsound()
```

Dieses Programm versteht man sofort, weil es zwei klar benannte Funktionen enthält: `zeige_smiley()` und `spiele_falschsound()`

Jede dieser beiden Funktionsdefinitionen (die hier nicht mit aufgeführt sind) ist vielleicht selbst lang und kompliziert, etwa weil möglicherweise ein Smiley aus mehreren Elementen auf eine Fläche gezeichnet und ein Klang berechnet und abgespielt wird. Aber das braucht uns nicht mehr zu interessieren, wenn die Funktionen erst mal geschrieben sind. Danach werden sie nur noch wie *neue Befehle* verwendet, die genau das machen, was wir festgelegt haben.

Der andere große Vorteil von Funktionen ist, dass man sie in einem Programm beliebig oft aufrufen kann, und das an den unterschiedlichsten Stellen. Man muss also einen Programmcode für eine bestimmte Aufgabe nur **einmal schreiben** und kann ihn dann als Funktionsbefehl überall immer wieder aufrufen. Das macht Programme natürlich auch kürzer und viel einfacher.

Funktionen in eigenem Modul speichern [zB]

Jede selbst definierte Funktion (oder auch eine ganze Liste von definierten Funktionen) kannst du selbst als Modul in einer Datei speichern. Diese Datei musst du dann nur noch mit dem `import`-Befehl in dein Programm laden und kannst dann alle Funktionen, die darinstehen, sofort verwenden. Du hast das ja schon öfter gemacht, indem du die mitgelieferten Module `random`, `math` oder `turtle` importiert hast. Ebenso geht es auch mit eigenen, selbst erfundenen Modulen.

Eigene Funktion »zahlwort«

Jetzt weißt du, wie Funktionen selbst geschrieben werden können. Die Beispiele waren natürlich sehr simpel und dienten nur dem Verständnis. Richtig nützliche Funktionen sind etwas länger und komplizierter – sonst bräuchte man sie nicht.

Daher nun eine kleine Herausforderung: Wir wollen eine Funktion schreiben, die eine Zahl in ein deutsches Zahlwort umwandelt. Also aus 1 wird »eins«, aus 2 wird »zwei« usw. bis 100.

Los geht's, wir definieren eine Funktion:

```
def zahlwort(zahl):
```

Die Funktion heißt also `zahlwort` und sie erhält als Parameter eine Zahl in der Variablen `zahl`, die zwischen 1 und 100 liegen muss.

Ups ... wie macht man das denn jetzt? Wie kann man eine Zahl zwischen 1 und 100 in ein deutsches Wort umwandeln?

Du kommst sicher nach etwas Überlegung von selbst darauf: Wir brauchen hier auch wieder Listen. Klar, am simpelsten wäre eine Liste, die alle Zahlen von 1 bis 100 als Wörter enthält. Aber das wäre sehr viel Tipparbeit und würde eine ziemlich lange Liste ergeben.

Programmierer sind faul ... ich meine effizient. Das heißt, wir sollten das Ganze vereinfachen, um es kürzer zu machen.

Die Zahlen von 1 bis 19 brauchen wir als Liste, da kommen wir nicht drumherum, denn die sind nicht einfach zusammensetzbar.

Ab 20 brauchen wir nur noch die Zehner und die Einer und können die Zahl daraus zusammensetzen (also `"fünf"+"dreißig"` oder `"neun"+"neunzig"`).

Ich zeige dir hier mal eine Möglichkeit, wie die Listen aussehen könnten, mit denen wir dann arbeiten werden:

```
einer = ["null", "ein", "zwei", "drei", "vier", "fünf", "sechs", "sieben",
         "acht", "neun", "zehn", "elf", "zwölf", "dreizehn", "vierzehn",
         "fünfzehn", "sechzehn", "siebzehn", "achtzehn", "neunzehn"]
zehner = ["null", "zehn", "zwanzig", "dreißig", "vierzig", "fünfzig",
          "sechzig", "siebzig", "achtzig", "neunzig", "hundert"]
```

Wenn die Zahl unter 20 ist, wird das dazugehörige Wort einfach aus der »einer«-Liste genommen. Das ist simpel. Nur einen Sonderfall gibt es – die eins, die lautet dann »eins« und nicht »ein«.

```
if zahl < 20:
    wort = einer[zahl]
    if zahl == 1:
        wort = "eins"

return wort
```

Alles klar?

Aber das reicht ja noch nicht. Was ist, wenn die Zahl größer als 19 ist? Sie muss dann in Zehner und Einer auseinandergenommen werden. Daraus setzt sich dann das Wort zusammen.

Wie nimmt man eine Zahl in Zehner und Einer auseinander?

Ganz einfach, indem man sie mit einer Ganzzahldivision durch zehn teilt, das sind die Zehner, und dann noch einmal durch Modulo-Division den Rest ermittelt, das sind die Einer. Wir hatten so etwas Ähnliches schon ganz am Anfang in unserem Rechner mit Rest.

```
z = zahl // 10
e = zahl % 10
```

Die Variable `z` enthält jetzt also die Zehner der Zahl, die Variable `e` enthält die Einer. Damit können wir jetzt das Zahlwort zusammensetzen:

```
wort = einer[e]+"und"+zehner[z]
```

Das Einerwort, dann ein »und« und das Zehnerwort – so werden Zahlen auf Deutsch gebildet. Also »fünf« + »und« + »zwanzig« – oder »neun« + »und« + »neunzig«.

Auch hier gibt es wieder eine Ausnahme: Was, wenn die Einer null sind? »Nullundvierzig« ist kein korrektes Zahlwort.

Also muss dieser Fall jetzt auch noch geprüft und gesondert behandelt werden:

```
    if e == 0:
        wort = zehner[z]
```

Ganz einfach: Wenn die Einer 0 sind, dann besteht das Zahlwort nur aus den Zehnern.

Am Schluss gibt unsere Funktion die zusammengebaute Variable `wort` zurück und ist fertig. So sieht die gesamte Funktion aus:

```
def zahlwort(zahl):

  einer = ["null", "ein", "zwei", "drei", "vier", "fünf", "sechs", "sieben",
        "acht", "neun", "zehn", "elf", "zwölf", "dreizehn", "vierzehn",
        "fünfzehn", "sechzehn", "siebzehn", "achtzehn", "neunzehn"]
  zehner = ["null", "zehn", "zwanzig", "dreißig", "vierzig", "fünfzig",
        "sechzig","siebzig", "achtzig", "neunzig", "hundert"]

  if zahl < 20:
        wort = einer[zahl]
        if zahl == 1:
            wort = "eins"
  else:
        z = zahl // 10
        e = zahl % 10
```

```
        wort = einer[e]+"und"+zehner[z]
        if e == 0:
            wort = zehner[z]
    return wort
```

[+]

Einrückungen mit Leerzeichen

Achte immer darauf, dass alle Einrückungen, die zu einer Anweisung gehören, gleich sind. Empfohlen sind jeweils vier Leerzeichen, aber das ist eben nur eine Empfehlung.

Jetzt kannst du die Funktion benutzen. Schreib unter die Funktion ein ganz kurzes Programm, in dem du eine Zahl `x` eingibst und als Ausgabe dann das `zahlwort` von `x` erhältst, zum Beispiel so:

```
x = int(input("Zahl:"))
print(str(x) + " ist in Worten: " + zahlwort(x))
```

Und jetzt geht's ans Testen: Gib verschiedene Zahlen zwischen 0 und 100 ein.

Abbildung 13.1: Zahlen in Wörter verwandeln mit der selbst gemachten Funktion »zahlwort«

Toll! Es funktioniert, solange man Zahlen zwischen 0 und 100 eingibt. Natürlich könntest du die Funktion jetzt erweitern, zum Beispiel auf Zahlen bis 1.000 oder bis 1 Million. Dann müsstest du noch etwas mehr Aufwand betreiben, denn ab 100 werden die Zahlen wieder anders zusammengesetzt. Du könntest die Funktion auch einfach absichern: Wenn die Zahl größer als 100 ist, liefert die Funktion »Zahl zu groß« zurück.

Du könntest auch prüfen, ob die Zahl kleiner als 0 ist – dann wird sie einfach in eine positive Zahl umgewandelt (mit –1 multipliziert) und ein »minus« dem Zahlwort vorangestellt. Du kannst hier frei experimentieren, wenn du möchtest.

Ein eigenes Modul erstellen

Wenn deine Funktion fertig ist und du sie vielleicht auch in anderen Programmen verwenden möchtest, kannst du dir ein eigenes Modul basteln. Das kannst du dann später in jedes beliebige Programm importieren und damit die Funktion daraus verwenden. Auf diese Weise kannst du dir allmählich deinen eigenen »Baukasten« zusammensetzen, der für jedes neue Programm wieder einsetzbar ist. Wir probieren das hier einmal mit unserer `zahlwort`-Funktion aus.

Der Code sieht jetzt also so aus:

```
def zahlwort(zahl):

  einer = ["null", "ein", "zwei", "drei", "vier", "fünf", "sechs",
          "sieben", "acht", "neun", "zehn", "elf", "zwölf", "dreizehn",
          "vierzehn", "fünfzehn", "sechzehn", "siebzehn", "achtzehn",
          "neunzehn"]

  zehner = ["null", "zehn", "zwanzig", "dreißig", "vierzig",
           "fünfzig","sechzig","siebzig","achtzig", "neunzig","hundert"]

  if zahl < 20:
        wort = einer[zahl]
        if zahl == 1:
          wort = "eins"
        return wort
  else:
        z = zahl // 10
        e = zahl % 10
        wort = einer[e]+"und"+zehner[z]
        if e == 0:
            wort = zehner[z]
  return wort
```

Diesen Code speicherst du jetzt als Datei unter dem Namen *zwort.py* ab. *zwort* ist dabei der Name des Moduls. Die Endung *.py* kennzeichnet, dass es ein Python-Programm ist. Achte darauf, dass du die Datei im selben Verzeichnis speicherst wie alle deine anderen Python-Programme, insbesondere das, das dieses Modul importieren will.

Um dein eigenes Modul jetzt in einem neuen Programm zu verwenden, gehst du genauso vor wie bei der Verwendung von `random`, `math` oder `turtle`, zum Beispiel so:

```
import zwort
x = int(input("Zahl eingeben: "))
print(zwort.zahlwort(x))
```

Oder so:

```
from zwort import *
x = int(input("Zahl eingeben"))
print(zahlwort(x))
```

Bei der ersten Lösung wird dein Modul `zwort` Python als Bibliothek zur Verfügung gestellt. Um die Funktion `zahlwort()` zu verwenden, musst du immer zuerst den Modulnamen schreiben, dann einen Punkt, dann den Funktionsnamen, also

```
zwort.zahlwort(x)
```

Bei der zweiten Variante importierst du alle Funktionen aus dem Modul `zwort` direkt in dein Python-Programm (in diesem Fall ist es ja nur eine Funktion) – deswegen musst du den Modulnamen `zwort` nicht mehr voranstellen.

Also alles genauso, wie du es schon kennst – nur eben mit deinem eigenen Modul.

[!]

Achtung: Das Modul im selben Verzeichnis speichern

Damit Python das Modul wirklich findet, musst du das neue Programm vor dem Ausführen erst einmal abspeichern, und zwar im selben Verzeichnis wie die Moduldatei. Dann kann das Modul problemlos importiert werden, weil Python nun weiß, wo es gesucht werden muss.

Zeichnen mit Funktionen

Zum Abschluss der Funktionen probieren wir noch einmal aus, wie man auch beim Zeichnen mit `turtle` eigene Funktionen nutzen kann.

Erinnerst du dich, wie man ein Quadrat zeichnet? Es werden da einfach vier Linien von gleicher Länge gemalt, nach jeder Linie dreht sich die Schildkröte um 90 Grad nach rechts. Machen wir eine Funktion daraus:

```
def quadrat(laenge):
    for i in range(4):
        t.forward(laenge)
        t.right(90)
```

So, mit dieser Funktion kannst du jetzt jederzeit ein Quadrat mit beliebiger Seitenlänge zeichnen.

```
import turtle as t
quadrat(100)
t.done()
```

Das zeichnet ein Quadrat mit der Seitenlänge 100 Pixel ab der Stelle, an der die Schildkröte gerade steht. Ein Dreieck könnte man ebenso als Funktion definieren:

```
def dreieck(laenge):
    for i in range(3):
        t.forward(laenge)
        t.right(120)
```

Die Funktion macht genau das Gleiche wie die letzte, nur für ein Dreieck.

Wie wäre es jetzt mit einer universellen Funktion, also einer Vieleckfunktion, die Dreiecke, Vierecke, Fünfecke, Sechsecke usw. zeichnen kann? Das hatten wir in Kapitel 12, »Die Schildkröte – ein grafischer Roboter«, auch schon einmal, nur dass wir das Ganze jetzt als Funktion definieren.

Diesmal brauchen wir zwei Parameter, die wir der Funktion mitgeben: einmal die Anzahl der Ecken und einmal die Länge der Seiten.

```
def vieleck(ecken,laenge):
    winkel = 360/ecken
    for i in range(ecken):
        t.forward(laenge)
        t.right(winkel)
```

Der erforderliche Winkel wird berechnet, indem man eine ganze Umdrehung (360 Grad) durch die Anzahl der Ecken teilt, daraus ergibt sich der Rest.

Nun kannst du ein Programm schreiben, das 100 Zufallsobjekte zeichnet. Jedes Objekt hat zwischen drei und sieben Ecken und eine Seitenlänge zwischen 10 und 100. Auch die Position und die Farbe können zufällig gesetzt werden (mit den Funktionen von `turtle`). Und zum Zeichnen wird einfach immer nur die Funktion `vieleck()` verwendet. Versuch mal, so ein Programm zu schreiben. Erst mal nur in ganz einfacher Fassung, danach kannst du es weiter ausbauen.

```
import turtle as t
import random
t.hideturtle()
t.pensize(3)

def vieleck(ecken, laenge):
    winkel = 360 / ecken
    for _ in range(ecken):
        t.forward(laenge)
        t.right(winkel)

for _ in range(100):
    # Zufallsfarbe
    r = random.random()
    g = random.random()
    b = random.random()
    t.color(r, g, b)

    # zufällige Startrichtung
    t.setheading(random.randint(0, 359))

    # zufällige Position
    x = random.randint(-400, 400)
    y = random.randint(-300, 300)
    t.penup()
    t.goto(x, y)
    t.pendown()

    # zufällige Parameter
    laenge = random.randint(10, 100)
    ecken = random.randint(3, 7)
    vieleck(ecken, laenge)

t.done()
```

Diese Variante ist zum Beispiel eine Möglichkeit. Wir verwenden dabei eine zufällige Richtung und eine passende Stiftdicke, damit die Zeichnung lebendiger wirkt. Du kannst das natürlich auch ganz anders gestalten, wenn du möchtest. Am Ende entsteht auf jeden Fall ein farbenfrohes Bild aus vielen unterschiedlichen Figuren.

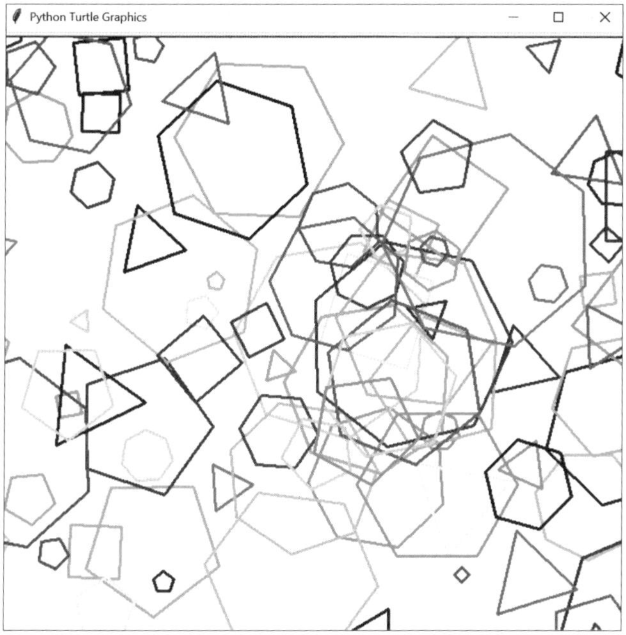

Abbildung 13.2: Moderne Kunst? Zufällige Vielecke in verschiedenen Farben, Positionen und Winkeln

Rekursive Funktionen

Zum Abschluss der Funktionen in Python noch eine Besonderheit, mit der professionelle Programmierer regelmäßig zu tun haben: sogenannte *rekursive Funktionen*. Was ist das?

Rekursive Funktionen sind Funktionen, die sich selbst aufrufen.

Wie? Sie rufen sich selbst auf? Wie soll denn das gehen?

Das geht sehr einfach, aber es gibt ein paar Dinge zu beachten und es ist nicht immer ganz leicht, sich klarzuwerden, was genau da passiert.

Hier ist eine einfache Funktion, die sich selbst aufruft:

Die Funktion **rekursiv** …

```
def rekursiv(x):
```

gibt x aus …

```
    print(x)
```

und ruft sich selbst mit **x+1** auf.

```
    rekursiv(x+1)
```

Die Funktion `rekursiv()` wird mit dem Übergabewert `x` aufgerufen. Nehmen wir an, `x` ist beim Aufruf 1. Nun wird `x` ausgegeben (also 1), dann wird die Funktion selbst (`rekursiv(x+1)`) erneut aufgerufen, allerdings diesmal mit dem Wert 2. Die Funktion `rekursiv()` ruft sich also selbst auf und ist damit nicht beendet, sondern der nächste Aufruf gibt eine 2 aus, ruft sich dann wieder selbst auf, diesmal mit dem Wert 3 usw.

Die Funktion ist also ein Zähler, der immer eine Zahl höher zählt und sich selbst dann weiter aufruft. Du siehst wahrscheinlich schon, was das Problem dabei ist. Die Funktion wird nie beendet – stattdessen ruft sie sich bis ins Unendliche immer wieder selbst auf …

Bis ins Unendliche? Wie oft kann eine Funktion sich selbst aufrufen, ohne dass die Programm-Engine ein Problem bekommt? Denn sie muss sich ja schließlich immer »merken«, wo sie gerade ist, welche Funktion gerade welche aufgerufen hat … Das kann nicht unendlich lange gut gehen.

Probiere es einmal aus: Gib die Funktion von oben ein und füge am Ende noch einen Aufruf der Funktion hinzu:

```
def rekursiv(x):
    print(x)
    rekursiv(x+1)

rekursiv(1)
```

Was passiert? Der Zähler zählt hoch bis ca. 1.000, dann kann das Programm nicht mehr und bricht ab:

```
RuntimeError: maximum recursion depth exceeded
```

Also: *Laufzeitfehler. Die maximale Rekursionstiefe wurde überschritten*. Irgendwann reicht es dem Python-Interpreter und er hat »keine Lust mehr«, sich ewig selbst aufzurufen und sich dabei stets zu merken, auf welcher Ebene er sich jetzt befindet. Ganz konkret gibt es irgendwann ernste Speicherprobleme und der Computer würde »abstürzen«, wenn er nicht abbricht.

Wie löst du das Problem?

Indem du eine Bedingung einbaust, wann weiter aufgerufen und wann abgebrochen wird. Nehmen wir an, der Zähler soll bis 100 zählen – die Funktion soll sich also nur so lange selbst aufrufen, bis die 100 erreicht ist.

```
def rekursiv(x):
    print(x)
    if x<100:
        rekursiv(x+1)

rekursiv(1)
```

Schon besser, jetzt läuft das Programm schnell durch und zählt von 1 bis 100.

Natürlich wollte ich mit diesem Programm nur zeigen, was Rekursion ist. In der Praxis würde man so einen Zähler wohl anders programmieren. Aber es gibt Aufgaben, bei denen Rekursion durchaus sinnvoll ist. Manche Probleme lassen sich sogar nur durch Rekursion angemessen lösen – oder zumindest viel einfacher.

Aufgabe

Eine neue Aufgabe: Schreib eine rekursive Funktion, die die mathematische Fakultät einer Zahl berechnet.

Was ist die Fakultät?

Fakultät bedeutet, dass eine Zahl mit allen positiven ganzen Zahlen über 0 multipliziert wird, die kleiner sind als sie. Die Fakultät von 5 ist somit $5 \times 4 \times 3 \times 2 \times 1 = 120$.

Klar, man könnte das in Python auch mit einer Zählerschleife lösen, aber die rekursive Version ist elegant und etwas raffinierter.

```
def fakultaet(x):
    if x == 1:
        return 1
    else:
        return (x * fakultaet(x-1))
```

Verstehst du, wie das funktioniert? Man muss sich beim Denken ein bisschen verrenken. Nehmen wir an, die Funktion wird mit dem Wert 3 aufgerufen. Da 3 nicht gleich 1 ist, wird das `if`-Kommando übersprungen. Jetzt liefert die Funktion mit `return` etwas zurück, aber sie endet noch nicht, denn für die Ermittlung des Rückgabewertes muss sich die Funktion erst einmal selbst aufrufen, diesmal mit der 2 als Wert. Dort passiert wieder das Gleiche, die Funktion ruft sich beim `return` wiederum selbst auf und dann startet sie mit der 1 als Wert.

Hier liefert sie nun einfach die 1 zurück und ruft sich nicht mehr selbst auf. Damit wird der zweite Aufruf auch beendet (1 × 2) und der dritte ebenso (2 × 3) – und die Funktion kann endlich beendet werden, das Ergebnis 6 kommt zurück.

Um die Funktion mit verschiedenen Werten auszuprobieren, kannst du die folgenden Zeilen dazuschreiben:

```
f = int(input("Zahl eingeben: "))
print("Die Fakultät von",f,"ist",fakultaet(f))
```

Vorsicht: Die Ergebnisse werden schnell sehr hoch!

[+]

Für Mathe-Profis: Wozu braucht man die Fakultätsberechnung eigentlich?

Die Fakultät spielt eine wichtige Rolle in der Wahrscheinlichkeitsrechnung. Man kann hiermit zum Beispiel die möglichen Anordnungen einer Anzahl von Dingen berechnen. Wenn ich fünf Personen habe, gibt es 120 (Fakultät von 5) Reihenfolgen, in denen sie sich auf eine Bank setzen können. Zehn Personen haben bereits über 3,5 Millionen Möglichkeiten, wie sie sich auf der Bank anordnen können. Unglaublich, aber beweisbar wahr!

Kapitel 14

Sound programmieren

Bevor es an die Objektprogrammierung und dann an die ersten richtigen Spiele geht, wollen wir uns zunächst mit Klang beschäftigen – denn durch Klänge werden Programme erst richtig lebendig!

Nicht nur Spiele, sondern auch jedes Programm kann Klänge und Geräusche oder auch Musik abspielen und manche können sogar sprechen. Ein Programm, das nicht nur das Auge anspricht, sondern das man auch hören kann, macht einfach mehr her.

Sound in Python abspielen

Alles, was du dazu brauchst, ist eine Klangdatei mit dem Sound, den du haben willst – selbst aufgenommen geht auch! Die kannst du dann in dein eigenes Programm einbinden, und schon kann dein Programm mithilfe des Moduls `pygame-ce` jedes beliebige Geräusch oder Musik und Sprache abspielen.

Dazu solltest du am besten etwas mehr darüber wissen, was eine Klangdatei auf dem Computer ist. Wenn du das alles schon weißt, kannst du den nächsten Abschnitt gern überspringen.

Was sind denn eigentlich Klangdateien?

Klangdateien sind digitalisierte Geräusche, die zu einer Einheit aus Amplitudenwerten zusammengefasst wurden. Um Klänge zu erzeugen, muss ein Lautsprecher in einer bestimmten Geschwindigkeit (das ist die Frequenz) hin- und herschwingen (die Stärke der Schwingung nennt man Amplitude). Wenn du vor einer empfindlichen Membran singst, dann wird diese anfangen zu schwingen, je nachdem, welche Töne du singst – je lauter, desto stärker, je höher, desto schneller. Wenn diese Membran ihre Schwingungen in elektrische Spannungen umsetzt, die man messen und aufzeichnen kann, hast du ein Mikrofon. Wenn ein Lautsprecher nun diese Schwingungen genauso, wie das Mikrofon sie aufgezeichnet hat, wieder in seinen Membranen erzeugen kann, dann wird eine Aufnahme abgespielt. Das war früher analog: Auf Schallplatten ritzt eine Nadel während der Schwingungen mehr oder weniger tief in das Vinyl, auf Tonbändern werden die Schwingungen, während das Band vorbeiläuft, durch unterschiedlich starke Magnetisierung festgehalten.

Digital läuft das alles prinzipiell genauso, wobei die Schwingungen des Mikrofons oder Aufnahmegeräts bei der Aufnahme in Zahlen umgesetzt werden, die in extrem schneller Folge, zum Beispiel 44.100-mal pro Sekunde, gemessen und gespeichert werden (das entspricht dem Standard einer Musik-CD, 44,1 kHz). Das heißt, 1 Sekunde Klang besteht aus 44.100 Zahlen, die nacheinander genau beschreiben, wie weit die Membran in welche Richtung ausschlägt. Wenn der Computer diese 44.100 Zahlen nun in der gleichen Geschwindigkeit wieder an den Lautsprecher sendet und dieser die Zahlen wieder in Membranausschläge umsetzt, ertönt 1 Sekunde lang wieder exakt der aufgenommene Klang.

Das Dateiformat, bei dem jede Zahl genau einem Membranzustand entspricht, nennt man auch WAV-Format, das steht für *wave* (Welle). Klangdateien im WAV-Format erkennst du in Windows an der Endung *.wav*; sie waren früher die Standarddateien, um Klänge zu speichern oder abzuspielen.

Da WAV-Dateien aber bei langen Musikstücken sehr viel Speicherplatz einnehmen (wie gesagt für jede Sekunde 44.100 Zahlen und für Stereo genau doppelt so viel, denn da spielen ja zwei Lautsprecher unterschiedliche Versionen des Klanges ab), hat man zunächst vor allem für die Übertragung über das Internet irgendwann ein Format erfunden, das den (nahezu) gleichen Klang mit viel weniger Daten abspielen kann. Die Klangdaten werden komprimiert – wiederkehrende Muster in den Daten werden zusammengefasst gespeichert und mit einem komplizierten Verfahren werden die Klangdaten intern genauso weit vereinfacht, dass das menschliche Ohr den Unterschied praktisch nicht wahrnimmt. Dieses Format wurde unter dem Namen *MP3* bekannt. Heute ist das längst der Standard für Audiodateien. Der Computer oder das Gerät, das diese Dateien abspielt, muss sie intern erst einmal wieder dekomprimieren, das heißt, aus einer MP3-Datei wird intern wieder eine WAV-Datei gemacht, die dann (über die Soundkarte) an den Lautsprecher gesendet wird.

Egal, ob du WAV-Dateien oder MP3-Dateien hast, kannst du beide mit Python abspielen. Du benötigst dafür lediglich ein Modul namens `pygame-ce`. Wie der Name vermuten lässt, kann dieses Modul mehr, als nur Sounddateien abzuspielen, aber dazu später mehr!

Wie du das Modul mithilfe von Thonny installierst und verwendest, zeige ich dir jetzt.

In Sekunden zum richtigen Modul

Python stellt dir eine ganze Menge an nützlichen Modulen zur Verfügung, die du einfach mit `import` einbinden und verwenden kannst. Aber es gibt noch viel mehr Module für alle möglichen (und unmöglichen) Verwendungszwecke. Da gibt es `pandas` für Tabellen und Datenanalysen, `numpy` für Berechnungen und wissenschaftliches Rechnen. Da ist eben auch `pygame-ce` für Sound, Spiele und Animationen oder `beautifulsoup`, um Webseiten auslesen zu können. Diese ganzen Module für Python werden zentral über `pip` bereitgestellt. `pip` ist das zentrale Paket-Installationsprogramm von Python. Es greift auf die Daten zurück, die von *PyPI* zur Verfügung gestellt werden. Das ist so etwas wie ein zentraler App-Store für Python-Module. Die Anzahl der bereitgestellten Module liegt inzwischen bei über einer halben Million. Betrieben und verwaltet wird das Ganze von der *Python Software Foundation*.

Im Normalfall werden neue Module über die Kommandozeile deines Systems installiert:

- Unter Windows: `pip install paketname`
- Mit MacOS oder Linux: `pip3 install paketname`

Mit Thonny ist das viel einfacher. Über die Menüleiste **Werkzeuge • Verwalte Pakete ...** kannst du ganz einfach nach Modulen suchen und sie installieren. Das kannst du gleich mit »pygame-ce« ausprobieren. Gib den Begriff oben im Suchfeld ein und klick auf **Suche im PyPI**. Nach einem kurzen Moment werden dir passende und auch manchmal nicht ganz so passende Module vorgeschlagen.

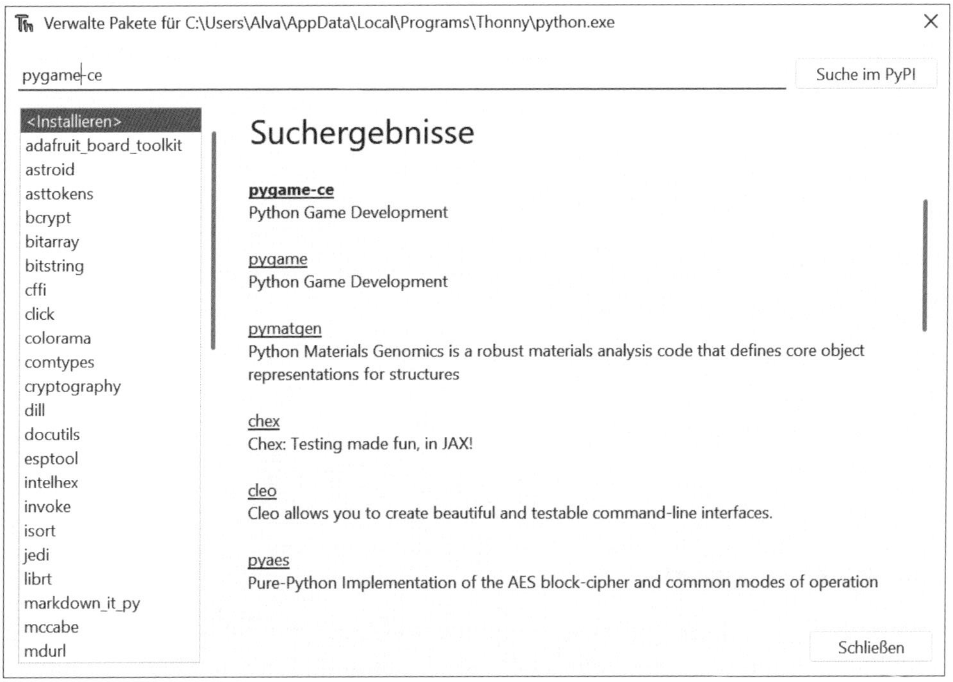

Abbildung 14.1: »pygame-ce« wird dir ganz oben als Suchergebnis angezeigt.

Klick jetzt bitte auf den blau unterstrichenen Namen **pygame-ce**. Auf der folgenden Seite bekommst du kurze Informationen zu dem Programm. Klick jetzt bitte auf **Installieren**.

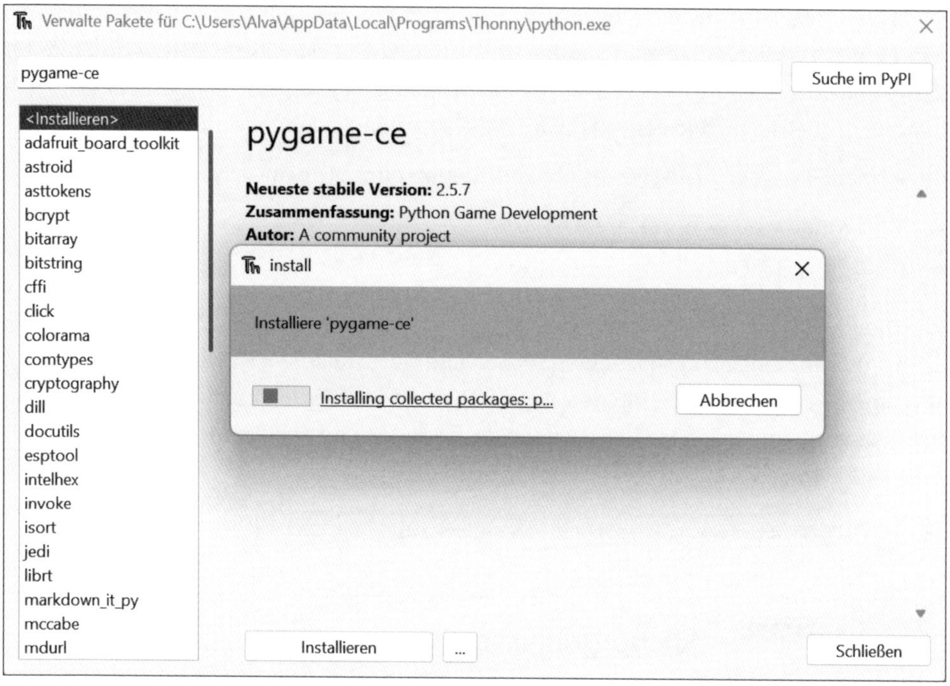

Abbildung 14.2: Die Installation ist schnell gemacht ...

Das war es schon. Jetzt kannst du `pygame-ce` auch schon verwenden wie jedes andere Modul, mit dem du bereits gearbeitet hast.

`pygame-ce` ist übrigens eine Abspaltung von dem bekannten Modul `pygame`. Der ursprüngliche Entwickler von `pygame` will mit `pygame-ce` einen offeneren und aktiveren Zweig bereitstellen. Noch sind beide Versionen fast identisch, die Waagschale neigt sich aber doch mehr in Richtung `pygame-ce`.

WAV-Dateien abspielen

Um Klangdateien in einem Programm verwenden zu können, musst du immer als Erstes das Modul `pygame-ce` einbinden. Das geschieht am einfachsten über den folgenden Befehl:

```
import pygame
```

Da `pygame-ce` so etwas wie ein Zweig von `pygame` ist, lautet der Importbefehl tatsächlich nur `pygame`. Das Abspielen ist ganz einfach. Als Erstes wird der Soundplayer aktiviert und es wird ihm eine Datei gegeben, die er zum Abspielen bereit macht. Danach wird der Player initialisiert, das heißt sehr bildlich gesprochen, du schaltest schon mal die Boxen ein.

```
pygame.mixer.init()
```

Jetzt musst du dem Mixer nur noch mitteilen, welche Datei er abspielen soll. Die weist du einer Variablen zu und startest mit `sound.play()` die Wiedergabe:

```
sound = pygame.mixer.Sound("cosmic.wav")
sound.play()
```

Das war's, damit kannst du eine WAV-Datei namens *cosmic.wav* abspielen. Wichtig ist nur, dass sich dein abgespeichertes Python-Programm und die Sounddatei im gleichen Ordner befinden.

Du hast gerade keine WAV-Datei zur Hand? Zum Glück gibt es zahlreiche Anbieter wie Pixabay, die kostenlose Sounddateien zum Herunterladen anbieten. Mit denen kannst du dann ganz einfach testen.

Thonny sorgt nach dem Start dafür, dass die Sounddatei bis zum Ende gespielt wird. Damit das Programm aber auch ohne Thonny ganz bis zum Ende läuft, kannst du das Programm durch diese Schleife aktiv halten:

```
while pygame.mixer.get_busy():
    pass
```

Solange der Mixer noch beschäftigt ist, wird weiterhin diese Schleife durchlaufen und der Sound kann zu Ende gespielt werden. Die Anweisung `pass` ist dabei eigentlich nur ein Platzhalter, denn jede Schleife braucht zwingend mindestens eine untergeordnete Anweisung. `pass` ist ideal dafür, denn es ist eine gültige Anweisung und macht ansonsten sprichwörtlich gar nichts.

MP3-Dateien abspielen

Ich nehme an, du hast Musikdateien (sofern du welche hast) vielleicht eher im Format MP3 bei dir vorliegen? Das Abspielen von MP3-Dateien funktioniert prinzipiell genauso wie das Abspielen von WAV-Dateien. Nur muss das Programm natürlich wissen, dass es eine Datei im MP3-Format erhält und diese erst einmal decodieren muss. Deshalb werden MP3-Dateien etwas anders geöffnet.

Der Import und die Initialisierung unterscheiden sich dagegen nicht:

```
import pygame

pygame.mixer.init()
```

Danach wird die MP3-Datei geladen und mit `play()` abgespielt:

```
pygame.mixer.music.load("club-techno.mp3")
pygame.mixer.music.play()

while pygame.mixer.music.get_busy():
    pass
```

Du brauchst dafür nur eine MP3-Datei, zum Beispiel deinen Lieblingssong oder eine beliebige Datei, wie du sie massenweise legal aus dem Internet herunterladen kannst.

Du kannst dir in deinem Python-Ordner auch ein Verzeichnis namens *mp3* anlegen und deine Dateien dorthin kopieren. Nun kannst du sie mit Python abspielen unter der Pfadangabe:

```
pygame.mixer.music.load("mp3/club-techno.mp3")
```

Denk daran, du musst dein Programm zuvor erst einmal im Python-Ordner speichern, damit Python den MP3-Ordner findet.

Eigene Musik machen

Du kannst mit `pygame` bzw. `pygame-ce` sogar ganz eigene Musik machen. Gut, vielleicht keine Musik, aber mit unserem Programm kannst du zumindest drei unterschiedliche Töne generieren, indem du die Tasten [1], [2] oder [3] drückst. Natürlich kannst du das Programm auch auf acht oder mehr Töne erweitern.

Zuerst importieren wir die benötigten Module: `pygame` und `math` kennst du ja schon.

```
import pygame, math, array
```

Nun folgt die Initialisierung von `pygame`. Das sieht wilder aus, als es ist. Für den `mixer` werden die Abtastrate, also die Qualität, die Bittiefe des Tons und die Kanäle festgelegt – hier mal kein Stereo, Mono reicht.

```
pygame.init()
pygame.mixer.init(frequency=44100, size=-16, channels=1)
```

Die folgende Funktion baut aus einer Frequenz (zum Beispiel 440 Hz) einen kurzen Sinuston. Da wir uns aus Zeit- und Platzgründen nicht intensiver mit der Technik der Tonerzeugung auseinandersetzen wollen, halten wir ganz pragmatisch fest: Hier macht `pygame` aus einer angegebenen Frequenz einen Ton.

```
def ein_ton(freq):
    buf = array.array("h")
    for i in range(9000):
        t = i / 44100
        buf.append(int(32767 * math.sin(2 * math.pi * freq * t)))
    return pygame.mixer.Sound(buffer=buf)
```

Jetzt belegen wir drei Tasten [1], [2] und [3] mit unterschiedlichen Tönen. Das kannst du beliebig verändern und erweitern.

```
tones = {
    pygame.K_1: ein_ton(440),
    pygame.K_2: ein_ton(490),
    pygame.K_3: ein_ton(525),
}
```

Hier öffnen wir ein kleines Fenster, damit das Programm sichtbar läuft:

```
screen = pygame.display.set_mode((400, 200))
pygame.display.set_caption("1,2,3 Töne")
```

In dieser Schleife wartet das Programm auf Tastendrücke und erzeugt die gewünschten Töne:

```
while True:
    for event in pygame.event.get():
        if event.type == pygame.KEYDOWN:
            if event.key in tones:
                tones[event.key].play()
```

Sprachsynthese – lass den Computer sprechen!

Jetzt wird es richtig cool! Mit Python und einer Bibliothek namens `pyttsx3` kannst du den Computer auch richtig sprechen lassen, und zwar jeden Text, den du möchtest!

Zuerst musst du das Modul `pyttsx3` installieren. Wie das geht, weißt du ja: Über die Menüleiste **Werkzeuge • Verwalte Pakete …** kannst du ganz einfach nach Modulen suchen und sie installieren. Ist das Modul installiert, brauchst du nur ein paar Zeilen Code für eine Sprachausgabe.

Probiere mal das hier aus:

```
import pyttsx3

engine = pyttsx3.init()
```

```
engine.say("Hallo, hier spricht Python.")
engine.runAndWait()
```

Einfacher geht es kaum. Willst du mehrfach Texte ausgeben, solltest du dir eine Funktion dafür schreiben:

```
import pyttsx3

def sprich(text):
    engine = pyttsx3.init()
    engine.say(text)
    engine.runAndWait()

sprich("Hallo")
sprich("Ich habe viel zu sagen")
```

Einmaleins

Wie wäre es mit einem sprechenden Einmaleins? Der Computer nennt dir zwei Zahlen als Aufgabe, wartet dann 3 Sekunden, bevor er das Ergebnis nennt. Zwar gibt es keine Rückmeldung oder Kontrolle, was du gerechnet hast, aber mit Freunden und auch älteren Bekannten ist es einfach eine »Gaudi«, gemeinsam als Erster das Ergebnis in den Raum zu rufen.

Drei Module brauchen wir. Neu ist `time`, mit dem wir 3 Sekunden warten können.

```
import random
import time
import pyttsx3
```

Nun kommt wieder unsere sprechende Funktion:

```
def sprich(text):
    engine = pyttsx3.init()
    engine.say(text)
    engine.runAndWait()
```

Das Spiel läuft noch in einer Endlosschleife. Du könntest es als kleine Aufgabe nach dem 20. Durchlauf stoppen.

```
while True:
    #Zufallszahlen erzeugen
    a = random.randint(1, 10)
    b = random.randint(1, 10)
```

```
#Aufgabe sagen
sprich(f"{a} mal {b}")
```

Hier wartet das Programm mithilfe des Moduls `time` 3 Sekunden:

```
time.sleep(3)

#Ergebnis sprechen
sprich(f"Das Ergebnis ist {a * b}")
```

Und jetzt? Na, viel Spaß beim gemeinsamen Rechnen und beim Verbessern des Programms! Vielleicht wandelst du es auch ab, sodass man Zahlen oder Worte vorgelesen bekommt und nach einer kurzen Wartezeit alles Gemerkte aufschreiben muss? Du hast bestimmt ein paar spannende Ideen …

Kapitel 15
Objekte programmieren

Wir sind jetzt tatsächlich so weit, dass wir uns an den Heiligen Gral der Programmierung machen können: das objektorientierte Programmieren. Wer das beherrscht, kann sich gerne Profi nennen. Und es ist gar nicht schwer – im Gegenteil: Es vereinfacht enorm viel, wenn man erst mal damit umgehen kann. In diesem Kapitel wirst du viel mit einem Toaster zu tun haben und erfahren, warum er ein tolles Objekt ist.

Was du bisher gelernt und angewandt hast, war das sogenannte *klassische Programmieren* mit aneinandergereihten Befehlen, Abfragen, Schleifen und Funktionen. Man bezeichnet das auch als *lineares oder prozedurales Programmieren*. Mit diesen Techniken kann man im Prinzip jede Aufgabe lösen und frühere Programmiersprachen haben sich damit auch begnügt. Man kann mit Python, wenn man möchte, ausschließlich prozedural programmieren und damit sehr weit kommen.

Heutzutage sind die Computerprogramme aber viel komplexer und umfangreicher als noch vor 30 Jahren, da sie auch anspruchsvollere Aufgaben erledigen. Mit Millionen Zeilen Programmcode und Tausenden Funktionen und Programmteilen, die miteinander und mit dem Benutzer interagieren, aber alle von einem zentral durchlaufenden Programm gesteuert werden, verliert man als Programmierer irgendwann den Überblick.

Deswegen wurde irgendwann ein Verfahren erfunden, mit dem man die Elemente eines Programms grundlegend anders strukturieren kann, sodass sich jeder Teil eines Programms wie eine unabhängige selbstständige Einheit verhält. Diese eigenständigen Elemente eines Programms nennt man auch Objekte. Die daraus folgende moderne Art zu programmieren ist die *objektorientierte Programmierung*, kurz OOP.

Das objektorientierte Programmieren ist eine spannende und sehr leistungsfähige Erweiterung gegenüber dem normalen Programmieren. Hat man es einmal verstanden, wird klar, dass es viele Vorteile hat und viele neue Möglichkeiten bietet. Man braucht für kleine Programmchen, die einem nur schnell etwas berechnen oder ausgeben, sicherlich nicht unbedingt Objekte zu definieren. Aber sobald Programme größer werden und eine Oberfläche haben, die fortlaufend mit dem Nutzer kommuniziert, oder wenn man zum Beispiel Spiele programmieren will, hat es sehr große Vorteile, in Objekten zu denken und zu arbeiten.

Was sind Objekte?

In unserer Alltagswelt haben wir mit allen möglichen Dingen zu tun, die wir verwenden. Das ist ganz banal. Im Grunde kannst du alle Dinge, mit denen du umgehst und die bestimmte Eigenschaften haben, als Objekte betrachten. Beginnen wir beim Frühstück: Der Toaster, in den du dein Toast schiebst und vor dem du wartest, bis er das Brot getoastet hat, ist ein praktisches Objekt. Es ist ein Ding, mit dem du interagierst. Es hat Eigenschaften und Fähigkeiten, die du nutzen kannst.

Nicht nur elektrische Geräte sind Objekte, sondern alles, womit du zu tun hast: das Glas, in das du dein Getränk füllst, der Teller, der Tisch, der Kochtopf, der Herd … und überhaupt alles.

Aber der Toaster ist ein gutes Beispiel, weil er in typischer Weise zeigt, was an einem Objekt im richtigen Leben wichtig ist für uns: Ein nutzbares Objekt hat nämlich zahlreiche Eigenschaften – sowohl solche, die feststehen (Farbe, Form, Größe, Stromverbrauch, Anzahl Toastschächte), als auch solche, die der Benutzer selbst verändern kann (Zeitregler, Starthebel). Nachdem der Benutzer (in dem Fall du) die Einstellungen, etwa die Toastzeit, gesetzt hat, kann er das Objekt benutzen, denn das Objekt hat auch noch ganz spezielle eingebaute Fähigkeiten – nämlich in diesem Fall das Rösten von Brot, das beginnt, sobald das Toastprogramm in ihm durch einen Knopf oder Hebel gestartet wird.

Wie der Toaster genau von innen funktioniert, musst du nicht unbedingt wissen, denn du willst ihn nicht bauen, sondern nur benutzen. Du wirfst die Scheibe Toast hinein, stellst die Dauer ein, startest, und schon tut der Toaster, was du erwartest.

Objekte in Python

In der objektorientierten Programmierung versucht man, Eigenschaften und Verhalten von Objekten, wie es sie in der wirklichen Welt gibt, in Programmobjekten nachzubilden oder zu simulieren.

Man kann in Python Objekte, die andere programmiert haben oder die schon enthalten sind, benutzen, wie man im wirklichen Leben einen Toaster benutzt. Man muss dazu nicht mal wissen, wie sie intern funktionieren, sondern nur, wie sie bedient werden. Man stellt Eigenschaften ein, gibt Daten hinein und startet die Funktion des Objekts – am Ende erhält man ein entsprechendes Ergebnis zurück. Um den Toaster sinnvoll zu verwenden, muss man nicht seine eingebaute Elektronik steuern, das tut der Toaster von selbst.

Angenommen, es gibt ein Objekt »Toaster« in Python, das irgendjemand für uns als Modell programmiert hat (in diesem Fall war ich das) und das wir unter dem Objektnamen `mein_toaster` konkret verwenden.

Das Programmobjekt `mein_toaster` hat *Eigenschaften*, die man auch als *Attribute* oder englisch *Properties* bezeichnet. Es sind die Variablen des Objekts. Weil sie fest zum Objekt gehören, werden sie mit einem Punkt hinter den Objektnamen geschrieben, zum Beispiel:

```
mein_toaster.farbe
```

Das ist die Farbe unseres Toasters. Nehmen wir an, die Farbe ist nicht jederzeit änderbar – wie bei einem echten Toaster auch. Man muss ihn in der Farbe akzeptieren, die er hatte, als er gekauft wurde. Die Farbe wird also nur beim Herstellen des Toasters bestimmt, später kann man sie nur noch abfragen, nicht aber setzen. Dasselbe gilt für die Anzahl der Schächte im Toaster. Manche haben einen, manche zwei Schächte, manche sogar vier. `mein_toaster.schaechte` enthält die Anzahl der Toastschächte, die man abfragen, nicht aber verändern kann.

`mein_toaster.toast_zeit` gibt die eingestellte Toastdauer an. Diese kannst du hingegen jederzeit auch von außen selbst setzen, wie im echten Toaster, wo es ein Einstellrad gibt. `mein_toaster.toast_zeit = 20` stellt die Toastdauer von meinem Toaster auf 20 Sekunden. Willst du die eingestellte Toastzeit erfragen, fragst du sie zum Beispiel mit `print(mein_toaster.toast_zeit)` ab.

Zusätzlich dazu könnte unser Toasterobjekt noch ein paar mehr Variablen besitzen. Zum Beispiel `mein_toaster.anzahl_toasts` – das wäre die Anzahl der Toastscheiben, die sich darin befinden. Und `mein_toaster.brot_zustand` – das wäre der Zustand des Brotes, das darin liegt (0 = ungetoastet, 1 = leicht getoastet, 2 = stark getoastet, 3 = verbrannt). Auch diese Variablen kann man nur abfragen. Sie verändern sich nur intern – dazu gleich mehr.

Objekte in Python enthalten also eigene Variablen, die speziell zu diesem Objekt gehören (genannt Eigenschaften oder Properties). Manche davon kann man von außen verändern, indem man sie einfach auf einen anderen Wert setzt, andere kann man nur abfragen und nur das Objekt selbst kann sie verändern. Objektvariablen, also Eigenschaften, werden immer verwendet, indem man zuerst den Objektnamen schreibt, dann einen Punkt, dann die Objekteigenschaft.

Neben Eigenschaften haben Objekte in der Regel auch spezielle *Fähigkeiten*, sie können etwas machen. In Python bedeutet das: Objekte bestehen nicht nur aus einem Objektnamen und dazugehörigen Eigenschaften, sondern sie können auch *Funktionen* besitzen, die speziell zu diesem Objekt gehören. Funktionen eines Objekts nennt man *Methoden* des Objekts.

Die Methoden eines Objekts legen fest, was das Objekt machen kann. Zum Beispiel kann es eine Methode `toastReintun(x)` geben. `x` gibt an, wie viele Scheiben Toast reingesteckt werden. Will man also zwei Scheiben Toast in den Toaster stecken, ruft man die Methode so auf:

```
mein_toaster.toastReintun(2)
```

Die Methode würde zurückmelden: »Okay!« Oder sie würde melden: »Nicht genug Platz«, weil der Toaster voll ist oder nicht genügend Schächte hat für die Anzahl von Toasts. Nehmen wir an, es ist alles okay. Die Methode `toastReintun(2)` würde bewirken, dass anschließend die Eigenschaft `mein_toaster.anzahl_toasts` gleich `2` ist, und die Eigenschaft `mein_toaster.brot_zustand` wäre gleich `0` (ungetoastet).

Nun gibt es natürlich auch noch die Methode (= Objektfunktion) `toasten()`. Vorher kann man die Toastzeit setzen, zum Beispiel 30 Sekunden: `mein_toaster.toast_zeit = 30`

Danach wird getoastet: `mein_toaster.toasten()`

Wenn gar kein Toast drin ist, wird die Funktion zurückmelden: »Geht nicht, kein Toast drin.« Ansonsten ist alles okay und der Toaster ist 30 Sekunden beschäftigt, bis er meldet: »Fertig.« Nun kann man wieder den Zustand abfragen: Der Toaster enthält zwei Toasts und sie sind stark getoastet.

Fehlt nur noch die Methode `toastAuswerfen()`. Wenn du die startest, sagt der Toaster: »2 Toasts ausgeworfen. Toaster ist leer.« Wenn du jetzt `mein_toaster.anzahl_toasts` abfragst, erhältst du `0` als Antwort.

Wenn du bis hierher alles verstanden hast, weißt du jetzt, was ein Objekt beim Programmieren ist.

Zusammenfassung: Was ist ein Objekt?

Ein Objekt ist wie die Simulation eines eigenständigen Gegenstandes in einem Programm: Es ist eine zusammengehörige Einheit eines Objektnamens, von Objekteigenschaften (Variablen), die man entweder abfragen oder auch verändern kann, sowie Methoden (Objektfunktionen), mit denen das Objekt passende Aktionen durchführen kann. Objekte können sich in gewisser Weise selbstständig verhalten wie kleine unabhängige Geräte, mit denen man kommuniziert. Sie können per Programm eingebaute Aktionen ausführen oder man kann den Zustand ihrer Attribute abfragen.

Um Objekte, die andere erstellt haben, zu benutzen, musst du im Grunde nicht wissen, wie man sie selbst erstellt. Wie gesagt musst du ja auch nicht wissen, wie man einen Toaster baut, wenn du ihn nur verwenden willst, um damit dein Brot zu rösten.

Trotzdem besteht die hohe Kunst des Programmierens später auch darin, eigene Objekte zu definieren und diese dann zu verwenden. Wir kommen bald dazu. Erst einmal wirst du lernen, mit Objekten zu arbeiten, die es schon gibt.

Was du wissen musst, ist, wie du ein vorhandenes Objekt verwendest. Damit du ein Objekt verwenden kannst, musst du es erst einmal erstellen.

Klassen und Instanzen

Klassen? Was soll das denn heißen? *Klassen* kennst du sicherlich aus der Schule – aber das hat mit Objektklassen nichts zu tun.

Klasse oder *class* nennt man die *Definition eines Objekts*. Man kann auch sagen, in der *Klassendefinition* wird der Objekttyp beschrieben, die *Objektklasse*. Darin steht alles, was zum Objekt gehört: sein Name, seine Eigenschaften (Objektvariablen) und seine Methoden (Objektfunktionen). Nur wenn es eine genaue Beschreibung der Objektklasse gibt, kann man daraus ein konkretes Objekt erstellen und dann damit arbeiten. Das Objekt selbst ist nun eine *Instanz der Objektklasse*.

[zB]

Kuchen und Rezept

Klingt kompliziert? Noch mal einfacher ausgedrückt: Wenn du einen Kuchen backen willst, brauchst du ein Rezept. Das Rezept ist sozusagen die Definition des Kuchens, die *Kuchenklasse*, darin steht genau, welche Zutaten du brauchst und wie du daraus den Kuchen backen musst.

Das Rezept ist aber nicht der Kuchen. Das Rezept kannst du nicht essen. Erst wenn du auf der Grundlage des Rezepts einen Kuchen bäckst – oder zwei oder drei –, hast du die eigentlichen Objekte erstellt. Ohne Rezept kannst du keinen Kuchen backen, das ist die Grundlage. Aber um den Kuchen zu bekommen, musst du ihn erst mit dem Rezept herstellen.

Das Rezept ist hier die Objektdefinition (die Klasse), das Objekt (die Instanz) ist der Kuchen, den du damit herstellt. Aus einem Rezept kannst du beliebig viele Kuchen backen und du kannst sie später auch verschieden verzieren, schneiden, verändern. Jeder Kuchen ist ein ganz eigenes Objekt, mit dem du hinterher ganz unterschiedliche Sachen machen kannst. Aber alle kommen aus derselben Klasse (sind mit demselben Rezept gebacken worden), der Klasse »Kuchen«. Verstanden?

Mit unserem Toasterobjekt ist es ganz ähnlich. Du kannst nur dann ein Toasterobjekt erstellen, wenn es eine Definition gibt, woraus so ein Toaster genau besteht, welche Eigenschaften und welche Methoden er hat – das ist die Klasse `Toaster`, die dein Programm braucht, um zum Beispiel das Objekt `mein_toaster` zu erstellen. Die Klassendefinition ist sozusagen die »Bauanleitung« für einen Toaster.

[zB]

Zusammenfassung: Was ist eine Klasse?

Klassen sind Objektdefinitionen. In ihnen steht, wie das Objekt heißt, welche Eigenschaften (Objektvariablen) es hat und welche Fähigkeiten (Methoden oder Objektfunktionen). Die Objekte selbst (die Instanzen einer Klasse) werden immer aus Klassen erstellt. Wenn ich ein Objekt aus einer Klasse erstelle, hat mein Objekt alle Eigenschaften und Fähigkeiten, die in der Klasse definiert worden sind.

Wie man so eine Klasse in Python selbst definiert, lernst du sehr bald. Jetzt wollen wir aber erst einmal eine fertige Klasse benutzen und daraus ein Objekt machen.

Die Klasse `Toaster` habe ich bereits beschrieben. Die Attribute können genauso verwendet werden, wie vorher im Text beschrieben. Die Klassendefinition muss allerdings vorhanden sein. Dafür habe ich das Modul `toaster_class.py` erstellt, das du jetzt verwenden wirst. Das Modul kannst du unter *www.rheinwerk-verlag.de/lets-code-python_6292/* herunterladen. Dort findest du alles in den **Materialien** zu diesem Buch.

Beginne also mit

```
from toaster_class import *
```

Speichere das Programm unter einem beliebigen Namen. Wichtig ist, dass beide Dateien, deine Datei und die der Klasse, im gleichen Ordner liegen.

Dann startest du das Programm mit dem grünen Pfeil. Es passiert natürlich nichts – aber Python hat jetzt die Objektdefinition (also die Klasse) für den Toaster importiert und kann sie verwenden. Um jetzt ein eigenes Toasterobjekt zu erstellen, musst du wissen, wie die Klasse heißt, mit der dein Objekt erstellt werden soll. In diesem Fall heißt sie einfach `Toaster` mit großem T.

[zB]

Schreibweisen: Klassennamen, Methoden und Eigenschaften

Klassennamen sollten in Python immer mit einem Großbuchstaben beginnen. Eigenschaften (Objektvariablen) werden hingegen immer klein und bei mehreren Wörtern gerne mit Unterstrich geschrieben (*snake_case*), genauso wie normale Variablen, *camelCase* ist aber auch möglich. Objektmethoden (= Funktionen eines Objekts) schreiben wir hier in *camelCase*, also klein, aber bei mehreren Wörtern beginnen die folgenden Wörter mit einem großen Buchstaben. Diese Schreibweisen sind keine Pflicht, aber sie entsprechen den üblichen Python-Konventionen – es wird dadurch für andere leichter, den Code schnell zu verstehen.

```
mein_toaster = Toaster(schachtanzahl, farbe)
```

So könnte man beispielhaft ein Toasterobjekt aus der Klasse `Toaster` erschaffen.

Allgemein ausgedrückt:

```
objektname = Klassenname(evtl. Startwerte)
```

Als Startwerte braucht dieser Toaster zum einen die Anzahl der Toastschächte (Wie viele Toasts passen rein?) und außerdem die Farbe. Andere Objekte können oft auch ohne Startwerte erstellt werden, da würde die Klammer einfach leer bleiben.

Also gut, schreib folgenden Anweisung in deine Datei:

```
mein_toaster = Toaster(2,"rot")
```

Fertig. Jetzt hast du ein Objekt der Klasse `Toaster` erstellt. Dein Objekt heißt `mein_toaster`. Seine Startwerte der Eigenschaften sind: zwei Schächte, Farbe Rot.

Jetzt kannst du damit etwas machen, zum Beispiel den Zeitregler auf 30 Sekunden stellen. Gib alle folgenden Befehle zum Testen einfach in der Konsole ein:

```
mein_toaster.toast_zeit = 20
```

Willst du wissen, wie der aktuelle Zustand deines Toasters ist? Dafür hat unser Objekt auch eine eigene eingebaute Methode (Funktion). Die wird automatisch ausgeführt, wenn du einfach das Objekt mit dem `print()`-Befehl ausgibst.

```
print(mein_toaster)
```

Das führt zu folgender Ausgabe:

```
Farbe des Toasters: rot
Toastschächte: 2
Eingestellte Zeit: 20 Sekunden
Toasts im Toaster: 0
Zustand der Toasts: ungetoastet
```

Nun kannst du deinen Toaster in Gang setzen, indem du erst mal zwei Toasts reinsteckst:

```
print( mein_toaster.toastReintun(2) )
```

Das `print()` brauchen wir, um die Rückmeldung auszugeben.

Wenn du nämlich denselben Befehl danach noch einmal versuchst, kommt folgende Ausgabe:

```
Es ist nicht mehr genügend Platz dafür!
```

Klar, denn der Toaster ist voll, wenn schon zwei Toasts drinstecken. Das Objekt denkt mit!

Nun wird getoastet:

```
print(mein_toaster.toasten())
```

Die `print()`-Funktion steht dabei, weil wir die Rückmeldung der Toastmethode auch gleich mit anzeigen wollen:

```
20 Sekunden vergangen, Toasten erledigt, das Brot ist stark getoastet.
```

Nun noch mal den Zustand des Toasters ausgeben:

```
print(mein_toaster)
```

Die Ausgabe lautet jetzt so:

```
Farbe des Toasters: rot
Toastschächte: 2
Eingestellte Zeit: 20 Sekunden
Toasts im Toaster: 2
Zustand der Toasts: stark getoastet
```

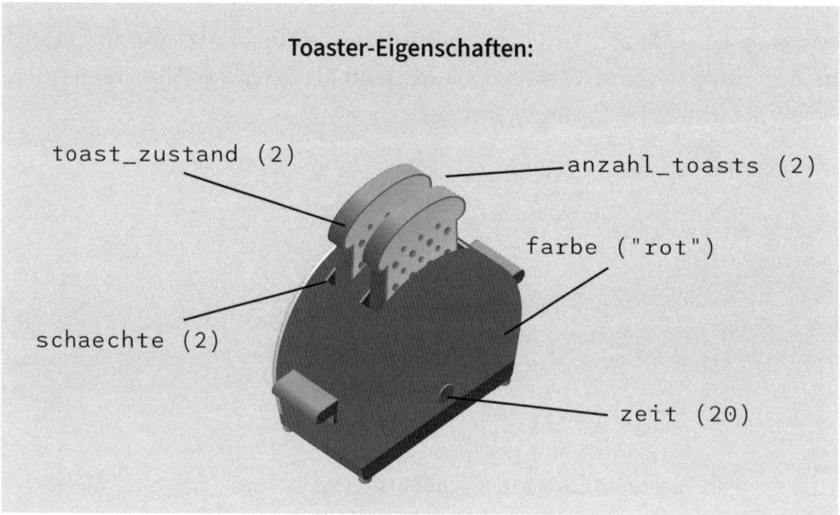

Abbildung 15.1: Der Zustand unseres Toasterobjekts

Okay, fertig getoastet. Jetzt können die Toastscheiben raus:

```
print(mein_toaster.toastAuswerfen())
```

Das ergibt:

```
2 mal Toast ausgeworfen. Zustand: stark getoastet
```

Toll! Jetzt hast du also ein eigenes Toasterobjekt ins Leben gerufen und sinnvoll verwendet! Natürlich muss es nicht bei einem bleiben. Du kannst jetzt jederzeit auch weitere Toasterobjekte erstellen, die ihr ganz eigenes Leben haben.

Mit

```
grosser_toaster = Toaster(4,"schwarz")
```

erstellst du ganz einfach ein zweites Toasterobjekt. Das ist vollkommen unabhängig vom ersten, auf das du nach wie vor zugreifen kannst. Weil es ein großer Toaster sein soll, setzt du einfach die Anzahl seiner Schächte bei der Erstellung auf vier. Seine Farbe soll Schwarz sein.

In diesen Toaster kannst du jetzt zwei Toastscheiben hineinstecken und danach noch mal zwei, ohne dass er sich beschwert, denn er hat ja mehr Platz.

```
print(grosser_toaster)
Farbe des Toasters: schwarz
Toastschächte: 4
Eingestellte Zeit: 10 Sekunden
Toasts im Toaster: 0
Zustand der Toasts: ungetoastet
```

Zusammenfassung: Mit Objekten arbeiten

Du hast jetzt gelernt, wie man in Python mit Objekten arbeiten kann. Um ein bereits bestehendes Objekt zu verwenden, muss zuerst die Objektdefinition (die Objektklasse) importiert werden. Anschließend brauchst du alle wichtigen Informationen über das Objekt, um es richtig einsetzen zu können:

1. den Namen der Objektklasse, um ein neues Objekt zu erzeugen
2. die Namen und Typen der Eigenschaften (Variablen) des Objekts, damit du die Eigenschaften eines Objekts richtig setzen kannst
3. die Methoden (Funktionen) des Objekts mit Namen und Beschreibung der Parameter, damit du das Objekt aktiv werden lassen kannst

Deswegen gibt es zu allen Objektklassen, die du in Python verwenden kannst, seien sie schon eingebaut oder aus Modulen, die du herunterladen kannst, immer eine Dokumentation, in der klar beschrieben wird, wie die Klasse heißt und wie man sie neu anlegt. Zusätzlich gibt es eine Liste aller Attribute und was sie bedeuten und darauf folgt eine Liste aller Methoden mit Namen und Parametern, die sie benötigen, sowie eine Beschreibung, was diese Methoden bewirken. Weiß man das alles, kann man das Objekt mit Python ganz einfach erzeugen, anpassen und steuern. Alles Weitere macht das Objekt mit seinen integrierten Methoden ganz allein!

Objekte für alles

Nahezu alle professionelle Software, mit der wir heutzutage auf dem PC (oder Smartphone oder Tablet) arbeiten, ist mit Objekten programmiert. Wenn du ein Spiel spielst, kannst du davon ausgehen, dass jede einzelne Spielfigur ein Objekt ist. Die Spielfigur, die du steuerst, ist ein Objekt, das auf deine Tastatur- oder Mauseingaben reagieren und sich dann mithilfe ihrer Methoden bewegen kann. Die Spielfiguren, die der Computer steuert, haben Methoden, mit denen sie sich nach vorgegebenen Regeln ununterbrochen selbst bewegen. Spielfigurobjekte haben Methoden, die automatisch gestartet werden, sobald sie mit einer anderen Figur kollidieren oder wenn sie ein vorgegebenes Ziel erreicht haben.

Aber nicht nur Spiele bestehen aus Objekten. Auch so gut wie jede Alltagsanwendung – sei es ein Office-Programm, ein E-Mail-Client, ein Webbrowser, ein Bildeditor oder ein Verwaltungsprogramm – verwendet massenweise Objekte, die die Betriebssysteme Windows oder macOS, Linux, iOS oder Android als fertige Klassen zur Verfügung stellen. Jedes Fenster ist ein Objekt, jeder Button, jedes Bild, jedes Textfeld – all das sind Objekte mit ganz bestimmten Eigenschaften (Position, Größe, Farbe, Text usw.) und mit Methoden (Objektfunktionen, die regeln, was passiert, wenn der Button geklickt wird, Funktionen für das Öffnen, Schließen, Anzeigen und Bewegen des Objekts). Deswegen haben Fenster, Buttons, Scrollbalken, Listen usw. in einem Betriebssystem meist das genau gleiche Layout: Sie werden alle immer aus den vorgegebenen Klassen des Betriebssystems erzeugt – denn Programmierer wollen ja nicht jeden Button neu erfinden, sondern sie verwenden den, den es schon gibt.

Welche Vorteile hat es, wenn man alles mit Objekten programmiert?

Die Vorteile sind für alle Programme, die mehr machen, als nur eine Berechnung durchzuführen, sehr groß. Man kann sogar sagen, ein Spiel oder überhaupt jede App mit grafischer Oberfläche, mit der der Benutzer kommuniziert, wäre ohne Objektprogrammierung kaum noch umsetzbar. Ohne Objekte müsste sich ein gigantisches Hauptprogramm, das in einer Schleife wieder und wieder durchlaufen werden muss, um jedes einzelne Element der Anwendung kümmern, wobei sich die Anzahl der Elemente ja auch noch ständig ändern kann. Hunderte bzw. Tausende von Elementen müssten mithilfe von massenweise Unterprogrammen und Steuerungscode permanent zentral überwacht, aktualisiert und geändert werden.

Verwendet man Objekte, ist der Ansatz ein ganz anderer. Jedes Objekt ist wie ein eigenes unabhängiges Programm, das sich nur um sich selbst und seine Interaktionen kümmert. Programmiert wird nicht mehr der Gesamtablauf des Programms von Anfang bis Ende, sondern es werden Objekte erstellt und jedes Objekt erhält genau den Programmcode, der für das Objekt notwendig ist, und zwar in Form von Methoden (also Objektfunktionen). Jedes Objekt erhält also seine eigene kleine Intelligenz und kann mit seinem Umfeld und dem Gesamtsystem interagieren.

Es ist ein bisschen so, als würde man eine Menge kleiner Roboter bauen und jedem von ihnen Eigenschaften und Verhaltensanweisungen mitgeben. Danach setzt man sie alle zusammen in ein Spielfeld und schaut, wie sie miteinander umgehen. Man kann jeden einzelnen stoppen oder ihm klare Kommandos geben, sie können aber auch ihre eingebauten Programme verwenden und selbstständig handeln. Man kann sie aus dem Spiel nehmen oder jederzeit neue hinzufügen, man kann Kommandos an alle schicken, die befolgt werden müssen, man kann das ganze Spiel starten oder beenden.

Beim objektorientierten Programmieren baust du dir alle Mitspieler selbst – entweder nach vorgegebenen Plänen oder nach eigenen – und anschließend lässt du sie miteinander spielen und bleibst selbst der Dirigent.

Die meisten heutigen Programmiersprachen sind in erster Linie für objektorientiertes Arbeiten geschaffen. Java zum Beispiel erlaubt ausschließlich das Programmieren von Objekten, aber auch *C++*, *C#*, *Objective-C*, *Swift* und *VisualBasic* sind speziell für die objektorientierte Programmierung entwickelt worden. Es gibt Baukastensysteme zum Lernen wie *Scratch*, in denen man durchgehend mit vorgegebenen grafischen Objekten arbeitet, denen man Eigenschaften und Methoden hinzufügen kann, oder sehr einfach bedienbare Komplettsysteme wie *LiveCode*, in denen man sich alle Arten von Programmen aufgrund Hunderter bereits eingebauter Objekttypen zusammenbauen kann. Sprachen für die Webprogrammierung wie JavaScript und PHP erlauben das lineare Programmieren für einfache Aufgaben ebenso wie das Erstellen und Verwenden von Objekten – und Python ist ebenfalls universell angelegt, aber von Anfang an vor allem als objektorientierte Sprache geschaffen worden.

Übrigens hast du in Python schon sehr häufig mit internen Objekten gearbeitet, nur wusstest du es nicht: So sind in Python Variablen Objekte, Strings sind Objekte, Listen sind Objekte, der `input()`-Befehl ruft ein Objekt auf, die Schildkröte ist ein Objekt usw.

Kapitel 16

Eigene Objekte definieren

Mit fertigen Objekten zu arbeiten ist eine tolle Sache. Eigene Objekte zu erstellen ist die hohe Kunst. Aber auch, um sinnvoll mit vorhandenen Objekten umgehen zu können, solltest du verstanden haben, wie Objekte aufgebaut sind und hergestellt werden.

Nun endlich wollen wir unseren Toaster doch einmal in seine Bestandteile zerlegen und sein Innenleben erforschen, denn zum einen sind Objekte viel besser zu verstehen und zu verwenden, wenn man weiß, wie sie in Python aufgebaut werden, zum anderen kommt man in späteren Programmprojekten nicht umhin, auch einmal eigene Objekte zu definieren oder sie zumindest umzuschreiben.

Nehmen wir jetzt also einmal an, es gibt unser Toasterobjekt noch gar nicht. Wir haben nur eine Idee und wollen uns so ein Objekt erschaffen. Das heißt, wir müssen eine eigene *Klassendefinition* für einen Toaster erstellen.

Um eine neue Objektklasse zu erstellen, beginnen wir in Python immer mit dem Wörtchen

```
class
```

Um jetzt eine Objektklasse mit dem Namen »Toaster« zu definieren, lautet die erste Zeile ganz einfach:

```
class Toaster:
```

Danach folgt eingerückt alles, was zu dieser Klasse gehört. Das sind die Methoden und Funktionen des Objekts. Wenn du Eigenschaften des Toasters definieren willst, geht das zum Beispiel einfach so:

```
class Toaster:
    schaechte = 2
    farbe = "grün"
    anzahl_toasts = 0
    toast_zeit = 10
```

Diese Eigenschaften kannst du jederzeit ändern, nachdem du ein Objekt der Klasse `Toaster` erzeugt hast.

Zum Beispiel so:

```
mein_toaster = Toaster()
mein_toaster.farbe = "rot"
mein_toaster.schaechte = 5
```

[zB]

> **Unterschiedliche Schreibweisen**
> Beachte die unterschiedlichen Schreibweisen für Klassennamen, Eigenschaftsnamen und Methodennamen (Groß- und Kleinschreibung, *camelCase* und *snake_case*), wie im letzten Kapitel beschrieben.

Meistens werden die Startwerte eines Objekts aber bei seiner Erzeugung gesetzt. Und das geht am einfachsten mit der Startfunktion, der `__init__`-Methode.

Die Funktion »__init__«

Als Erstes wird in einer neu erstellten Objektklasse in der Regel die `__init__`-Funktion definiert. Das ist eine Funktion, die die meisten Objekte haben sollten, eine Spezialfunktion, die intern zum Objekt gehört. Gekennzeichnet werden interne Funktionen (die ein Programm nicht von außen aufrufen sollte, sondern die automatisch starten) immer durch zwei Unterstriche vor und nach dem Schlüsselwort.

Wozu ist die »__init__«-Funktion gut?

`init` ist eine Abkürzung für *initialization*, also Initialisierung, das heißt Setzen der Grundeinstellungen für das Objekt. Die `__init__`-Funktion (die auch Konstruktor genannt wird) wird automatisch immer dann ausgeführt, sobald ein neues konkretes Objekt aus der Klasse erzeugt wird. Es ist quasi die Einrichtungsfunktion bei der Erstellung des Objekts.

Wenn ein Programm also ein Objekt mit `mein_toaster = Toaster()` erstellt, dann wird ein Objekt namens `mein_toaster` erzeugt – basierend auf der Klasse `Toaster` – und sofort wird automatisch die `__init__`-Funktion von `Toaster` gestartet, damit das Objekt seine Grundeinstellungen erhält.

Die `__init__`-Funktion erhält als Parameter auch die Werte, die bei der Erstellung eines Objekts in Klammern übergeben werden. Sie kann diese dann benutzen, um damit die Objektvariablen zu setzen.

Konkret heißt das, wenn ein neuer Toaster erstellt wird, soll er gleich die Werte für die Anzahl der Schächte und die Farbe erhalten, so wie du es schon gemacht hast.

Das Objekt wird in Python etwa so erstellt:

```
mein_toaster = Toaster(2,"rot")
```

Die `__init__`-Funktion erhält diese beiden Werte und setzt sie entsprechend im Objekt.

```
def __init__(self,schaechte,farbe):
    self.farbe = farbe
    self.schaechte = schaechte
```

Weiterhin setzt die `__init__`-Funktion alle weiteren Eigenschaften (also die Objektvariablen, in Python auch Attribute genannt), damit das neu entstehende Objekt von Anfang an sinnvolle Grundwerte hat.

```
        self.anzahl_toasts = 0
        self.brot_zustand = 0
        self.toast_zeit = 10
```

Was bedeutet dieses »self«?

`self` steht in der Klassendefinition immer für den Bezeichner des konkreten Objekts. `self` ist immer der erste Parameter, den eine Funktion in einem Objekt erhält. Dieser Parameter wird aber beim Aufrufen nicht in der Klammer mit übergeben, sondern er wird automatisch erzeugt und enthält immer das Objekt, das die Funktion aufruft.

Wenn ich also `mein_toaster = Toaster(2,"rot")` ausführe, dann wird ein Objekt namens `mein_toaster` erstellt. Für dieses Objekt mit dem Namen `mein_toaster` steht das `self` dann quasi als Platzhalter. Überall, wo `self` steht, kann man sich dann `mein_toaster` denken.

`self.anzahl_toasts = 0` bedeutet für das Objekt namens `mein_toaster` also das Gleiche wie `mein_toaster.anzahl_toasts = 0`.

Es ist wichtig, dieses `self` zu verstehen, denn nur so kann man in einer Klassendefinition Funktionen schreiben, die etwas am Objekt selbst verändern. Die Objektdefinition (also die Klasse) weiß schließlich noch nicht, welches die Objekte sind, die man mit ihr anlegt, und soll gleichzeitig für jedes Objekt gelten, das mit ihr erstellt wird. Daher steht überall dort, wo eigentlich der Objektbezeichner hingehört, ein `self`. Wenn dann ein Objekt erstellt wurde und für dieses Objekt Methoden aufgerufen werden, erhält jede Funktion immer als ersten Wert das Objekt selbst (`self`). Dieses wird nicht beim Aufruf übergeben, es kommt quasi beim Aufruf durch ein Objekt automatisch hinein und enthält das Objekt, das die Funktion aufruft. Auch eine Funktion ohne Parameter hat in der Definition immer genau einen Parameter – das `self`.

`self` könnte man also übersetzen mit »das Objekt selbst«.

So sieht unsere Klassendefinition für den Toaster jetzt also aus:

```
class Toaster:
    def __init__(self,schaechte,farbe):
        self.schaechte = schaechte
        self.farbe = farbe
        self.anzahl_toasts = 0
        self.brot_zustand = 0
        self.toast_zeit = 10
```

Es wird eine Klasse definiert, die `Toaster` heißt. Beim Erstellen eines Objekts der Klasse `Toaster` werden die zwei Variablen `schaechte` und `farbe` mit übergeben – ein neues Objekt wird hier also immer mit diesen beiden Werten erstellt.

Beim Erstellen des Objekts wird die `__init__`-Funktion automatisch ausgeführt. Sie nimmt die zwei übergebenen Werte und schreibt sie in die beiden Objektvariablen `schaechte` und `farbe`. Außerdem definiert sie die weiteren Objektvariablen (Eigenschaften des Objekts) und gibt ihnen Anfangswerte. `anzahl_toasts` wird auf 0 gesetzt (klar, am Anfang ist der Toaster leer), `brot_zustand` wird auf 0 gesetzt (noch kein getoastetes Brot vorhanden), `toast_zeit` wird auf 10 gesetzt. Die Voreinstellung des Timers ist also 10 Sekunden. Mit dieser Definition allein kann man schon ein Objekt erstellen, das Eigenschaften hat.

Mit `toasty = Toaster(4,"blau")` könntest du ein Toasterobjekt namens `toasty` anlegen, das vier Schächte hat, das die Farbe Blau hat, in dem null Toasts stecken und dessen Timer auf 10 Sekunden gestellt ist.

Du kannst dann auch schon alle Eigenschaften abfragen und ändern. `toasty.toast_zeit = 20` würde den Timer auf 20 Sekunden setzen, mit `f = toasty.farbe` kannst du seine Farbe abfragen usw.

Und es muss nicht bei einem Objekt bleiben – selbstverständlich kannst du jederzeit mehrere Toasterobjekte mit verschiedenen Namen erstellen, so viele du möchtest und jedes hat seine eigenen Eigenschaften und Zustände.

Eigene Methoden definieren

Das Einzige, was dem Toaster noch fehlt, sind seine spezifischen Fähigkeiten, zum Beispiel das Hinzufügen von Toasts. Er hat jetzt *Eigenschaften*, aber noch keine nutzbaren *Methoden* (außer der automatischen Startmethode).

Die Methoden werden innerhalb der Klasse als ganz normale Funktionen definiert – mit der einen Besonderheit, dass eben ihr erster Parameter in der Definition immer `self` ist und für das aufrufende Objekt steht.

Die erste Methode wird das Einlegen von Toast sein. Sie heißt `toastReintun(x)`, wobei `x` für die Anzahl der Toasts steht. Ganz simpel würde das so aussehen:

```
def toastReintun(self,anzahl):
    self.anzahl_toasts = self.anzahl_toasts + anzahl
```

Es wird eine Anzahl übergeben. Die Anzahl Toasts, die reingesteckt wird, wird zu den vorhandenen dazugezählt.

Aufgerufen wird die Methode für das Objekt `toasty` dann zum Beispiel so:

```
toasty.toastReintun(2)
```

Die Abfrage

```
print(toasty.anzahl_toasts)
```

ergibt jetzt:

```
2
```

Nun könnte man die Funktion noch etwas erweitern, denn wenn man zum Beispiel fünf Toasts reinstecken will, geht das natürlich nicht, da es nur zwei Schächte gibt. Und wenn bereits ein Toast drinsteckt, passen nicht einmal mehr zwei Toasts rein.

```
def toastReintun(self,anzahl):
    if (self.anzahl_toasts + anzahl) > self.schaechte:
        return "Es ist nicht mehr genügend Platz dafür!"
    else:
        self.anzahl_toasts += anzahl
        return (str(anzahl)+" Toasts reingetan.")
```

So wäre die Funktion etwas erweitert. Jetzt kann man nur die Anzahl Toasts reinstecken, die noch reinpassen, anderenfalls gibt die Funktion eine Fehlermeldung zurück.

Wenn du jetzt eingibst

```
print(toasty.toastReintun(2))
```

erhältst du die Ausgabe:

```
2 Toasts reingetan.
```

Wenn du dann noch einmal eingibst

```
print(toasty.toastReintun(3))
```

kommt folgende Meldung zurück, wenn `toasty` vier Schächte hat:

```
Es ist nicht mehr genügend Platz dafür!
```

Denn weitere drei Toasts passen nicht hinein.

Die Funktion »__str__«

Neben der `__init__`-Funktion gibt es in Klassendefinitionen noch eine weitere interne Funktion, die sehr praktisch ist.

Nehmen wir an, du hast, wie zuvor beschrieben, ein Objekt der Klasse `Toaster` namens `toasty` erzeugt. Jetzt möchtest du eine Beschreibung des Objekts ausgeben. Also schreibst du:

```
print(toasty)
```

Was kommt heraus?

```
<__main__.Toaster object at 0x2>
```

Das sagt zwar korrekt aus, dass `toasty` ein Objekt der Klasse `Toaster` ist, und gibt noch einen dazugehörigen Speicherwert an, aber weitere Informationen erhalten wir nicht. Um das zu ändern, gibt es die `__str__`-Funktion. Die wird nämlich immer dann ausgeführt, wenn das Objekt als Text ausgegeben werden soll. Sie verwandelt das Objekt in einen String (= Text), den man anzeigen kann. (Du hast diese Funktion im vorherigen Kapitel ja schon verwendet.) Wie sie das macht und welche Informationen sie dabei herausgibt, liegt ganz an dir und daran, wie du die `__str__`-Funktion definierst.

Zum Beispiel so:

```
def __str__(self):
    antwort = "Das Objekt ist ein Toaster. "
    antwort += "Die Farbe ist "+self.farbe+". "
    antwort += "Er hat "+str(self.schaechte)+" Schächte. "
    antwort += "Im Moment sind "+str(self.anzahl_toasts)+" Toasts drin. "
    return antwort
```

Hiermit wird also definiert, was passiert, wenn das Programm das Objekt als Text ausgibt.

Gibst du nun ein

```
toasty = Toaster(3,"rot")
print(toasty)
```

dann kommt folgende Meldung zurück:

```
Das Objekt ist ein Toaster. Die Farbe ist rot. Er hat 3 Schächte. Im
Moment sind 0 Toasts drin.
```

Weil das Objekt `toasty` mit dem `print()`-Befehl ausgegeben wird, wird die `__str__`-Funktion (wenn eine vorhanden ist) automatisch ausgeführt und es kommen die gewünschten Informationen. (Natürlich könntest du in der Funktion auch noch den Zustand des Brotes und die Timer-Einstellung ausgeben – ganz wie gewünscht.)

Wenn du willst, kannst du jetzt noch beliebige weitere eigene Methoden definieren, zum Beispiel die Methode `toasten`:

```
def toasten(self):
    if self.anzahl_toasts > 0:
            zeit = self.toast_zeit
            if zeit<=15:
                self.brot_zustand +=1
            if zeit >15:
                self.brot_zustand +=2
            if self.brot_zustand >3:
                self.brot_zustand = 3
            zustand = ["ungetoastet", "leicht getoastet", "stark
            getoastet","verbrannt"]
            return (str(zeit)+" Sekunden vergangen, Toasten erledigt, das
            Brot ist "+ zustand[self.brot_zustand])
    else:
            return ("Kein Toast im Toaster!")
```

Alles klar? Es wird geprüft, ob überhaupt Toast im Toaster ist, dann wird der Zustand des Brotes entsprechend der Eigenschaft `toast_zeit` verändert. Der Zustand des Brotes wird anhand der Liste `zustand` ausgegeben. Natürlich kannst du diese Methode auch ganz anders definieren – es liegt an dir.

Nun soll man das Toast auch noch auswerfen können, das kannst du zum Beispiel so realisieren:

```
def toastAuswerfen(self):
    zustand = ["ungetoastet", "leicht getoastet", "stark
    getoastet","verbrannt"]
    info = str(self.anzahl_toasts)+" Mal Toast ausgeworfen. Zustand:
    "+zustand[self.brot_zustand]
    self.anzahl_toasts = 0
    self.brot_zustand = 0
    return info
```

Mit diesen Klassendefinitionen zusammen erhältst du ein Toasterobjekt, das mehr oder weniger genau so ist wie das fertige, mit dem du anfangs geübt hast. Nur dass du jetzt weißt, wie man es selber erzeugt.

Zusammenfassung: Klassen

- Um eine eigene Objektklasse zu erzeugen, schreibst du in Python eine Definition, die immer mit `class Name:` beginnt. `Name` steht dabei für den Namen, den deine Klasse haben soll, und beginnt mit einem Großbuchstaben.
- Anschließend folgen eingerückt die Variablen (Eigenschaften), die das Objekt besitzen soll, sowie die Funktionen (Methoden), die das Objekt ausführen kann.
- Variablen können entweder mit `variablenname = wert` oder `self.variablenname = wert` innerhalb der Klassendefinition angegeben werden.
- Variablen, die mit `self.variablenname = wert` angelegt sind, gehören zu einem einzelnen Objekt. Sie sind *Objektvariablen*, also Eigenschaften des Objekts, und können später mit `objektname.eigenschaftsname` verwendet werden. Variablen, die direkt in der Klassendefinition *ohne* `self` stehen, sind Klassenvariablen. Sie gehören zur Klasse selbst und werden von allen Objekten geteilt.
- Objektfunktionen (Methoden) werden in der Klassendefinition wie normale Funktionen mit `def funktionsname (parameter)` erzeugt, wobei der erste Parameter einer Funktion immer das `self` sein muss, danach können weitere Werte folgen, die der Funktion übergeben werden.
- In Python gibt es bei Klassendefinitionen Spezialfunktionen wie die `__init__`-Funktion, die automatisch aufgerufen wird, wenn ein Objekt erzeugt wird, und die `__str__`-Funktion, die automatisch aufgerufen wird, wenn der Objektname als String verwendet werden soll.
- Klassennamen werden üblicherweise mit großem Anfangsbuchstaben geschrieben. Alle anderen Variablen und Funktionen (Objektnamen, Eigenschaften, Methoden) werden wie alles andere auch in Python mit kleinem Anfangsbuchstaben begonnen, meist als snake_case.

Ableitung und Vererbung – ein Supertoaster

Zuletzt geht es noch um eine ganz wichtige Eigenschaft von Klassen und Objektdefinitionen. Vielleicht findest du den Toaster ganz nett und erstellst dir in einem Programm mehrere Toasterobjekte, zum Beispiel `toasty`, `toasty2`, `toastmaster` usw. Als Nächstes willst du aber einen zusätzlichen Toaster erschaffen, der noch mehr kann, einen, bei dem man die

Temperatur einstellen kann und der einen Alarm ausgibt, wenn er zu heiß wird. Alle anderen Eigenschaften, die der normale Toaster hat, soll er ebenfalls haben.

Klar, man könnte jetzt einfach eine neue Objektklasse definieren, die mehr Variablen und Funktionen enthält als die bisherige Klasse `Toaster`. Aber warum das Rad neu erfinden, wenn die Grundeigenschaften schon einmal da sind? Was wir eigentlich brauchen, ist eine *Erweiterung* der Klasse `Toaster`. Das geht so:

```
class SuperToaster(Toaster):
```

Wieder wird eine Klasse definiert, diesmal mit dem Namen `SuperToaster`, aber in Klammern wird bei der Klassendefinition eine bereits vorhandene Klasse angegeben, nämlich `Toaster`.

Das bedeutet, dass diese neue Klasse automatisch alle Variablen und Methoden der Klasse `Toaster` übernimmt. Man sagt auch, die eine Klasse »erbt« alles von der anderen Klasse. Die Klasse, von der geerbt wird, nennt man die *Basisklasse*. Oder man sagt auch: `SuperToaster` ist von der Klasse `Toaster` *abgeleitet* und erbt ihre Eigenschaften und Methoden.

Die Klasse `SuperToaster` ist damit in ihrer Definition erst mal identisch mit der Klasse `Toaster`.

Wenn man das so definieren würde

```
class SuperToaster(Toaster):
  pass
```

hätte man damit eine neue Klasse definiert, die exakt der Klasse `Toaster` entspricht. (`pass` bedeutet so viel wie »nichts Weiteres hinzufügen«, es ist ein leerer Befehl und kennzeichnet, dass hier nichts mehr hinzugefügt wird und die Klassendefinition damit vollständig ist.)

Man könnte jetzt also auch eingeben:

```
toasty = SuperToaster(3,"rot")
print(toasty)
```

Das Ergebnis wäre genau dasselbe wie vorher bei `Toaster`. Die Eigenschaften und Methoden von `Toaster` sind auf `SuperToaster` übergegangen, sie wurden vererbt. Man kann in diesen Toaster Toast hineintun und es auch toasten.

Aber natürlich ist es nicht sonderlich sinnvoll, eine neue Klasse zu definieren, die der vorherigen genau gleicht. Daher kann man die neue Klasse jetzt erweitern.

```
class SuperToaster(Toaster):
  temperatur = 300
```

Nun haben wir einen Toaster, der sich gleich verhält wie der normale, der aber zusätzlich noch eine Eigenschaft `temperatur` hat, die am Anfang auf 300 Grad steht. Wir können sie jederzeit verändern:

```
toasty = SuperToaster(3,"rot")
toasty.temperatur = 250
```

Aber wir können dem neuen Supertoaster jetzt auch noch eigene Methoden hinzufügen, die er dann zusätzlich zu den vorhandenen von `Toaster` hat. Zum Beispiel das Temperaturtoasten, das Toasten mit der eingestellten Temperatur:

```
def temptoasten(self):
    if self.temperatur > 500:
        return "Alarm: Der Toaster ist zu heiß!"
    elif self.temperatur < 100:
        return "Das Brot wird nicht getoastet - zu kalt."
    else:
        return self.toasten()
```

Hier wird zuerst geprüft, ob die Temperatur zu hoch ist, in dem Fall meldet der Toaster, dass er zu heiß ist. Oder die Temperatur ist zu niedrig, dann meldet er, dass er zu kalt ist. Nur wenn die Temperatur stimmt, wird der normale Toastvorgang aufgerufen – und der steht der Klasse ja dank der Vererbung aller Methoden von `Toaster` zur Verfügung.

Was ist, wenn wir in der Klasse `SuperToaster` eine neue Funktion definieren, die aber denselben Namen hat wie die Funktion in der Basisklasse (`Toaster`)? Zum Beispiel:

```
class SuperToaster(Toaster):
    def toasten(self):
```

usw.

Ganz einfach: Dann wird die geerbte Funktion `toasten()` von der neu definierten Funktion mit dem gleichen Namen überschrieben. Wenn wir in der Klasse `SuperToaster` eine eigene Funktion `toasten()` definieren, dann gilt für die damit erzeugten Objekte nur noch diese neue Funktion und nicht mehr die geerbte aus der Basisklasse.

Auf diese Weise kann man also neue Klassen definieren, die auf vorhandenen Klassen basieren, aber Teile davon durch andere Funktionen ersetzen. So baut man die *Variation einer Klasse* – zum Beispiel einen Toaster, der im Wesentlichen gleich ist, aber einen ganz anderen Toastmechanismus hat.

Puh ... das war eine ganze Menge, viele, viele `Toaster`. Da kann ich verstehen, dass du auf Toast jetzt vielleicht keine Lust mehr hast.

Es ist aber ganz wichtig, dass du die Grundlagen der Objektprogrammierung verstanden hast, denn du wirst später alles mit Objekten programmieren. Wenn du erst einmal verinnerlicht hast, wie es funktioniert, wird es dir ganz natürlich erscheinen und das Programmieren sehr vereinfachen. Zur Praxis geht es dann endlich im nächsten Kapitel mit Objektspielen, da kommt der Spaß dann wieder richtig auf!

Zusammenfassung: Objektprogrammierung

- *Objekte* sind unter einem bestimmten Namen zusammengefasste Bündel von Variablen (Eigenschaften) und Funktionen (Methoden).
- Ein Python-Objekt kann wie Objekte in der Wirklichkeit Eigenschaften und Fähigkeiten haben.
- Die Beschreibung eines Objekts ist die *Klasse* des Objekts. Sie wird in der *Klassendefinition* genau festgelegt. Die Klassendefinition enthält alle Variablen und Funktionen, die dem Objekt zur Verfügung stehen.
- Die Klasse ist aber nicht das Objekt, so wie das Rezept nicht der Kuchen ist. Aus einer Klasse kann jederzeit ein Objekt erstellt werden (oder mehrere), das dann alle in der Klasse definierten Fähigkeiten hat.
- Gut programmierte Objekte sind wie eigenständige Elemente eines Programms, denen man Eigenschaften zuweisen und Befehle geben kann, die sie selbstständig ausführen.
- Objektklassen können entweder von Grund auf neu programmiert werden oder sie basieren auf einer schon vorhandenen Klasse und erweitern oder verändern diese (Vererbung von Klassen).
- Für Python gibt es unzählige vordefinierte Objekte, die du einfach importieren und benutzen kannst. Du musst dazu nur wissen, wie die Eigenschaften und Methoden des Objekts heißen, wie sie angesprochen werden und was sie bewirken. Das Arbeiten mit vordefinierten Objekten bietet sehr umfangreiche Möglichkeiten beim Programmieren, die vergleichsweise wenig Aufwand bedeuten.

Kapitel 17

pygame-ce – Spiele bauen mit Objekten

Nach der Pflicht folgt jetzt endlich die Kür: Du kennst Anweisungen, Funktionen und Objekte. Auch Module hast du kennengelernt und jetzt wollen wir damit so richtig loslegen – Schritt für Schritt geht es jetzt an das Programmieren echter Spiele.

Wir haben in den vorangegangenen Kapiteln ja schon so einige praktische Bibliotheken verwendet. Eine recht umfangreiche davon war die `turtle`-Bibliothek, mit der du eine zeichnende Schildkröte sowie allerlei bunte Grafiken erzeugen konntest. Auch dabei handelt es sich um eine Objektbibliothek, nur haben wir sie noch nicht so richtig objektorientiert genutzt. Man kann damit nämlich noch weit mehr machen, zum Beispiel mehrere Schildkröten oder andere Figuren erzeugen, die miteinander kommunizieren ... Aber das darfst du am Ende des Buches, wenn du möchtest, gerne selbst ausprobieren.

Wir wenden uns jetzt intensiver einem Modul zu, das du bereits für den Bereich Sound kennengelernt hast: Dir kommt natürlich sofort `pygame-ce` in den Sinn. Hinter diesem Modul verbirgt sich eine umfangreiche und sehr leistungsfähige Sammlung von Objektklassen und Funktionen, die alles zur Verfügung stellt, was du brauchst, um die verschiedenartigsten Spiele zu programmieren: ein Spielfeld, beliebig bewegbare Figuren, einen Spielablauf, Abfragen von Maus und Tastatur usw.

Hinter `pygame-ce` steht wie gesagt der Entwickler des ursprünglichen Moduls `pygame`, der damit einen rasanten Neustart hingelegt hat und andere Entwickler stärker einbinden möchte. Deshalb auch die Namenserweiterung **ce**, die für *Community Edition* steht. Aus Kompatibilitätsgründen wird `pygame-ce` im Programmcode genauso importiert und verwendet wie der Vorgänger `pygame`.

Du kannst alle Funktionen benutzen und ansprechen, indem du einfach die `pygame`-Bibliothek importierst und anschließend aus ihren vorgegebenen Klassen Objekte erzeugst, deren Eigenschaften und Methoden du dann mit deinen Programmen anpasst und steuerst. Wie du ja gelernt hast, ist es dabei wichtig zu wissen, wie die Klassen, Eigenschaften und Methoden heißen, mit welchen Werten sie aufgerufen werden und was genau sie bewirken. Das wirst du jetzt Schritt für Schritt erkunden und kennenlernen.

Beim Arbeiten mit Modulen ist es wichtig zu verstehen, dass du auf ein *ganzes System* von Funktionen, Methoden, Attributen und Befehlen zugreifst, die zugegeben nicht immer ganz einfach zu verstehen sind. Deshalb ist es besser, sich vollständige Beispiele anzusehen, die du dann nach deinen Vorstellungen anpassen kannst. Also fangen wir nicht mit einzelnen Befehlen an, sondern mit ganzen Programmen, die wir uns ansehen und dann verändern.

Was macht unser erstes Programm?

Unser erstes Programm wird einen einfachen Fisch in ein Fenster zeichnen.

Dazu

- importieren wir `pygame`,
- öffnen ein Fenster,
- zeichnen den Fisch in das Fenster und
- aktualisieren das Fenster ständig,
- bis es geschlossen wird.

Und so sieht unser Programmcode aus:

```
import pygame

pygame.init()
screen = pygame.display.set_mode((640, 480))
pygame.display.set_caption("Fischers Fritze")
font = pygame.font.SysFont(None, 50)
objekt = font.render("<°)))><<", True, 'red')

running = True
while running:
    for event in pygame.event.get():
        if event.type == pygame.QUIT:
            running = False

    screen.fill((200, 220, 255))
    screen.blit(objekt, (250, 150))
    pygame.display.flip()

pygame.quit()
```

Abbildung 17.1: Unser erster Fisch – noch etwas statisch, aber erkennbar ein Fisch

Schauen wir uns das Programm einmal genauer an, um zu verstehen, was da passiert. Vor allem aber ist es wichtig, einige grundlegende Prinzipien zu verstehen, wie dieses Modul arbeitet:

Wie gesagt muss die Bibliothek natürlich erst importiert werden. Am Anfang eines jeden Programms, das mit `pygame` arbeitet, steht also immer der Import:

```
import pygame
```

Damit werden unserem Programm alle Funktionen und Klassen aus der Bibliothek `pygame-ce` zur Verfügung gestellt. Das kennst du ja schon.

Im nächsten Schritt wird `pygame` initialisiert. Stell dir das vor wie den Motor eines Fahrzeugs, der gestartet wird. Ohne Starten geht es nicht, aber das reicht noch nicht, damit das Fahrzeug losfährt.

```
pygame.init()
```

Wir brauchen noch ein paar Kleinigkeiten: erst mal eine Zeichenfläche mit einer Größe von frei gewählten 640 × 480 Pixeln. `screen` ist unser neues Objekt, mit dem wir weiter mit der Zeichenfläche arbeiten können. Auf der Zeichenfläche wird sich alles Sichtbare abspielen:

```
screen = pygame.display.set_mode((640, 480))
```

Wir haben damit eine Zeichenfläche, die von `pygame` automatisch in einem Fenster untergebracht wird. Auch auf dieses Fenster können wir mit `pygame` zugreifen. Hier ändern wir mal den Titel des Fensters:

```
pygame.display.set_caption("Fischers Fritze")
```

Unser erster Fisch soll der Einfachheit halber erst mal ein ASCII-Fisch sein, der nur aus Zeichen besteht. Dafür müssen wir mit `pygame` auf die Schriften des Systems zugreifen:

```
font = pygame.font.SysFont(None, 50)
```

Das `None` sorgt dafür, dass eine Standardschrift des Systems verwendet wird; die 50 steht für die Zeichengröße.

Damit können wir jetzt unseren Fisch erzeugen, den wir mit einem übergebenen String festlegen. `True` aktiviert die Kantenglättung (das Antialiasing). Mit dem Parameter `'red'` färben wir unseren Fisch in der entsprechenden Farbe ein und übergeben alles dem neuen Objekt mit dem extra allgemein gehaltenen Namen `objekt` – wir hätten es natürlich auch `fisch` nennen können:

```
objekt = font.render("<°)))><<", True, 'red')
```

Jetzt könnte man eigentlich meinen: »Das reicht doch.« Aber wir wollen mit `pygame` ja später ein Spiel mit Bewegungen und Animationen erstellen. Dazu muss das Programm in eine Schleife gesetzt werden, die immer wieder überprüft, was gemacht werden soll. Dafür brauchen wir eine Schleife, die – zumindest erst mal – immer wieder durchlaufen wird:

```
running = True
while running:
```

Und jetzt kommt das Spannende: Bei jedem Schleifendurchlauf fragen wir von `pygame` ab, was passiert ist bzw. welche Events eingetreten sind. Wurde eine Taste gedrückt? Wurde die Maus oder das Mausrad bewegt? Wurde der Feuerknopf gedrückt? Oder hier erst mal ganz grundlegend – hat jemand versucht das Programm zu beenden, indem er das Fenster schließt?

```
    for event in pygame.event.get():
        if event.type == pygame.QUIT:
            running = False
```

In dem Fall würde `pygame` in einem der Events mit `event.type` ein `pygame.QUIT` übermitteln. Dann setzen wir `running` auf `False` und unsere Schleife würde verlassen. Es kann tatsächlich sehr viele Events geben, deshalb auch unsere Schleife, die alle Events durchläuft, die wir mit `pygame.event.get()` abfragen können.

Aber ist das Schließen des Programms denn so wichtig, dass wir ausgerechnet damit anfangen?

Es ist wichtig zu verstehen, wie die Grundstrukturen in so einem Modul aufgebaut sind. Vom Start, der Initialisierung, über den Ablauf bis zum geordneten Ende. Aber natürlich hast du recht, wenn du das Schließen eines Programms erst mal nicht ganz so spannend findest.

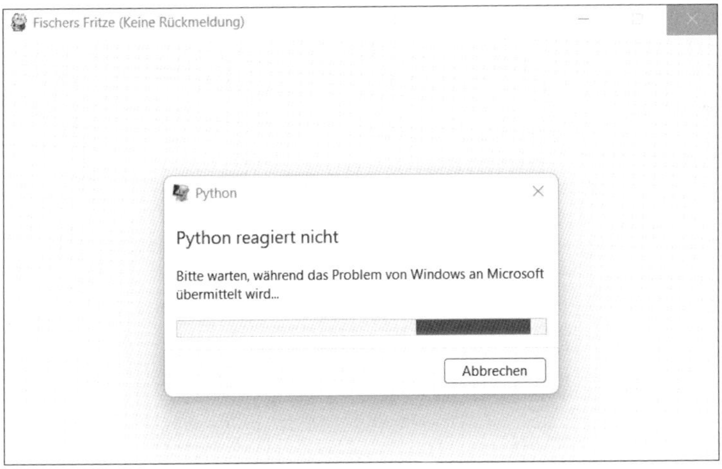

Abbildung 17.2: So würde es jedes Mal aussehen, wenn unser Programm nicht richtig auf das Schließen des Fensters reagieren würde.

Praktisch ist es aber doch so, dass wir einen sauberen und geordneten Programmablauf haben wollen und nicht erst darauf warten wollen, dass das Betriebssystem ein Beenden erzwingt. Außerdem wirst du in ein paar Seiten andere Events kennenlernen und damit deinen Fisch steuern.

Über unser `screen`-Objekt legen wir mit der Methode `fill` die Hintergrundfarbe fest:

```
screen.fill((200, 220, 255))
```

Hier nehmen wir ein dezentes Blau. Für die Farbe geben wir hier den RGB-Wert an. Das sind drei Zahlen, die den Rot-, Grün- und Blauanteil der Farbe bestimmen. Damit kann man über 16 Millionen unterschiedliche Farben erzeugen, ganz nach deinem persönlichen Geschmack.

Wie findet man heraus, welchen RGB-Wert eine Farbe hat?

[zB]

Dank des Internets ist das sehr einfach. Such in deiner Suchmaschine einfach mal nach »Color Picker«, dann erhältst du zahlreiche Tools, mit denen du in einem Farbwähler den gewünschten Farbton heraussuchen kannst und sofort die drei Werte für R, G und B angezeigt bekommst. Geht in Sekundenschnelle.

Mit der Methode `blit` teilen wir unserem Objekt `screen` mit, dass es unseren Fisch in Form von `objekt` an die Position 250, 150 zeichnen soll. Dabei ist 0, 0 links oben. Nach rechts und nach unten werden die Werte immer größer.

```
screen.blit(objekt, (250, 150))
```

Und abschließend wird mit `display.flip` alles im Fenster sichtbar gemacht:

```
pygame.display.flip()
```

Das alles passiert in jedem Durchlauf – rasend schnell.

Fehlt nur noch die Anweisung, was passiert, wenn jemand das Fenster schließt. Mit `quit` wird alles sauber beendet:

```
pygame.quit()
```

Fertig! Der Rahmen steht, deshalb wollen wir gleich weitermachen.

Wie die Fische das Laufen lernen

Klar, unser Fisch soll nicht laufen, aber zumindest über die Zeichenfläche soll er sich bewegen. Steuern wollen wir ihn über die vier Cursortasten.

Dazu müssen wir etwas in der Schleife hinzufügen. Also dort, wo überprüft wird, ob als Event das Fenster geschlossen wird.

Bevor wir überprüfen können, *welche* Taste gedrückt ist, müssen wir erst schauen, ob überhaupt eine Taste gedrückt wurde. Sonst haben wir nämlich keinen entsprechenden Wert `event.key` und würden einen Fehler bekommen. Also prüfen wir zuerst mal, ob aktuell eine Taste gedrückt wurde:

```
        if event.type == pygame.KEYDOWN:
```

Dann können wir in den Events nachschauen, ob jemand eine Cursortaste gedrückt hat. Die Events, die in `event.key` auftreten können, heißen `K_UP`, `K_DOWN`, `K_LEFT` und – wenig überraschend – `K_RIGHT`. Das kann man natürlich nicht wissen und nur sehr schlecht erraten, das muss man nachlesen.

Damit können wir genau abfragen, ob eine der Cursortasten gedrückt wurde:

```
            if event.key == pygame.K_UP:
                # Fisch nach oben
            if event.key == pygame.K_DOWN:
                # Fisch nach unten
            if event.key == pygame.K_LEFT:
                # Fisch nach links
            if event.key == pygame.K_RIGHT:
                # Fisch nach rechts
```

Und was machen wir, wenn eine Cursortaste gedrückt wurde?

Dann müssen wir die Position des Fisches neu berechnen und an die Methode `blit` übergeben. Bisher hatten wir die Position ja fest in die Methode geschrieben:

```
screen.blit(objekt, (250, 150))
```

Das müssen wir durch Variablen ersetzen, die wir **x** und **y** nennen wollen. Natürlich müssen diese Variablen vor der ersten Verwendung und damit vor der Schleife initialisiert werden und einen Wert erhalten. In der Schleife müssen wir passend zu jeder Taste natürlich auch den aktuellen Wert verändern. Außerdem wollen wir die Geschwindigkeit des Fisches festlegen. Dafür nehmen wir eine neue Variable namens `speed`.

Das kann dann so aussehen:

```
# Unsere neuen Variablen
x = 250
y = 150
speed = 5

running = True
while running:
    for event in pygame.event.get():
        if event.type == pygame.QUIT:
            running = False
        # Wir prüfen, ob eine Taste gedrückt wurde
        if event.type == pygame.KEYDOWN:
            # Und prüfen dann, welche Taste gedrückt wurde
            if event.key == pygame.K_UP:
                y -= speed
            if event.key == pygame.K_DOWN:
                y += speed
            if event.key == pygame.K_LEFT:
                x -= speed
            if event.key == pygame.K_RIGHT:
                x += speed

    screen.fill((200, 220, 255))
    # Hier übergeben wir den aktuellen Wert von x und y
    screen.blit(objekt, (x, y))
    pygame.display.flip()
```

Wobei `y += speed` die Kurzform von `y = y + speed` ist.

Der Chamäleonfisch

Wenn wir schon dabei sind, können wir eigentlich auch die Farbe des Fisches ändern. Wenn die Taste [C] gedrückt wird, soll eine zufällige neue Farbe ausgewählt werden.

Das geht mit einem weiteren `if` unter dem `if event.type == pygame.KEYDOWN` (und darunter entsprechend eingerückt):

```
        # Zufällige Farbe wählen
        if event.key == pygame.K_c:
            farbe = (
                random.randint(0, 255),
                random.randint(0, 255),
                random.randint(0, 255)
            )
```

Damit das so funktioniert, musst du natürlich noch das Modul `random` importieren und `farbe` muss vor der ersten Verwendung bereits mit einem Wert initialisiert werden. Denn auch wenn noch keine zufällige Farbe gesetzt wurde, wird die Variable `farbe` bereits verwendet:

```
farbe = (200, 0, 0)
objekt = font.render("<°)))><<", True, farbe)
```

Fehlt nur noch das Rendern des Fisches innerhalb der Schleife – natürlich in Farbe:

```
objekt = font.render("<°)))><<", True, farbe)
```

Das ist jetzt natürlich eine ganze Menge an Code. Wir haben einige Änderungen eingebaut, die nicht ganz leicht sind. Deshalb schauen wir uns das Programm noch einmal am Stück an:

```
import pygame
import random

pygame.init()
screen = pygame.display.set_mode((640, 480))
pygame.display.set_caption("Fischers Fritze")

font = pygame.font.SysFont(None, 50)
farbe = (200, 0, 0)
objekt = font.render("<°)))><<", True, farbe)

# Startposition des Fisches
x = 250
y = 150
speed = 5
```

```
running = True
while running:
    for event in pygame.event.get():
        if event.type == pygame.QUIT:
            running = False

        # Wurde eine Taste gedrückt?
        if event.type == pygame.KEYDOWN:

            # Zufällige Farbe wählen bei Taste c
            if event.key == pygame.K_c:
                farbe = (
                    random.randint(0, 255),
                    random.randint(0, 255),
                    random.randint(0, 255)
                )
            # Bewegung mit den Cursortasten
            if event.key == pygame.K_UP:
                y -= speed
            if event.key == pygame.K_DOWN:
                y += speed
            if event.key == pygame.K_LEFT:
                x -= speed
            if event.key == pygame.K_RIGHT:
                x += speed

    # Fisch mit aktueller Farbe neu rendern
    objekt = font.render("<°)))><<", True, farbe)

    screen.fill((200, 220, 255))
    screen.blit(objekt, (x, y))
    pygame.display.flip()
pygame.quit()
```

[!]

Achtung: Der Nullpunkt liegt links oben

Übrigens befindet sich der Nullpunkt des Koordinatensystems in pygame oben links im Fenster. Die Position x = 0, y = 0 entspricht also der linken oberen Ecke des Spielfeldes. Je weiter du nach rechts gehst, desto größer wird der x-Wert. Je weiter du nach unten gehst, desto größer wird der y-Wert. Wenn dein Fenster zum Beispiel 600 × 600 Pixel groß ist, liegt die rechte untere Ecke bei den Koordinaten x = 600, y = 600.

Gehst du über den Nullpunkt weiter nach oben oder nach links, dann werden die Werte entsprechend negativ. Sehen kannst du das natürlich nicht, denn das Fenster zeigt dir immer nur einen festgelegten Ausschnitt im positiven Bereich.

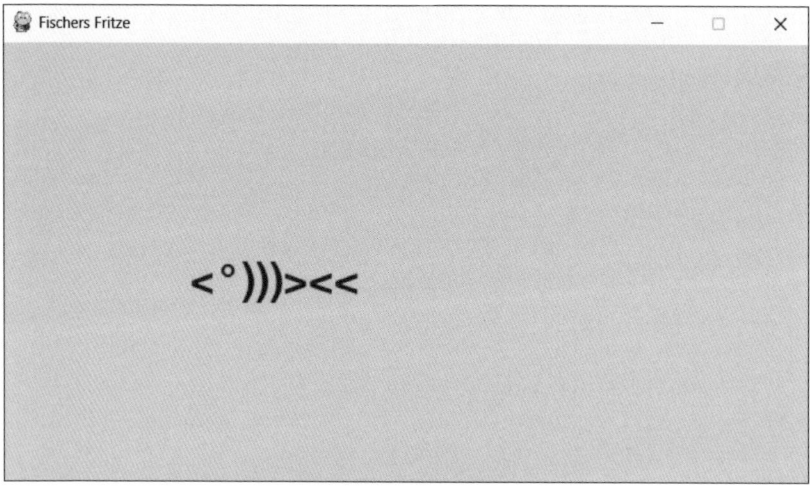

Abbildung 17.3: Bewegter blauer Fisch im blauen Meer

Der Fisch soll leben – Spielfigur mit Eigenleben

Wie wäre es, wenn der Fisch autark reagiert oder sich einfach nach einem zufälligen Muster hin- und herbewegt? Die Tastatursteuerung würde dann natürlich nicht mehr benötigt, nur eine zufällig reagierende Steuerung.

Und wie kann so eine Steuerung funktionieren?

Im einfachsten Fall durch einen Zufallswert. In jeder Runde, also bei jedem Schleifendurchlauf, wird die aktuelle Position auf der x- und der y-Achse jeweils um einen Wert erhöht oder verringert (oder bleibt gleich). Damit es kein zu großes Gezappel wird, kannst du Zufallswerte festlegen, die eine bestimmte Anzahl von Runden gültig sind, sagen wir für 20 bis 100 Runden bleibt der Kurs des Fisches gleich.

Dazu legst du fest, dass sich die Position unseres Fisches entweder erhöht, dass sie 0 ist oder dass sie um 1 verringert wird. Das machst du für `x` und `y` getrennt.

Dafür brauchst du drei Variablen, die du auch wieder vor der Schleife initialisierst. Damit haben sie einen Wert und können im Folgenden verwendet werden. Das könnte so aussehen:

```
gleiche_richtung = 0
x_richtung = 0
y_richtung = 0
```

In der Schleife legst du mit der Variablen `gleiche_richtung` fest, wie lange unser Fisch in die gleiche Richtung schwimmt. Die Richtung ist für x und y jeweils folgende:

- **-1** – links bzw. hoch
- **0** – keine Bewegung auf x oder y
- **1** – rechts bzw. nach unten

Und als Programmcode sieht das dann so aus:

```
# Zufällige Bewegung
gleiche_richtung = gleiche_richtung - 1
if gleiche_richtung <= 0:
    gleiche_richtung = random.randint(20, 100)
    x_richtung = random.choice([-1, 0, 1])
    y_richtung = random.choice([-1, 0, 1])
```

Natürlich musst du jetzt noch dafür sorgen, dass die festgelegte Richtung im Programm berücksichtigt wird. Dazu addierst du einfach die neuen zufälligen Werte zu der aktuellen Position, genauer gesagt zu x und y:

```
x += x_richtung
y += y_richtung
```

Sind die Werte negativ, dann wird natürlich aus der Addition eine Subtraktion.

Ein Problem haben wir aber immer noch! Durch den zufällig gesetzten Kurs kann unser Fisch einfach im Nirgendwo verschwinden. Wir müssen also dafür sorgen, dass er nicht über die Grenzen des Fensters hinausschwimmen kann. Dafür gibt es verschiedene Möglichkeiten. Wir wählen natürlich die einfachste: Wird einer der Werte von x oder y kleiner als 0 oder größer als 600, dann setzen wir den Wert einfach zurück:

```
# Fisch, bleib im Fenster
if x < 0:
    x = 0
if y < 0:
    y = 0
if x > 600:
    x = 600
if y > 400:
    y = 400
```

Das ist jetzt natürlich nicht ganz sauber. Du wirst sehen, der Fisch kann doch einige Pixel aus dem Fenster hinausschwimmen. Er taucht zwar wieder auf, aber er schwimmt doch über die Grenzen nach rechts und unten hinaus. Du kannst dir ja einmal überlegen, wie du das besser machen kannst. Auch hier gibt es natürlich wieder unterschiedliche Möglichkeiten.

Das als kleiner Tipp: Du kannst die tatsächliche Breite und Höhe des Fisches abfragen, nachdem er gerendert wurde:

```
fisch = font.render(fisch_text, True, fisch_farbe)
fisch_breite = fisch.get_width()
fisch_hoehe = fisch.get_height()
```

Inzwischen haben wir doch wieder einige Änderungen. Deshalb schauen wir uns den Programmcode wieder im Ganzen an:

```
import pygame
import random

pygame.init()
screen = pygame.display.set_mode((600, 400))
pygame.display.set_caption("Automatischer Fisch")

font = pygame.font.SysFont(None, 60)
fisch_text = "<°(((><"
fisch_farbe = (200, 0, 0)

x = 250
y = 150
gleiche_richtung = 0
x_richtung = 0
y_richtung = 0

clock = pygame.time.Clock()
running = True
while running:

    for event in pygame.event.get():
        if event.type == pygame.QUIT:
            running = False

    # Zufällige Bewegung
    gleiche_richtung = gleiche_richtung - 1
    if gleiche_richtung <= 0:
```

```
            gleiche_richtung = random.randint(20, 100)
            x_richtung = random.choice([-1, 0, 1])
            y_richtung = random.choice([-1, 0, 1])

        x += x_richtung
        y += y_richtung

        # Begrenzung: Fisch bleib im Fenster
        if x < 0:
            x = 0
        if y < 0:
            y = 0
        if x > 600:
            x = 600
        if y > 400:
            y = 400

        # Fisch rendern
        fisch = font.render(fisch_text, True, fisch_farbe)

        # Zeichnen
        screen.fill((200, 220, 255))
        screen.blit(fisch, (x, y))
        pygame.display.flip()

        clock.tick(60)

    pygame.quit()
```

Schon ist unser Programm fertig und unser Fisch bewegt sich hin und her. Manchmal bleibt er auf der Stelle stehen.

Moment mal, was ist denn dieses »clock.tick«?

Ich wusste, das würde dir auffallen. Es ist ein großes Problem in der Spieleentwicklung, dass Computer unterschiedlich schnell sein können. Dennoch möchte man, dass das Programm immer in der gleichen Geschwindigkeit abläuft – unabhängig vom Rechner. Dafür bietet `pygame` die Methode `clock.tick()` an. Initialisiert wird das mit `clock = pygame.time.Clock()`. Das sorgt dafür, dass dein Programm maximal mit der angegebenen Zahl pro Sekunde aufgerufen wird. Mit `clock.tick(60)` wird die Schleife also maximal **60-mal pro Sekunde** aufgerufen. Dabei sind 60 fps, sogenannte *Frames per Second*, grundsätzlich ein guter Standardwert in Spielen. Fast jeder Computer schafft 60 fps problemlos, die Bewegungen wirken dabei für das menschliche Auge flüssig, aber nicht übertrieben schnell.

Fisch reloaded – diesmal objektorientiert

Unser Fisch schwimmt. Nachdem wir ihn zuerst selbst gesteuert haben, macht er das nun selbst. Zeit für einen neuen Fisch, einen objektorientierten Fisch! Aber wie könnte so ein Fischobjekt aussehen?

Wir brauchen erst mal eine Klasse `Fisch` mit einer Initialisierung, also den Konstruktor, dem wir die wichtigsten Daten übergeben. Das wären die Position mit x und y, den String, der unseren Fisch darstellt, und die Farbe.

Und natürlich initialisieren wir dort auch unsere bisherigen Variablen, mit denen wir den Kurs unseres Fisches bestimmt haben. Das alles würde, ohne den Inhalt, erst mal so aussehen:

```
class Fisch:
    def __init__(self, x, y, text, farbe):
        pass
```

Das `pass` ist eigentlich nicht notwendig, aber so hast du auf jeden Fall gültigen Programmcode, den du sogar schon aufrufen könntest – auch wenn sich so noch nicht viel tut.

Das `self` gehört zu jeder Signatur einer Methode in einer Klasse. Du selbst musst beim Aufruf aber gar nichts für `self` übergeben, das erledigt Python intern.

Die Sache mit der Signatur

Damit haben wir die *Signatur* des Konstruktors. Die Signatur einer Methode beschreibt grundsätzlich:

- wie eine Methode heißt
- welche Parameter sie erwartet
- in welcher Reihenfolge
- wie sie aufgerufen werden muss

Letztendlich handelt es sich um bei der Signatur um den Namen der Methode und die folgende Klammer mit allen darin enthaltenen Parametern. Jeder Programmierer kann so sehen, wie er eine Funktion oder Methode aufrufen muss.

Was brauchen wir noch? Der Fisch soll sich ja bewegen, genauso wie bisher auch. Dafür schreiben wir eine Methode `bewegen`. Auch hier erst mal ohne den ausführenden Code, ein `pass` soll erst mal reichen:

```
    def bewegen(self):
        pass
```

Dann muss noch eine Methode geschrieben werden, die sich um den Kurs kümmert, die also festlegt, wohin der Fisch wie lange schwimmt:

```
    def neue_richtung(self):
        pass
```

Und schließlich muss unser Fisch wieder korrekt im Fenster dargestellt werden. Dafür schreiben wir eine Methode `zeichnen`:

```
    def zeichnen(self, surface):
        pass
```

Damit haben wir eine **vollständige Klasse**. Sie hat zwar noch keine Funktionalität, aber du hast alle Methoden und damit alle Signaturen. Jetzt wollen wir die Methoden mit Leben füllen. Wir beginnen mit dem Konstruktor:

```
class Fisch:
    def __init__(self, x, y, text, farbe):
        self.x = x
        self.y = y
        self.text = text
        self.farbe = farbe

        self.gleiche_richtung = 0
        self.x_richtung = 0
        self.y_richtung = 0
```

Um den ersten Parameter `self` brauchst du dich ja nicht zu kümmern. Was wir aber brauchen, ist die Position mit `x` und `y`, den String, der unseren Fisch darstellt, und die Farbe.

Alle als Parameter übergebenen Werte müssen in *Objektvariablen* in der Form `self.variablenname = uebergebene_variable` gespeichert werden. Denn nur so, als Objektvariable, werden die Werte so lange gespeichert, wie das jeweilige Objekt existiert. Sonst wären die Werte direkt nach dem Aufruf der Methode wieder verloren – eben so, wie man es von normalen Funktionen her kennt: Nach dem Verlassen der Funktion verschwinden alle Werte im Nirwana. Das ist einer der Vorteile von Klassen bzw. Objekten – die Werte können die ganze Zeit genutzt werden.

Und schließlich werden auch noch alle Variablen initialisiert, die wir für die Steuerung in anderen Methoden brauchen.

Kommen wir zu der Methode `neue_richtung`, die die Richtung festlegt. Die darin berechneten Werte werden in den Objektvariablen gespeichert, die wir im Konstruktor `__init__` initialisiert haben. Jede andere Methode der Klasse kann darauf zugreifen, also muss auch nichts zurückgegeben werden. Das ist übrigens ein weiterer Vorteil von Objekten – alle Werte (genauer gesagt alle Objektvariablen) sind in dem gesamten Objekt verfügbar.

```
def neue_richtung(self):
    """Wählt eine neue zufällige Richtung."""
    self.gleiche_richtung = random.randint(20, 100)
    self.x_richtung = random.choice([-1, 0, 1])
    self.y_richtung = random.choice([-1, 0, 1])
```

Jetzt wollen wir den Fisch bewegen, sinnvollerweise mit unserer Methode `bewegen`:

```
def bewegen(self):
    """Bewegt den Fisch automatisch."""
    self.gleiche_richtung -= 1
    if self.gleiche_richtung <= 0:
        self.neue_richtung()

    self.x += self.x_richtung
    self.y += self.y_richtung
```

Bis hierhin ist alles wie gehabt. Für die Begrenzung nutzen wir geschickt zwei Funktionen von Python: `min` und `max`. Aus einer Liste mit Werten sucht Python damit den jeweils kleinsten bzw. größten Wert aus und gibt ihn zurück.

```
    # Begrenzung
    self.x = max(0, min(self.x, 600))
    self.y = max(0, min(self.y, 400))
```

Ist beispielsweise `self.x` größer als 600, vielleicht 605, und damit der Fisch außerhalb des Spielfeldes, wird von `min` der kleinere angegebene Wert 600 zurückgegeben. Dieser Wert wird von `max` mit 0 verglichen und der größere Wert, jetzt 600, wird zurückgegeben und in `self.x` gespeichert.

Wäre `self.x` zum Beispiel -9 und der Fisch damit außerhalb des Spielfeldes, dann würde erst `min` im Vergleich -9 mit dem Wert 600 den Wert -9 zurückliefern, aber dann würde `max` im Vergleich -9 zu 0 den größeren Wert 0 zurückliefern.

Genial einfach und unser Fisch bleibt immer innerhalb der Grenzen des Spielfeldes. Denk aber daran, unsere alte Lösung mag nicht so elegant sein, sie ist aber leichter zu lesen und zu verstehen als diese zugegeben schlanke Lösung in zwei Zeilen.

Fehlt uns nur noch die Methode `zeichnen`:

```
def zeichnen(self, zeichen_flaeche):
    """Zeichnet den Fisch."""
```

```
        bild_element = font.render(self.text, True, self.farbe)
        zeichen_flaeche.blit(bild_element, (self.x, self.y))
```

Die Methode erwartet einen Parameter `zeichen_flaeche`, in unserem (Haupt-)Programm ist das `screen`. Damit wird das Bildelement, also unser Fisch, gerendert und mit `blit` auf die Zeichenfläche gemalt. Hier kannst du sehr gut sehen, dass wir direkt auf alle benötigten Objektvariablen zugreifen können – ohne irgendwelche Parameter hin- und herschieben zu müssen.

Fertig ist unser objektorientierter Fisch! Hier folgt das Programm am Stück:

```
import pygame
import random

pygame.init()
screen = pygame.display.set_mode((600, 400))
pygame.display.set_caption("OOP Fisch")
font = pygame.font.SysFont(None, 60)
clock = pygame.time.Clock()

class Fisch:
    def __init__(self, x, y, text, farbe):
        self.x = x
        self.y = y
        self.text = text
        self.farbe = farbe

        self.gleiche_richtung = 0
        self.x_richtung = 0
        self.y_richtung = 0

    def neue_richtung(self):
        """Wählt eine neue zufällige Richtung."""
        self.gleiche_richtung = random.randint(20, 100)
        self.x_richtung = random.choice([-1, 0, 1])
        self.y_richtung = random.choice([-1, 0, 1])

    def bewegen(self):
        """Bewegt den Fisch automatisch."""
        self.gleiche_richtung -= 1
        if self.gleiche_richtung <= 0:
            self.neue_richtung()
```

```
        self.x += self.x_richtung
        self.y += self.y_richtung

        # Begrenzung
        self.x = max(0, min(self.x, 600))
        self.y = max(0, min(self.y, 400))

    def zeichnen(self, zeichen_flaeche):
        """Zeichnet den Fisch."""
        bild_element = font.render(self.text, True, self.farbe)
        zeichen_flaeche.blit(bild_element, (self.x, self.y))

# --- Hauptprogramm ---
fisch = Fisch(250, 150, "<°(((><", (200, 0, 0))

running = True
while running:
    for event in pygame.event.get():
        if event.type == pygame.QUIT:
            running = False

    fisch.bewegen()
    screen.fill((200, 220, 255))
    fisch.zeichnen(screen)

    pygame.display.flip()
    clock.tick(60)
pygame.quit()
```

Ein Freund für unseren Fisch – ein objektorientierter Oktopus

Unser Fisch soll nicht alleine bleiben, ein Oktopus soll sich zu ihm gesellen. Und dank objektorientierter Programmierung ist das jetzt wirklich eine Kleinigkeit! Denn hast du erst einmal eine Klasse, dann kannst du ganz einfach weitere Objekte erzeugen. Du brauchst nur ein paar kleine Ergänzungen im Hauptprogramm – eben ein neues Objekt und die notwendigen Aufrufe:

```
# --- Hauptprogramm ---
fisch = Fisch(250, 150, "<°(((><", (200, 0, 0))
oktopus = Fisch(250, 150, "<°///8", (0, 90, 90))
```

… und schon haben wir ein neues Objekt, einen grünen Oktopus!

```
running = True
while running:

    for event in pygame.event.get():
        if event.type == pygame.QUIT:
            running = False
```

So, wie wir unseren Fisch mit `fisch.bewegen()` schwimmen lassen, bewegen wir unseren Oktopus mit der gleichen Methode. Jedes Objekt ist von dem anderen getrennt und hat eigene Daten.

```
    fisch.bewegen()
    oktopus.bewegen()

    screen.fill((200, 220, 255))
```

Das Zeichnen nicht vergessen:

```
    fisch.zeichnen(screen)
    oktopus.zeichnen(screen)

    pygame.display.flip()
    clock.tick(60)

pygame.quit()
```

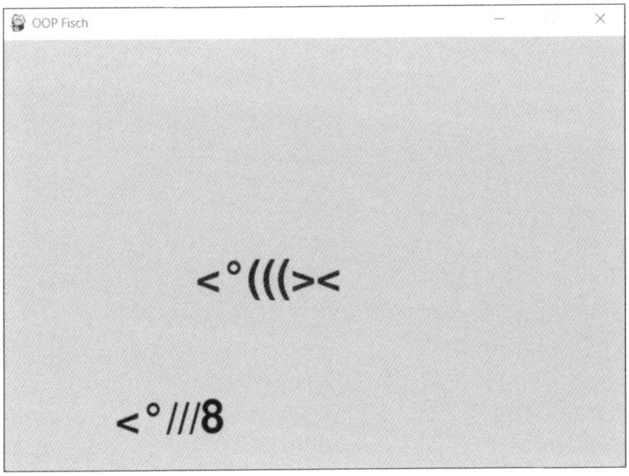

Abbildung 17.4: Unsere objektorientierten Fische

Du kannst natürlich noch viel mehr Fische erzeugen und schwimmen lassen, probiere es einfach aus.

Kapitel 18
Ereignisse und Kollisionen

Im vorigen Kapitel hast du mit dem Modul »pygame-ce« ein Spielfeld erstellt, Ereignisse kennengelernt, eine Spielfigur erst selbst gesteuert und sie später vom Programm steuern lassen. Du hast gesehen, wie eine Spielfigur als Objekt programmiert wird und ein zweites Objekt integriert wird. Vor allem aber hast du gesehen, wie eine grundlegende Struktur für ein Spiel mit »pygame« aufgebaut wird. Und mithilfe dieser Struktur werden wir jetzt weitermachen. Jetzt kommt der Rest, den du noch brauchst, um daraus ein echtes Spiel zu bauen!

Was wir im letzten Kapitel programmiert haben, war ein kleines Aquarium zum Lernen. Aber jetzt wollen wir ein richtiges Spiel programmieren. In diesem Spiel soll sich eine kleine Krabbe auf dem Meeresboden nach links und rechts bewegen können, ganz klassisch wie in einem alten Videospiel. Von oben fallen Kugeln oder Blasen herunter, die unsere Krabbe auffangen muss. Die aufgefangenen Kugeln werden gezählt und auf dem Schirm dargestellt. In einer Erweiterung soll es nicht nur einfache Kugeln geben, sondern auch rote Kugeln, die unsere Krabbe nicht berühren darf. Berührt die Krabbe eine rote Kugel, ist das Spiel zu Ende.

Fangen wir mit der Krabbe an. Wir schauen uns das grundlegende Programm an und du wirst verwundert sein, wie sehr das unserem bisherigen Programm ähnelt und wie viel du von dem bereits Erlernten hier verwenden kannst.

```
import pygame

pygame.init()
screen = pygame.display.set_mode((640, 480))
pygame.display.set_caption("Krebs - Startversion")

font = pygame.font.SysFont(None, 60)
```

Bis hierhin ist alles gleich. Und auch bei unserem Krebs hat sich im Vergleich zu den Fischen nicht allzu viel geändert. Hieran kannst du ganz gut ablesen, dass du, wenn du allgemeine Bezeichnungen wie `objekt` oder `spielfigur` verwendest, den Code universeller einsetzen könntest, ohne Änderungen machen zu müssen. In unserem Beispiel ist die Bezeichnung aber bewusst angepasst und eher spezifisch – eben alles in der Form `krebs_irgendwas`.

```
# Krebs
krebs_text = "(\\°-°/)"
krebs_color = (200, 0, 0)
krebs_x = 300
krebs_y = 420
krebs_speed = 6

clock = pygame.time.Clock()
running = True
while running:
    for event in pygame.event.get():
        if event.type == pygame.QUIT:
            running = False
```

Auch der Anfang der Schleife wird dir durchaus vertraut vorkommen. Als Erstes fragen wir ab, ob unser Programm beendet wurde. Auch die Steuerung und die Begrenzung der Bewegung auf den sichtbaren Teil des Fensters bietet wenig Neues:

```
    # Steuerung
    keys = pygame.key.get_pressed()
    if keys[pygame.K_LEFT]:
        krebs_x -= krebs_speed
    if keys[pygame.K_RIGHT]:
        krebs_x += krebs_speed

    # Begrenzung
    krebs_x = max(0, min(krebs_x, 530))

    # Zeichnen
    screen.fill((180, 220, 255))
    krebs = font.render(krebs_text, True, krebs_color)
    screen.blit(krebs, (krebs_x, krebs_y))

    pygame.display.flip()
    clock.tick(60)

pygame.quit()
```

Der Rest des Programms kommt dir bestimmt (in sehr ähnlicher Form) ebenso bekannt vor.

Abbildung 18.1: Hier haben wir unsere Krabbe, die auf dem Meeresgrund hin- und herlaufen kann.

Cool, das ist ja alles genauso oder ähnlich, wie wir es schon angelegt haben! Deshalb ist es auch so wichtig, bei solchen Modulen wie `pygame` die grundlegende Struktur zu kennen. Dann geht der Rest ziemlich einfach.

Da fällt was runter ...!

Jetzt wollen wir Kugeln oder Blasen hinzufügen, die herunterfallen. Immer nur eine Kugel auf einmal. Später kannst du das Programm gerne erweitern und mehrere Kugeln herunterfallen lassen. Hier in unserem Beispiel wollen wir uns auf eine Kugel beschränken.

Und was brauchen wir dafür?

Als Erstes natürlich eine Kugel mit ähnlichen Werten, wie wir sie bei unserer Krabbe haben:

```
# Blase (oben)
blase_text = "o"
blase_color = (0, 0, 200)
blase_x = random.randint(0, 600)
blase_y = -50
blase_speed = 3
```

Jede neu erzeugte Kugel soll an einer anderen Stelle auf der x-Achse erscheinen, deshalb die Zufallszahl bei `blase_x`.

Dann benötigen wir natürlich noch eine Variable, in der wir die Anzahl der erfolgreichen Runden in Form von Punkten speichern können:

```
punkte = 0
```

Aber auch innerhalb unserer Schleife ist einiges zu tun. Die Kugel muss Stück für Stück nach unten bewegt werden. Sobald sie unten angekommen ist, muss sie verschwinden und durch eine neue Kugel ersetzt werden.

```
# Blase nach unten bewegen
blase_y += blase_speed

# … unten angekommen
if blase_y > 480:
    blase_y = -50
    blase_x = random.randint(0, 600)
```

Genau genommen ist das hier zumindest ein klein wenig geschummelt. Denn die Blase verschwindet nicht und wird durch eine neue ersetzt, sondern tatsächlich wird die Koordinate der bisherigen Blase zufällig neu gewählt und erscheint oben wieder als neue Kugel.

Natürlich müssen wir beim Herabsinken der Kugel auch überprüfen, ob sie mit der Krabbe kollidiert. Und genau da unterstützt uns `pygame` mit einem eigenen Datentyp **`Rect`**. Bei `Rect` handelt es sich um einen speziellen Objekttyp in Form eines Rechtecks, das die Position und die Größe eines Objekts beschreibt.

```
# Kollision prüfen
krebs_rect = pygame.Rect(krebs_x, krebs_y, 60, 40)
blase_rect = pygame.Rect(blase_x, blase_y, 40, 40)
```

Wir erzeugen also zwei Objekte vom Typ `Rect`, indem wir die Koordinaten und die Größe übergeben. Das mag im ersten Moment noch nicht besonders aufregend sein, interessant wird es aber dadurch, dass es dazu eine Methode `colliderect` (also *collide rectangle*) gibt, mit der du überprüfen kannst, ob zwei Objekte miteinander **kollidiert** sind. Dazu rufst du die Methode von einem der beiden Objekte aus auf und übergibst der Methode `colliderect` das andere Objekt:

```
if krebs_rect.colliderect(blase_rect):
    punkte += 1
    blase_y = -50
    blase_x = random.randint(0, 600)
```

Wenn das zutrifft, erhöhen wir die Punktzahl um 1 und lassen die Blase platzen bzw. lassen sie oben als neue Kugel erscheinen.

Was jetzt noch fehlt, sind nur noch ein paar Kleinigkeiten analog zu den Aufrufen für unseren Krebs. Das darzustellende Objekt muss gerendert und mit `blit` der Zeichenfläche übergeben werden:

```
krebs = font.render(krebs_text, True, krebs_color)
blase = font.render(blase_text, True, blase_color)

screen.blit(krebs, (krebs_x, krebs_y))
screen.blit(blase, (blase_x, blase_y))
```

Das Gleiche gilt für unsere aktuelle Punktzahl:

```
# Punkte anzeigen
punkte_anzeige = font.render(str(punkte), True, (0, 0, 0))
screen.blit(punkte_anzeige, (10, 10))
```

Schon haben wir ein einfaches Spiel mit einer Kollisionsprüfung!

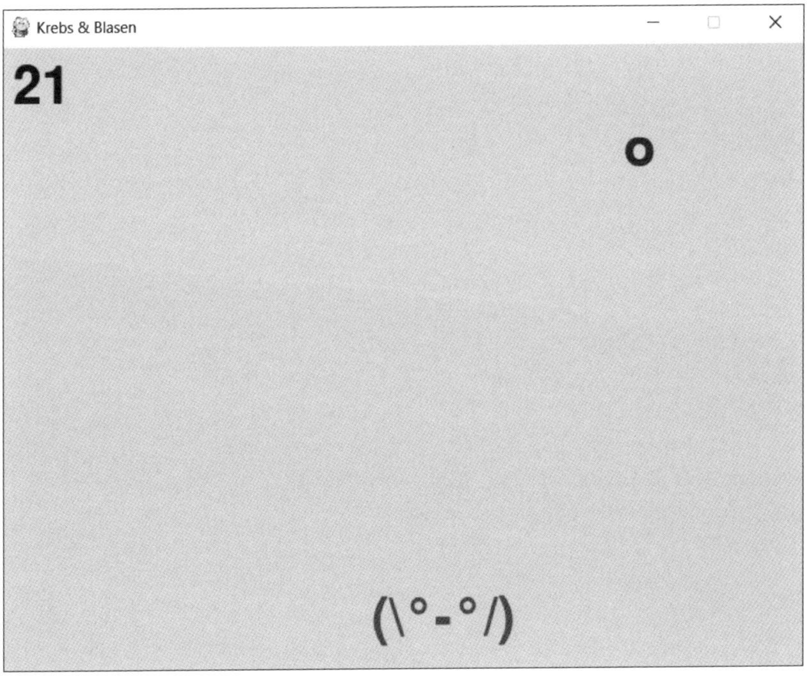

Abbildung 18.2: Noch schnell ein paar Punkte holen!

Da es wieder einige Änderungen gab, folgt hier wieder das Programm am Stück, etwas gekürzt um die Kommentare:

```
import pygame
import random

pygame.init()
screen = pygame.display.set_mode((640, 480))
pygame.display.set_caption("Krebs & Blasen")

font = pygame.font.SysFont(None, 60)

krebs_text = "(\\°-°/)"
krebs_color = (200, 0, 0)
krebs_x, krebs_y, krebs_speed = 300, 420, 6

blase_text = "o"
blase_color = (0, 0, 200)
blase_x = random.randint(0, 600)
blase_y = -50
blase_speed = 3

punkte = 0
clock = pygame.time.Clock()
running = True

while running:
    for event in pygame.event.get():
        if event.type == pygame.QUIT:
            running = False
    keys = pygame.key.get_pressed()
    if keys[pygame.K_LEFT]:
        krebs_x -= krebs_speed
    if keys[pygame.K_RIGHT]:
        krebs_x += krebs_speed
    krebs_x = max(0, min(krebs_x, 530))
    blase_y += blase_speed
    if blase_y > 480:
        blase_y = -50
        blase_x = random.randint(0, 600)

    krebs_rect = pygame.Rect(krebs_x, krebs_y, 100, 40)
```

```
    blase_rect = pygame.Rect(blase_x, blase_y, 40, 40)
    if krebs_rect.colliderect(blase_rect):
        punkte += 1
        blase_y = -50
        blase_x = random.randint(0, 600)

    screen.fill((180, 220, 255))

    krebs = font.render(krebs_text, True, krebs_color)
    blase = font.render(blase_text, True, blase_color)
    screen.blit(krebs, (krebs_x, krebs_y))
    screen.blit(blase, (blase_x, blase_y))
    punkte_anzeige = font.render(str(punkte), True, (0, 0, 0))
    screen.blit(punkte_anzeige, (10, 10))

    pygame.display.flip()
    clock.tick(60)
pygame.quit()
```

Denk dran, wenn du **mehrere Zuweisungen** in der Form

```
krebs_x = 300
krebs_y = 420
krebs_speed = 6
```

hast, kannst du das auch verkürzen und alles durch Kommas getrennt in eine Zeile schreiben:

```
krebs_x, krebs_y, krebs_speed = 300, 420, 6
```

Hier werden mehreren Variablen gleichzeitig mehrere Werte zugewiesen. Das nennt man *Multiple Assignment* bzw. *Tuple Unpacking*. Das kann man natürlich wunderbar übertreiben:

```
krebs_text, krebs_color, krebs_x, krebs_y, krebs_speed = "(\\°-°/)", (200, 0, 0), 300, 420, 6
```

Es wäre zwar überzogen, vom Ende der Lesbarkeit zu sprechen, aber schön ist so ein überfrachtetes Konstrukt wirklich nicht mehr.

Hüte dich vor den roten Kugeln

Natürlich gibt es verschiedene Möglichkeiten, das Spiel zu verändern und zu verbessern. Die Fallgeschwindigkeit könnte sich langsam oder von Runde zu Runde erhöhen, es könnten mehrere Objekte gleichzeitig herunterfallen oder aber es fallen von Zeit zu Zeit andersfarbige Objekte herunter, die unter keinen Umständen berührt werden dürfen. Genau das wollen wir uns ansehen. Da unser Programm inzwischen eine gewisse Größe erreicht hat und nicht nur Code dazukommt, sondern auch bestehender Code geändert wird, macht es Sinn, sich das direkt als ganzes Programm anzusehen.

Bis zu den Definitionen unseres Krebses bleibt tatsächlich alles gleich:

```
import pygame
import random

pygame.init()
screen = pygame.display.set_mode((640, 480))
pygame.display.set_caption("Krebs & Blasen")

font = pygame.font.SysFont(None, 60)

# Krebs
krebs_text = "(\\°-°/)"
krebs_color = (200, 0, 0)
krebs_x = 300
krebs_y = 420
krebs_speed = 6
```

Bei unserer Blase gibt es die erste Änderung, denn wir müssen an dieser Stelle nicht mehr die Farbe mit `blase_color = (0, 0, 200)` festlegen. Das passiert **später** mit einer Auswahl der Farbe zwischen Blau (gut) und Rot (gefährlich). Schaden würde es natürlich nicht, die Farbe bereits an dieser Stelle festzulegen, sie würde aber überschrieben werden.

```
# Blase

blase_text = "o"

blase_x = random.randint(0, 600)

blase_y = -50

blase_speed = 3
```

Und hier kommt auch schon die neue **Farbauswahl**. Die legen wir in einer kleinen Funktion namens `neue_blase` fest, die als Rückgabewert mit `return x, y, farbe` die Position und die Farbe zurückliefert. Im Gegensatz zu manchen anderen Programmiersprachen ist es ja problemlos möglich, beim Verlassen der Funktion mit `return` mehr als einen Wert zurückzugeben. Python ist eben praktisch!

Der Aufruf erfolgt jedes Mal, wenn die bestehende Blase am unteren Rand angekommen ist und wieder nach oben gesetzt wird. Festgelegt wird die Farbe und natürlich auch die Position.

```
# Farbe und Position der Blase
def neue_blase():
    x = random.randint(0, 600)
    y = -50
    if random.random() < 0.75:
        farbe = (0, 0, 200)
    else:
        farbe = (200, 0, 0)
    return x, y, farbe
```

Da unsere Funktion drei Werte zurückliefert, müssen wir auch drei Variablen angeben, die alle Werte entgegennehmen. Du erinnerst dich sicherlich, das ist *Multiple Assignment* bzw. *Tuple Unpacking*:

```
blase_x, blase_y, blase_color = neue_blase()
```

Neu ist auch unser `game_over`. Da ist der Name Programm …

```
punkte = 0

clock = pygame.time.Clock()

running = True

game_over = False
```

Damit ist alles für einen geordneten Ablauf vorbereitet. Es ist also an der Zeit, in die Schleife einzusteigen:

```
while running:
    for event in pygame.event.get():
        if event.type == pygame.QUIT:
            running = False
```

Natürlich prüfen wir vor der weiteren Ausführung, ob das Spiel nicht längst beendet wurde. Nur dann, wenn es noch läuft, prüfen wir, **welche** Aktion ausgeführt werden muss.

```
    if not game_over:
        # Steuerung
        keys = pygame.key.get_pressed()
```

Mit pygame.key.get_pressed erhältst du eine Liste aller Tasten mit dem Hinweis, ob sie gedrückt sind oder nicht. Und mit keys.TASTE kannst du dann direkt prüfen, ob diese Taste gedrückt ist, also den Wert True oder False hat.

```
    if keys[pygame.K_LEFT]:
        krebs_x -= krebs_speed
    if keys[pygame.K_RIGHT]:
        krebs_x += krebs_speed

    krebs_x = max(0, min(krebs_x, 530))

    # Blase bewegen
    blase_y += blase_speed

    # Neue Blase, wenn unten
    if blase_y > 480:
        blase_x, blase_y, blase_color = neue_blase()
```

Interessant wird es, sobald es zu einer Kollision kommt …

```
    # Kollision
    krebs_rect = pygame.Rect(krebs_x, krebs_y, 100, 40)
    blase_rect = pygame.Rect(blase_x, blase_y, 40, 40)
```

… denn dann müssen wir überprüfen, welche Farbe die berührte Blase hat. Ist das Spiel also zu Ende oder gibt es Punkte?

```
    if krebs_rect.colliderect(blase_rect):
        if blase_color == (200, 0, 0):  # rote Blase
            game_over = True
        else:
            punkte += 1
            blase_x, blase_y, blase_color = neue_blase()
```

Dann wird das aktuelle Spielfeld generiert …

```
# Zeichnen
screen.fill((180, 220, 255))

krebs = font.render(krebs_text, True, krebs_color)
blase = font.render(blase_text, True, blase_color)

screen.blit(krebs, (krebs_x, krebs_y))
screen.blit(blase, (blase_x, blase_y))
```

```
    # Punkte
    punkte_anzeige = font.render(str(punkte), True, (0, 0, 0))
    screen.blit(punkte_anzeige, (10, 10))
```

... und gegebenenfalls erfolgt recht groß und kaum zu übersehen die Ausgabe von GAME OVER.

```
    # Game Over
    if game_over:
        go = font.render("GAME OVER", True, (255, 0, 0))
        screen.blit(go, (200, 200))

    pygame.display.flip()
    clock.tick(60)

pygame.quit()
```

Fertig!

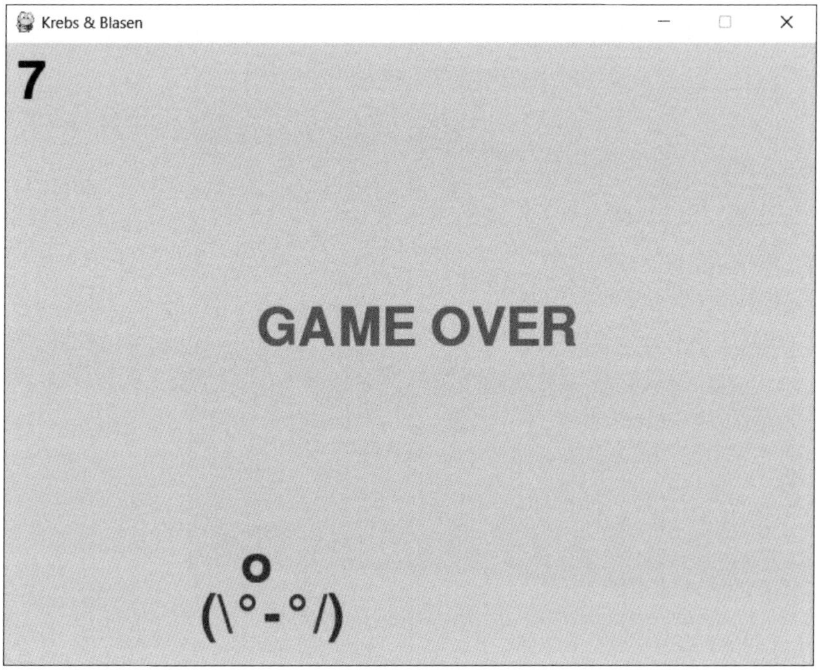

Abbildung 18.3: So schnell kann es vorbei sein.

Natürlich kannst du noch viel mehr machen. Dieses Spiel ist nur ein Anfang und soll dir ganz bewusst einen Einstieg ermöglichen. Jetzt liegt es an dir, zu überlegen, was du selbst mit diesem Spiel als Basis anfangen kannst. Du könntest Blasen oder Kugeln schaffen, die ihre Farbe während des Fallens ändern. Du könntest die Geschwindigkeit erhöhen oder mehrere Kugeln gleichzeitig ins Spiel bringen. Es gibt genug zu tun, mach daraus dein eigenes Spiel!

Im Tal der tanzenden Bälle

Ich möchte dir noch ein kleines Spiel bzw. die **Grundlage** für ein Spiel zeigen. Auf dem Spielfeld springen einer oder mehrere Bälle hin und her. Treffen sie auf die Wand bzw. den Rand des Spielfeldes, springen sie im korrekten Winkel zurück.

Dank der objektorientierten Programmierung ist es kein Problem, beliebig viele Bälle ins Spielfeld zu bringen, die sich in ihren Eigenschaften, nicht aber in ihren Fähigkeiten unterscheiden. Wobei es natürlich kein Problem ist, neue Fähigkeiten hinzuzufügen.

Dabei will ich dir vor allem zeigen, wie die grundlegende Struktur des Programms aussieht. Deine Aufgabe wird es sein, ein richtiges Spiel daraus zu machen. Denn als angehender Programmierer hast du sicherlich den Ehrgeiz, etwas richtig Tolles daraus zu machen und vor allem deine eigenen Ideen damit umzusetzen.

Abbildung 18.4: Ein Klassiker, der Grundlage für viele Spiele sein kann

Das eigentliche Programm ist denkbar einfach:

```
import pygame
pygame.init()
```

Die Breite und die Höhe unseres Spielfeldes legen wir hier als *Konstanten* an, das heißt, die Variablen sollten sich nach der Initialisierung nicht mehr ändern. Bei Python liegt die Betonung auf **sollten**. Denn Python kennt keine echten Konstanten, du könntest also jederzeit ihren Wert ändern und Python würde das akzeptieren. Es ist mehr eine Konvention (und Dokumentation), dass GROSS geschriebene Variablen als Konstanten behandelt werden sollten.

```
WIDTH, HEIGHT = 600, 400
screen = pygame.display.set_mode((WIDTH, HEIGHT))
clock = pygame.time.Clock()
```

Um die Klasse `Ball` wollen wir uns gleich kümmern:

```
class Ball:
    # hier fehlt noch einiges
    pass
```

Nun initialisieren wir zwei Bälle als Objekte aus der Klasse `Ball`, mit der Position x und y, der Bewegung nach x und nach y, der Größe und der Farbe:

```
ball1 = Ball(100, 100, 3, 3, 20, (255, 0, 0))
ball2 = Ball(150, 150, 1, 5, 30, (0, 80, 150))
```

Unsere Schleife ist im Wesentlichen so, wie du sie schon kennst:

```
running = True
while running:
    for event in pygame.event.get():
        if event.type == pygame.QUIT:
            running = False

    ball1.update()
    ball2.update()

    screen.fill((90, 140, 255))
    ball1.draw(screen)
    ball2.draw(screen)

    pygame.display.flip()
    clock.tick(60)

pygame.quit()
```

Die Magie liegt in der Klasse

Aus dem bisherigen Programmcode kannst du bei genauerem Hinsehen die notwendigen Methoden erkennen:

```
class Ball:
    def __init__(self, x, y, dx, dy, radius, farbe):
        pass

    def update(self):
        pass

    def draw(self, surface):
        pass
```

Mit Leben gefüllt, sieht unsere vollständige Klasse dann so aus:

```
class Ball:
# Hier haben wir den Konstruktor
    def __init__(self, x, y, dx, dy, radius, farbe):
        self.x = x
        self.y = y
        self.dx = dx
        self.dy = dy
        self.radius = radius
        self.color = farbe
```

Übergebene Variablen müssen ja explizit als Objektvariablen gespeichert werden. Passiert das nicht, verschwinden die entsprechenden Werte im Nirvana. Das kennst du ja schon.

Warum schreibst du »self.color = farbe« und nicht »self.farbe = farbe«?

Damit du siehst, dass der Name der Variablen aus der Signatur **nicht** gleich dem Namen der Objektvariablen sein muss. Er **kann** natürlich gleich sein, zwingend festgeschrieben ist das aber nicht.

Mit dem Aufruf der Methode `update` wird das jeweilige Objekt bewegt. Die aktuelle Position von `x` und `y` wird um die Geschwindigkeit bzw. Richtung `dx` und `dy` verändert:

```
    def update(self):
        self.x += self.dx
        self.y += self.dy
```

Dann wird geprüft, ob der Ball am Rand angestoßen ist. Dabei wird der Radius berücksichtigt, denn der Ball soll ja mit dem Rand kollidieren und nicht mit seinem Mittelpunkt. Bei einer Kollision wird die entsprechende Bewegungsrichtung umgedreht.

```
        if self.x < self.radius or self.x > WIDTH - self.radius:
            self.dx = -self.dx
        if self.y < self.radius or self.y > HEIGHT - self.radius:
            self.dy = -self.dy
```

Die Methode draw schließlich zeichnet den Ball auf das Spielfeld:

```
    def draw(self, surface):
        pygame.draw.circle(surface, self.color, (self.x, self.y),
self.radius)
```

Dieses kleine Programm ist mehr als nur zwei hüpfende Bälle. Denn aus ein paar Zeilen Code kannst du mit deinen Ideen noch viel mehr machen. Du musst dir nur etwas überlegen – andere Funktionen, ein anderes Setting, ein paar Aufgaben oder Ziele, die mit einem Spiel erreicht werden müssen.

Mit diesem Programm hast du bereits gelernt, wie du Klassen und Objekte erschaffen kannst, Bewegung kontrollierst und Kollisionen erkennst. Es ist jetzt deine Aufgabe, mehr daraus zu machen.

Grafiken gehen natürlich auch

Eine Frage hätte ich noch, kann ich auch Grafiken in meinen Programmen verwenden?

Ja, natürlich. Das ist sogar recht einfach. In unserem Fall musst du nur die Klasse Ball anpassen und natürlich den Aufruf der neuen Objekte.

Die Grafik sollte der Einfachheit halber in dem gleichen Ordner liegen wie die Datei mit dem Programm. Die notwendigen Anpassungen sind tatsächlich sehr überschaubar und schnell gemacht. Bei der Initialisierung wird anstelle der Farbe, der Name der Bilddatei erwartet.

```
class Ball:
    def __init__(self, x, y, dx, dy, radius, bilddatei):
        self.x = x
        self.y = y
        self.dx = dx
        self.dy = dy
        self.radius = radius
```

Mit image.load wird das Bild geladen. Mit convert_alpha wird dafür gesorgt, dass der transparente Hintergrund korrekt dargestellt wird. Wir wollen ja nur den eigentlichen Ball sehen, nicht irgendeinen weißen Rand um den Ball. Das setzt natürlich voraus, dass das Bild tatsächlich einen transparenten Bereich hat, der so auch berücksichtigt werden kann. So etwas kannst du im Zweifelsfall mit dem Grafikprogramm deines Vertrauens erreichen.

In einem zweiten Schritt wird `self.image` auf die angegebene Größe skaliert.

```
        self.image = pygame.image.load(bilddatei).convert_alpha()
        self.image = pygame.transform.scale(self.image, (radius * 2,
        radius * 2))
```

Bei der Methode `update` gibt es keine Veränderungen:

```
    def update(self):
        ...
```

Wohl aber bei der Methode `draw`. Hier wird statt mit `draw.circle` mit `surface.blit` das Bild auf die richtige Koordinate im Spielfeld gesetzt, dabei wird natürlich die Größe mit `self.radius` berücksichtigt:

```
    def draw(self, surface):
        surface.blit(self.image, (self.x - self.radius, self.y -
        self.radius))
```

Natürlich ändert sich der Aufruf, bei dem jetzt der **Name des Bildes** übergeben wird. Jeder Ball kann ein anderes Bild haben, muss er aber nicht.

```
ball1 = Ball(100, 100, 3, 3, 20, "ball.png")
ball2 = Ball(150, 150, 1, 5, 30, "ball.png")
```

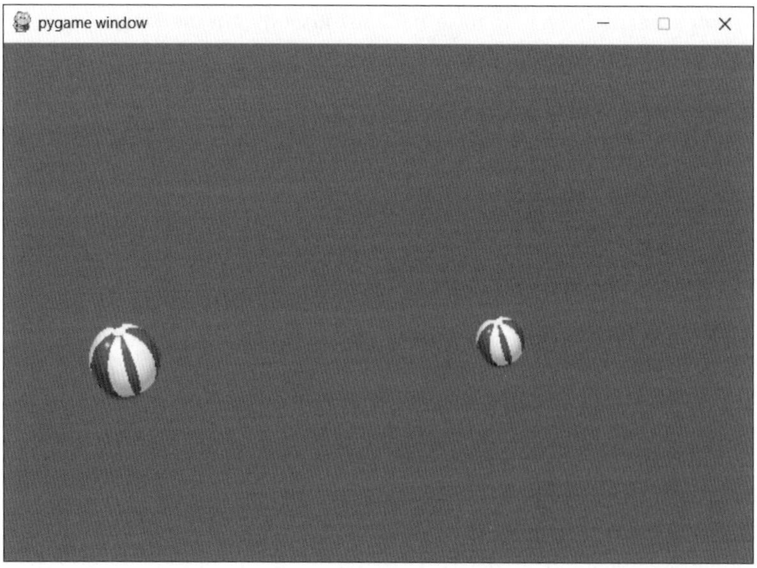

Abbildung 18.5: Auch ganz schick, unsere Bälle mit transparenten Grafiken

Kapitel 19
Textadventure – Abenteuer aus Text

Du bist tatsächlich in dem alten Museum eingeschlossen worden. Es ist vollkommen dunkel. Du tastest nach deinem Handy, um Licht zu machen, als du seltsame Geräusche hörst. Was machst du?

Abenteuer? Nur mit Text, ohne Grafiken? Das geht tatsächlich und macht Spaß – beim Programmieren genauso wie beim Spielen. Textadventure zählten und zählen auch heute noch zu den allerersten Spielen, die viele begeistern. Denn wer programmieren kann, der kann nicht nur dröge Mathematik, sondern auch eigene Ideen und Geschichten in Programme packen.

Abenteuer und abenteuerliche Geschichten haben schon immer eine große Faszination ausgeübt. Bereits früh wurden die unterschiedlichsten Textabenteuer an damals sündhaft teuren Computern in Universitäten und Forschungseinrichtungen umgesetzt. Während Grafiken oder Animationen sehr aufwendig sind, ist es relativ leicht, solche Programme ausschließlich mit Text umzusetzen. Wobei du nicht unterschätzen solltest, wie schwer es sein kann, eine spannende Geschichte zu erzählen, egal, in welcher Form. Grafiken benötigen im Vergleich zu reinem Text aber sehr viel Speicher – etwas, das man in der Frühzeit der Computer einfach nicht hatte. Und du benötigst natürlich auch passende Grafiken. Eine spannende Geschichte zu erzählen ist eine Sache, passende Bilder zu finden eine ganz andere. Entweder musst du sie selbst zeichnen oder noch besser einen guten Zeichner zur Hand haben, was alles andere als selbstverständlich ist.

Es gibt sogar recht unterschiedliche Arten solcher Abenteuer: Beispielsweise solche, bei denen der Spieler nach einer kurzen Textpassage aus einer vorgegebenen Anzahl von Möglichkeiten wählen muss, was er als Nächstes tut; solche Abenteuergeschichten gibt es sogar in Buchform. Und es gibt Abenteuer, bei denen der Spieler das Spiel über einfache Befehle steuert. Das Programm verwendet dafür einen sogenannten *Parser*, der diese Befehle erkennt und entsprechend reagiert.

Abbildung 19.1: Mithilfe einer KI, hier von Microsoft Copilot, kannst du dir inzwischen passende Grafiken zu deinem Adventure erzeugen lassen.

Wir sehen uns die erste Variante an, die bereits eine Menge Möglichkeiten bietet, deine Kenntnisse von Python zu vertiefen.

Und wie sieht so ein Textadventure aus? Hast du ein Beispiel?

Natürlich. Wie wäre es mit einem Besuch in einem alten Museum?

> **Im alten Museum – die Spielidee**
>
> **1. Besuch im Museum**
>
> »Du bist viel zu spät in das alte Museum gekommen. Dir bleibt nur noch wenig Zeit, bis das Museum schließt. Der erste Gong ist ertönt, Zeit, sich zum Ausgang zu begeben.«

Was machst du?

- Du gehst zum Ausgang? Dann lies weiter unter **2. Ausgang**.
- Du schaust dir ganz schnell noch den Nebenraum an? Dann lies weiter unter **3. Nebenraum**.

2. Ausgang

»Du machst dich schnellen Schrittes auf den Weg zum Ausgang. Du erreichst rechtzeitig den Ausgang und die Museumsangestellten verabschieden dich. Offenbar wollen sie schnell nach Hause, denn ein schweres Gewitter scheint aufzuziehen.

Hier **endet** die Geschichte für dich. Du hast dieses Abenteuer glücklich, aber gelangweilt überlebt.«

3. Nebenraum

»Du gehst noch schnell in den Gang, der von dem Hauptraum abzweigt. Zahlreiche Artefakte einer vergangenen Epoche sind ausgestellt. Du vergisst die Zeit und überhörst sogar den letzten Gong. Plötzlich wird es dunkel.«

Was machst du?

- Du rufst um Hilfe? Dann lies weiter im Abschnitt **7. Hilfe**.
- Du suchst nach deinem Handy und versuchst, Licht zu machen? Dann lies weiter unter **14. Handy**.

Du siehst, es handelt sich um eine Geschichte, die in einzelnen Passagen erzählt wird. Am Ende jeder Passage oder Situation hat der Spieler die Auswahl zwischen zwei oder meist mehreren Aktionen und damit anderen Stellen, an denen er weiterlesen kann. Je nach Entscheidung wird die Geschichte anders weitergeführt. Jede Passage muss natürlich vorher geschrieben werden und auch die möglichen Abzweigungen müssen festgelegt sein. Nicht jede Entscheidung führt zwangsläufig zu einem eigenen Handlungsstrang oder endet sofort, denn anstelle des schnellen Endes hätte **2. Ausgang** auch so laufen können:

2. Ausgang

»Du machst dich schnellen Schrittes auf den Weg zum Ausgang. Du willst dich beeilen, doch durch deine große Hast rutschst du aus und stürzt. Du schlägst mit dem Kopf auf und wirst bewusstlos. Als du wieder zu dir kommst, ist es vollkommen dunkel.«

Was machst Du?

- Du rufst um Hilfe? Dann lies weiter unter **7. Hilfe**.
- Du suchst nach deinem Handy und versuchst, Licht zu machen? Dann lies weiter unter **14. Handy**.

Es ist ein beliebter Kunstgriff, (scheinbar) unterschiedliche Handlungen anzubieten, die aber direkt (oder nach wenigen Passagen) auf den gleichen Handlungsstrang führen.

Wie setzt du das um?

Es gibt solche Textadventures, die tatsächlich in HTML umgesetzt wurden. Jede Passage ist in dieser Form eine eigene HTML-Seite und jede Möglichkeit für eine Entscheidung ist ein Link auf eine entsprechende Seite. Bei nur 50 Passagen sind das schon stolze 50 Webseiten. Mithilfe von Python kriegen wir das aber viel besser hin!

Unser eigentliches Programm wird recht kurz. Mit ein bis zwei relativ einfachen Funktionen haben wir alles, was wir benötigen, um beliebig viele Passagen zu verwalten. Aber du wirst vor allem auch sehen, wie du bei Python unterschiedliche Datentypen kombinieren kannst, um Daten zu verwalten. In unserem Fall *Listen* und *Dictionaries*. Damit kannst du Daten leichter aufschreiben und sie recht einfach innerhalb deiner Funktionen wieder auslesen. Der Trick liegt in der Art, *wie* wir die Daten der Passagen vorhalten.

Wichtiger als unsere Funktionen ist hier nämlich die Frage, wie wir die Daten unserer Passagen speichern und wie wir die Passagen (sinnvoll) miteinander verknüpfen. Tatsächlich kann die Frage, wie Daten aufgebaut und sinnvoll miteinander in Beziehung gesetzt werden, fast genauso wichtig sein wie das eigentliche Programm selbst. Was sich vielleicht etwas übertrieben anhört, hat mal wieder einen ganz einfachen Hintergrund: Solche Daten, die unser Spiel ausmachen, sind das Rückgrat des Programms. Wir müssen diese Daten irgendwo aufschreiben. Und da wir das von Hand mit dem Editor machen, sollte die Art, wie wir das machen, leicht von der Hand gehen. Wir müssen diese Daten auch selbst gut lesen können, da wir die Texte verändern und verbessern wollen. Die Daten müssen aber auch so aufgebaut sein, dass wir sie mit unseren Funktionen einfach lesen und aufbereiten können. Das alles gilt es unter einen Hut zu bringen.

Überlegen wir kurz, welche Informationen so eine Passage haben muss:

- Da haben wir zuerst die Geschichte selbst, den **Text** unserer Passagen, der auch einmal etwas länger sein kann. Ein paar Absätze können es bei einer stimmungsvollen Beschreibung durchaus werden. Nennen wir diesen Text einfach `text`.
- Wir brauchen die **Auswahltexte**, die beschreiben, welche Möglichkeiten der Spieler hat. Sie sind kürzer als der eigentliche beschreibende Text – es sind eher so etwas wie Überschriften zu dem jeweiligen Abschnitt. Nennen wir sie `auswahlText`.
- Jede Passage muss eindeutig zu identifizieren sein. Das machen wir mit einer **ID**, einer eindeutigen Zahl, die wir aufsteigend vergeben, denn weder den Auswahltext noch die Passage können wir dafür verwenden: Die Auswahltexte könnten durchaus mehrfach vorkommen; und bei 50, 100 oder mehr Passagen ist es nicht leicht, die Übersicht zu behalten, ob ein Auswahltext bereits genauso vorgekommen ist. Die Passage selbst ist viel zu

lang, um sie für eine Identifizierung verwenden zu können. Also nehmen wir lieber eine klassische, einfache ID, die wir auch so nennen: `id`.

- Wir brauchen die möglichen **Ziele**, die der Spieler bei jeder Passage hat und die durch die Auswahltexte dargestellt werden, und zwar in eindeutiger Form. Nehmen wir dafür doch die `id` der jeweiligen Passage. Was können wir in einer Situation machen? Zu welchen Passagen können wir von hier aus springen? Natürlich ist es möglich, dass es von einer Passage aus gar nicht weitergeht, wenn das Spiel oder unsere Geschichte zu einem (vielleicht dramatischen) Ende kommt. Nennen wir diese mögliche Liste von Passagen einfach `ziele`.
- Das könnte dann für den Anfang unserer Geschichte so aussehen:
  - `id`: 1
  - `auswahlText`: »Du betrittst das Museum«
  - `text`: »Du bist viel zu spät in das alte Museum gekommen. Dir bleibt nur noch wenig Zeit, bis das Museum schließt. Der erste Gong ist ertönt, Zeit, sich zum Ausgang zu begeben.«
  - `ziele`: 2,3

Die **ID** ist klar, natürlich musst du aufpassen, dass du keine Nummer doppelt verwendest. Lücken hingegen stellen kein Problem dar. Die Passagen werden ja nicht linear mit einer Schleife durchlaufen, sondern gezielt angesprungen.

Für die erste Passage scheint ein **Auswahltext** noch keinen Sinn zu ergeben. Damit könntest du aber bei einem vorschnellen Ende dem Spieler einen direkten Neuanfang anbieten.

Der **Text** sollte klar sein und die angegebenen **Ziele** sind die IDs der Passagen, die von hier aus erreichbar sind.

Aber woher bekomme ich die Auswahltexte der Ziele? Ich habe hier doch nur die IDs. Warum werden die Auswahltexte nicht gleich mit angegeben?

Natürlich könntest du die Auswahltexte der von hier aus möglichen Passagen angeben. Immerhin hättest du dann alles sofort zur Verfügung. Du würdest dir damit aber auch mehrere **Nachteile** einhandeln: Es gibt immer wieder Passagen, die von mehreren Stellen aus angesprungen werden können. Du müsstest den jeweiligen Auswahltext dann bei jeder dieser Stellen erneut schreiben. Bei Änderungen wird es dann richtig ärgerlich, wenn du alle Stellen suchen musst, wo dieser jeweilige Auswahltext verwendet wird. Änderst du den Ablauf und baust neue Auswahltexte in den bestehenden Handlungsablauf ein, wird es immer aufwendiger.

Bei der Frage, wie du Daten vorhältst, solltest du nicht danach gehen, was einfacher für das Programm erscheint. Du solltest die Daten so vorhalten, dass sie immer von dort geholt werden, wo sie hingehören und wo sie ihren Ursprung haben – Daten sollten immer dort gespeichert sein, wo sie wirklich hingehören. Und Daten sollten niemals unnötig mehrfach vorhanden sein, also nicht redundant sein.

Die Reihenfolge der Informationen einer Passage muss sicher nicht unbedingt so aussehen. Allerdings ist es üblich, die ID eines Elements (oder eines Datensatzes) an die erste Stelle zu schreiben.

Listen und Dictionaries – ein warmer Platz für Daten

Fangen wir mit einem einzelnen Abschnitt an: Es gibt mehrere **Schlüssel** mit jeweils einem zugehörigen **Wert**. Diese Schlüssel-Wert Paare sind bei jedem Abschnitt gleich, also immer `id`, `auswahlText`, `text` und `ziele`. Dafür hat Python genau das Richtige in Form von *Dictionaries*. Das Zeichen für die Schlüssel-Wert-Zuweisung ist nicht das Gleichheitszeichen (=), sondern der **Doppelpunkt** (:). Die einzelnen Schlüssel-Wert-Kombinationen werden durch ein **Komma getrennt**.

Die Schlüssel werden in Anführungszeichen geschrieben. Zahlen als Werte werden dagegen **ohne Anführungszeichen** geschrieben. Alle Texte werden in Anführungszeichen geschrieben und müssen als einfache Strings, die sie nun mal sind, in eine Zeile geschrieben werden, es sei denn, du schreibst ein einzelnes \ in den String, dann kannst du einen Zeilenumbruch machen und in der nächsten Zeile weiterschreiben. Eine weitere Möglichkeit bei langen Texten sind *Docstrings*. Das sind Texte in drei Anführungszeichen, die du problemlos über mehrere Zeilen schreiben kannst. Gerade für unser Element `text` macht das Sinn.

Ein **Schlüssel** kann natürlich auch **mehrere Werte** haben. Unter `ziele` wird es ja in den meisten Fällen **mehrere IDs** geben. Die können wir wunderbar in eine Liste schreiben. Die Werte werden durch ein Komma getrennt und stehen, um sie eben als Liste zu definieren, in **eckigen Klammern**. Alles, was zu dem Element eines Dictionarys gehört, wird in **geschweifte Klammern** geschrieben.

Das sieht für unsere erste Passage oder Situation so aus:

```
{
    "id": 1,
    "auswahlText": "Du betrittst das Museum",
    "text": """Du bist viel zu spät in das alte Museum gekommen.
            Dir bleibt nur noch wenig Zeit, bis das Museum schließt.
            Der erste Gong ist ertönt, Zeit, sich zum Ausgang zu
            begeben.""",
    "ziele": [2, 3]
}
```

Zugegeben, wirklich schön sieht das jetzt nicht aus. Aber es ist sehr gut lesbar. Du kannst also alles so schreiben und formatieren, wie es für dich am besten lesbar ist – das ist einiges wert!

Ein Abschnitt macht noch keine Geschichte

Das ist so aber noch nicht ganz gebrauchsfertig. Zum einen haben wir bisher nur eine einzige Passage bzw. Situation unseres Textadventures, zum anderen fehlen noch ein paar Kleinigkeiten.

Jeder Abschnitt ist ein Dictionary. Wenn wir mehrere Abschnitte haben, die zusammengehören, dann müssen wir sie zusammen in einer **Liste** darstellen. Das heißt, wir müssen sie jeweils durch ein **Komma** trennen und alle Abschnitte als Liste kennzeichnen, indem wir sie in **eckige Klammern** setzen:

```
[
    {
        "id": 1,
        "auswahlText": "Du betrittst das Museum",
        "text": """Du bist viel zu spät in das alte Museum gekommen.
                Dir bleibt nur noch wenig Zeit, bis das Museum schließt.
                Der erste Gong ist ertönt, Zeit, sich zum Ausgang zu
                begeben.""",
        "ziele": [2, 3]
    },
    {
        "id": 2,
        "auswahlText": "Du schaust dir ganz schnell noch den Nebenraum an?",
        "text": """Du gehst noch schnell in den Gang, der von dem Hauptraum
                abzweigt.
                Zahlreiche Artefakte einer vergangenen Epoche sind
                ausgestellt.
                Du vergisst die Zeit und überhörst sogar den letzten Gong.
                Plötzlich wird es dunkel, als alle Lichter ausgeschaltet
                werden.""",
        "ziele": [4]
    }
]
```

Auf die Art kannst du Abschnitt für Abschnitt schreiben, alle nach dem gleichen Schema. Nach dem letzten Element einer Liste wird übrigens **kein Komma** mehr geschrieben.

Du kannst hier sehr gut sehen, dass du verschiedene Datentypen wie Listen und Dictionaries in Python wunderbar miteinander kombinieren kannst!

Nicht nur Türen brauchen einen Schlüssel

Da wir jetzt mit unseren Abschnitten eine Liste haben, muss diese Liste (mit den Dictionaries und den darin enthaltenen Listen) noch einer Variablen zugewiesen werden, sonst können wir im Programm nicht damit arbeiten.

Damit wir in unserem Programm auch auf unsere schönen neuen Daten zugreifen können, müssen wir alles also noch einer Variablen, nennen wir sie `geschichte`, zuweisen.

```
geschichte = [
    {
        "id": 0,
        "auswahlText": "Im Museum",
        "text": """*** Die Mumie des Schreckens ***
                Ein Textadventure
Version 2.15 Pug-Software""",
        "ziele": [1]
    },
    {
        "id": 1,
        "auswahlText": "Du betrittst das Museum",
        "text": """Du bist viel zu spät in das alte Museum gekommen.
                Dir bleibt nur noch wenig Zeit, bis das Museum schließt.
                Der erste Gong ist ertönt, Zeit, sich zum Ausgang zu
                begeben.""",
        "ziele": [2, 3]
    },
    {
        "id": 2,
        "auswahlText": "Du schaust dir ganz schnell noch den Nebenraum
an?",
        "text": """Du gehst noch schnell in den Gang, der von dem
                Hauptraum abzweigt.
                Zahlreiche Artefakte einer vergangenen Epoche
                sind ausgestellt. Du vergisst die Zeit und
                überhörst sogar den letzten Gong.
                Plötzlich wird es dunkel, als alle Lichter
                ausgeschaltet werden.""",
        "ziele": [4]
    },
    {
        "id": 3,
        "auswahlText": "Du gehst zum Ausgang?",
```

```
        "text": """Du machst dich schnellen Schrittes auf den Weg zum
                Ausgang. Du willst dich beeilen, doch
                durch deine große Hast rutschst du aus und stürzt.
                Du schlägst mit dem Kopf auf und wirst bewusstlos.""",
        "ziele": [4]
    },
    {
        "id": 4,
        "auswahlText": "In die Dunkelheit?",
        "text": """Es ist vollkommen dunkel.
                Für einen Moment bist du orientierungslos.
                Du tastest nach deinem Handy, um Licht
                zu machen, als du Geräusche hörst.
                Sie kommen offenbar aus einem Nebenraum.""",
        "ziele": [7]
    },
    {
        "id": 7,
        "auswahlText": "Du folgst den Geräuschen?",
        "text": """Das ist das Ende. Erst mal.""",
        "ziele": []
    }
]
```

Die Einrückungen hier sind tatsächlich der besseren Lesbarkeit geschuldet. Sie sind technisch nicht zwingend – im Gegensatz zu den Einrückungen bei Funktionen, Schleifen oder Klassen.

Machen wir eine Geschichte daraus

Alle Informationen befinden sich durch die Zuweisung in unserer Variablen `geschichte`. Auf diese Daten wollen wir jetzt zugreifen.

Dafür benötigen wir eine Schleife, die unsere gesamte Liste `geschichte` auslesen kann, einen aktuell festgelegten Abschnitt davon ausliest und dann auch ausgeben kann. Mit dieser Auswahl wird die Schleife erneut durchlaufen, der so festgelegte Abschnitt wird ausgelesen, ausgegeben und der Spieler kann eine neue Auswahl treffen.

Mit einer aktuellen ID, hier 0 für den Startabschnitt, beginnen wir unser Abenteuer und die Schleife:

```
aktuelle_id = 0
while True:
```

Hier durchlaufen wir unsere Liste geschichte auf der Suche nach dem Abschnitt, dessen id gleich dem Wert in aktuelle_id ist. In jedem Durchlauf wird ein Abschnitt gelesen und in die Variable abschnitt geschrieben. Mit abschnitt["id"] kannst du auf die ID dieses Abschnitts zugreifen. Bei einer Übereinstimmung wird der gefundene Abschnitt in der Variablen aktueller_abschnitt gespeichert und die Schleife mit einem break verlassen.

```
aktueller_abschnitt = None
for abschnitt in geschichte:
    if abschnitt["id"] == aktuelle_id:
        aktueller_abschnitt = abschnitt
        break
```

Von dem zuvor gefundenen Abschnitt wird der Text mit aktueller_abschnitt["text"] ausgegeben:

```
print("\n" + "-" * 50)
print(aktueller_abschnitt["text"])
print("-" * 50)
```

Gibt es in diesem Abschnitt keine weiteren Ziele, dann geht das Programm davon aus, dass das Abenteuer ans Ende gelangt ist, und verlässt mit einem break die while-Schleife – damit ist das Programm **beendet**.

```
if not aktueller_abschnitt["ziele"]:
    print("\n*** ENDE ***")
    break
```

Es kann übrigens durchaus sein, dass es mehr als ein Ende in einem Textadventure gibt.

Hat der aktuelle Abschnitt mindestens ein Ziel, geht es weiter. Dazu wird die Liste aktueller_abschnitt["ziele"] durchlaufen. So erhalten wir die IDs der jeweils möglichen Ziele dieses Abschnitts. Da der Spieler daraus eine Auswahl treffen soll, ist es sinnvoll, diese möglichen Ziele durchzunummerieren. Die Auswahl des Spielers erfolgt über diese jeweilige Nummer. Glücklicherweise hat Python dazu eine passende Funktion namens enumerate. So erhältst du beim Durchlaufen einer Liste automatisch zum Inhalt der Liste eine fortlaufende Nummer beginnend mit 1 (deshalb start=1 als Parameter, sonst würde die Zählung bei 0 beginnen). Auf diese Weise erhalten wir gleichzeitig die laufende Nummer und die jeweilige Ziel-ID aus der Liste.

Wir wollen aber nicht die Ziel-IDs ausgeben, denn das sind ja nur die IDs der Zielabschnitte, sondern wir benötigen aus diesen Abschnitten die **Überschriften**, also das, was in auswahltext steht. Und dafür werden wir noch eine Funktion schreiben, die das für uns erledigt. Wir nennen sie finde_auswahl. Aber das kommt gleich. Erst mal geht es in unserer Schleife weiter:

```
print("\nWas möchtest du tun?")
for index, ziel_id in enumerate(aktueller_abschnitt["ziele"],
start=1):
    print(f"{index}. {finde_auswahl(ziel_id)}")
```

Aus der so erzeugten Liste muss sich der Spieler für eine Möglichkeit entscheiden, die wir auch auf eine gewisse Plausibilität hin prüfen wollen:

```
auswahl = input("\nDeine Wahl: ")

if not auswahl.isdigit():
    print("Bitte eine Zahl eingeben.")
    continue

auswahl = int(auswahl)
if auswahl < 1 or auswahl > len(aktueller_abschnitt["ziele"]):
    print("Ungültige Auswahl.")
    continue
```

Jetzt müssen wir nur noch aus der Liste der möglichen Ziele den Eintrag holen, den der Spieler ausgewählt hat. Da unser Index bei der ersten Auswahlmöglichkeit mit 1 beginnt, Python aber in der Liste bei 0 anfängt müssen wir die Auswahl mit `auswahl-1` anpassen.

Und diesen Eintrag speicherst du als neue aktuelle Abschnitts-ID. Das heißt, diese ID bzw. ein Abschnitt mit dieser ID wird im kommenden Schleifendurchlauf dargestellt.

```
aktuelle_id = aktueller_abschnitt["ziele"][auswahl - 1]
```

Das war es auch schon – natürlich bis auf unsere Funktion `aktueller_abschnitt`, um die wir uns jetzt kümmern wollen.

Wir haben zu jedem Abschnitt die möglichen **Ziele** oder genauer gesagt **deren ID**. Damit allein kann der Spieler aber keine Auswahl treffen, denn die IDs sagen ja nichts über den Inhalt aus. Und genau diesen Inhalt wollen wir uns über die ID nun holen.

Und das geht einfacher, als du es wahrscheinlich vermutest. Wir übergeben der Funktion die gesuchte ID und durchlaufen dann ganz einfach alle Abschnitte mit einer Schleife. Wird die gesuchte ID gefunden, geben wir den dazugehörigen `auswahlText` zurück – fertig.

```
def finde_auswahl(gesuchte_id):
    for s in geschichte:
        if s["id"] == gesuchte_id:
            return s["auswahlText"]
    return None
```

Denk daran: Bei Python muss die **Definition** einer Funktion **immer vor** der ersten Verwendung erfolgen, sonst kommt es zu einem Fehler.

Und hier folgt wieder unser Programm in einem Stück. Die Geschichte solltest du nach Möglichkeit aber schon etwas weiterspinnen!

```
geschichte = [
    {
        "id": 0,
        "auswahlText": "Im Museum",
        "text": """*** Die Mumie des Schreckens ***
                Ein Textadventure
                Version 2.15 Pug-Software""",
        "ziele": [1]
    },
    {
        "id": 1,
        "auswahlText": "Du betrittst das Museum",
        "text": """Du bist viel zu spät in das alte Museum gekommen.
                Dir bleibt nur noch wenig Zeit, bis das Museum schließt.
                Der erste Gong ist ertönt, Zeit, sich zum Ausgang zu
                begeben.""",
        "ziele": [2, 3]
    },
    {
        "id": 2,
        "auswahlText": "Du schaust dir ganz schnell noch den Nebenraum an?",
        "text": """Du gehst noch schnell in den Gang, der von dem Hauptraum
                abzweigt.
                Zahlreiche Artefakte einer vergangenen Epoche
                sind ausgestellt. Du vergisst die Zeit und
                überhörst sogar den letzten Gong.
                Plötzlich wird es dunkel, als alle Lichter
                ausgeschaltet werden.""",
        "ziele": [4]
    },
    {
        "id": 3,
        "auswahlText": "Du gehst zum Ausgang?",
        "text": """Du machst dich schnellen Schrittes auf den Weg zum
                Ausgang. Du willst dich beeilen, doch
                durch deine große Hast rutschst du aus und stürzt.
```

```
                Du schlägst mit dem Kopf auf und wirst bewusstlos.""",
            "ziele": [4]
        },
        {
            "id": 4,
            "auswahlText": "In die Dunkelheit?",
            "text": """Es ist vollkommen dunkel.
                Für einen Moment bist du orientierungslos.
                Du tastest nach deinem Handy, um Licht
                zu machen, als du Geräusche hörst.
                Sie kommen offenbar aus einem Nebenraum.""",
            "ziele": [7]
        },
        {
            "id": 7,
            "auswahlText": "Du folgst den Geräuschen?",
            "text": """Das ist das Ende. Erst mal.""",
            "ziele": []
        }
]

# Finde den Text für eine Auswahl
def finde_auswahl(gesuchte_id):
    for s in geschichte:
        if s["id"] == gesuchte_id:
            return s["auswahlText"]
    return None

aktuelle_id = 0
while True:
    # aktueller_abschnitt finden
    for abschnitt in geschichte:
        if abschnitt["id"] == aktuelle_id:
            aktueller_abschnitt = abschnitt
            break

    # Text anzeigen
    print("\n" + "-" * 50)
    print(aktueller_abschnitt["text"])
    print("-" * 50)
```

```
    # Wenn keine Ziele → Ende
    if not aktueller_abschnitt["ziele"]:
        print("\n*** ENDE ***")
        break

    # Auswahlmöglichkeiten anzeigen
    print("\nWas möchtest du tun?")
    for index, ziel_id in enumerate(aktueller_abschnitt["ziele"], start=1):
        print(f"{index}. {finde_auswahl(ziel_id)}")

    # Eingabe
    auswahl = input("\nDeine Wahl: ")

    # Eingabe prüfen
    if not auswahl.isdigit():
        print("Bitte eine Zahl eingeben.")
        continue

    auswahl = int(auswahl)
    if auswahl < 1 or auswahl > len(aktueller_abschnitt["ziele"]):
        print("Ungültige Auswahl.")
        continue

    # Neu aktueller_abschnitt setzen
    aktuelle_id = aktueller_abschnitt["ziele"][auswahl - 1]
```

Du siehst, wie schnell und einfach du ein leistungsfähiges Programm erstellen kannst. Mit überraschend wenig Code kannst du eine umfangreiche Funktionalität generieren – das ist Python.

Aber wir sind ja noch nicht am Ende angekommen. natürlich wollen wir unser Programm noch ein bisschen verbessern. Wie wäre es, eine schicke, etwas vintage angehauchte **Oberfläche** mit **pygame** zu schreiben? Du wirst sehen, auch das geht ganz einfach.

Textadventure reloaded mit »pygame«

Wir wollen die Darstellung der Texte unseres Abenteuers wie in einem alten Fernseher darstellen, quasi eine Hommage an die alten Zeiten, als die Computermonitore noch eine Bildröhre hatten. Die jeweils dargestellten Auswahlmöglichkeiten sollen klickbar sein, die Auswahl über die Eingabe einer Nummer wird nicht mehr benötigt.

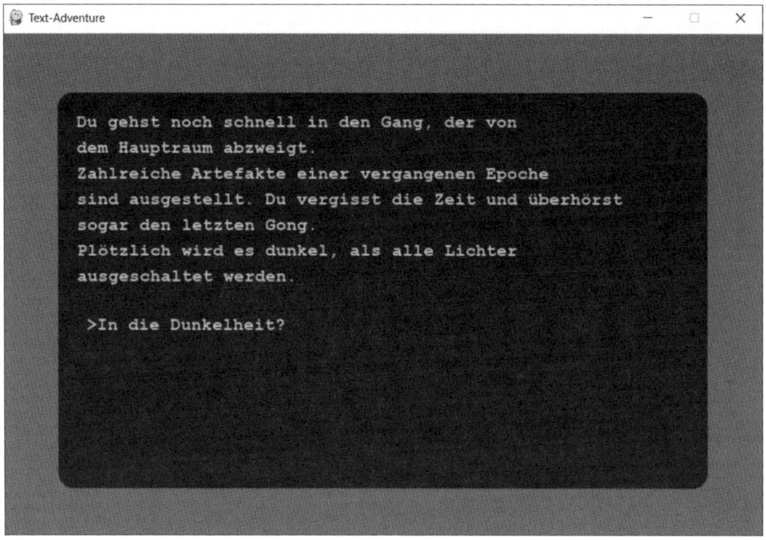

Abbildung 19.2: So soll es dann aussehen, leicht vintage.

Fangen wir an. Nachdem du die grundlegende Struktur von `pygame` ja schon kennengelernt hast, wird dir das meiste bekannt vorkommen.

Wir importieren `pygame` und initialisieren das Modul:

```
import pygame
pygame.init()
```

Wir öffnen ein Fenster in der klassischen Größe 800 × 600 Pixel (das war in den Zeiten der klassischen Homecomputer eine gängige Auflösung) und setzen eine Überschrift.

```
screen = pygame.display.set_mode((800, 600))
pygame.display.set_caption("Text-Adventure")
```

Wir definieren ein paar Farben und eine Schrift, die uns ganz passend für einen alten, bernsteinfarbenen Monitor erscheinen.

```
BROWN = (150, 111, 51)
SCREEN_BG = (34, 34, 34)
TEXT_COLOR = (251, 198, 36)
FONT = pygame.font.SysFont("courier", 18, bold=True)
```

Natürlich brauchen wir nach wie vor unsere Datenstruktur `geschichte` mit allen Abschnitten. Aus Platzgründen beschränken wir uns hier im Buch auf einen beispielhaften Ausschnitt:

```
geschichte = [
    {
        "id": 0,
        "auswahlText": "Im Museum",
        "text": """*** Die Mumie des Schreckens ***
                Ein Textadventure
                Version 2.13 Pug-Software""",
        "ziele": [1]
    },
    {
        "id": 1,
        "auswahlText": "Du betrittst das Museum",
        "text": """Du bist viel zu spät in das alte Museum gekommen.
                Dir bleibt nur noch wenig Zeit, bis das Museum schließt.
                Der erste Gong ist ertönt, Zeit, sich zum Ausgang zu
                begeben.""",
        "ziele": [2, 3]
    }
]
```

Auch unsere Funktion `finde_auswahl` bleibt unverändert:

```
def finde_auswahl(gesuchte_id):
    for s in geschichte:
        if s["id"] == gesuchte_id:
            return s["auswahlText"]
    return None
```

Ganz ohne ein paar neue Funktionen, zwei an der Zahl, geht es aber auch nicht. Die erste Funktion `draw_text` schreibt den übergebenen Text zeilenweise an eine angegebene Stelle im Fenster. Jede neue Zeile wird dabei ein Stück weiter unten auf den Bildschirm geschrieben.

```
def draw_text(surface, text, x, y, font):
    lines = text.split("\n")
    for line in lines:
        rendered = font.render(line, True, TEXT_COLOR)
        surface.blit(rendered, (x, y))
        y += rendered.get_height() + 5
```

Die Auswahltexte bekommen eine eigene Funktion, denn sie sollen ja nicht nur auf den Bildschirm geschrieben werden, sondern auch klickbar sein. Dafür berechnen wir die Größe des dargestellten Textes und geben das jeweilige **Rectangle** zurück:

```
def draw_button(surface, text, x, y):
    rendered = FONT.render(">"+text, True, TEXT_COLOR)
    w = rendered.get_width() + 20
    h = rendered.get_height() + 10
    rect = pygame.Rect(x, y, w, h)

    pygame.draw.rect(surface, SCREEN_BG, rect, border_radius=8)
    surface.blit(rendered, (rect.x + 10, rect.y + 5))

    return rect
```

Wir kommen zu unserer Schleife. Vorher legen wir wie bisher fest, mit welcher ID unsere Geschichte beginnt, und setzen die Schleifenvariable `running` auf `True`:

```
aktuelle_id = 0
running = True
while running:
```

In der Schleife löschen wir in jedem Durchlauf den Bildschirm und füllen ihn mit unserem vintage-braunen Hintergrund. Dann zeichnen wir die Bildröhre, also den Kasten, in dem unser Text und die Auswahlmöglichkeiten erscheinen:

```
    screen.fill(BROWN)
    box = pygame.Rect(60, 60, 680, 400)
    pygame.draw.rect(screen, SCREEN_BG, box, border_radius=15)
```

Wir suchen den aktuellen Abschnitt mithilfe der ID, das ist unverändert. Sobald wir ihn gefunden haben, speichern wir ihn in `situation` und brechen die Schleife mit `break` ab – wir haben ja, was wir brauchen.

```
    for abschnitt in geschichte:
        if abschnitt["id"] == aktuelle_id:
            situation = abschnitt
            break
```

Nun zeichnen wir über unsere Funktion `draw_text` den Text des aktuellen Abschnitts in den Bildschirmkasten. Darunter kommen mithilfe der Funktion `draw_button` die Auswahltexte in Form von Buttons.

```
    draw_text(screen, situation["text"], box.x + 20, box.y + 20, FONT)
    buttons = []
    start_y = box.y + 220
```

```
for ziel in situation["ziele"]:
    text = finde_auswahl(ziel)
    rect = draw_button(screen, text, box.x + 20, start_y)
    buttons.append((rect, ziel))
    start_y += 60
```

Wenn alles gezeichnet ist, aktualisieren wir den Bildschirm:

```
pygame.display.flip()
```

Jetzt kommt wieder der Teil in `pygame`, in dem wir auf Eingaben reagieren – hier konkret auf das Schließen des Fensters und die Mausklicks auf die Auswahltexte:

```
for event in pygame.event.get():
    if event.type == pygame.QUIT:
        running = False
        break
```

Der `event.type` mit der Bezeichnung `pygame.MOUSEBUTTONDOWN` bedeutet, dass die Maustaste gedrückt wurde.

`event.pos` nennt uns dazu die Position des Klicks (`mx`, `my`). Und wir gehen dann alle Buttons durch und prüfen mit `rect.collidepoint(mx, my)`, ob der Klick innerhalb eines Button-Rechtecks liegt.

Falls ja, dann setzen wir `aktuelle_id` auf das zugehörige `ziel`.

Beim nächsten Schleifendurchlauf wird dann der neue Abschnitt der Geschichte angezeigt – so springt der Spieler bequem klickend durch das Abenteuer.

```
    if event.type == pygame.MOUSEBUTTONDOWN:
        mx, my = event.pos
        for rect, ziel in buttons:
            if rect.collidepoint(mx, my):
                aktuelle_id = ziel
```

Ganz am Ende, wenn `running` auf `False` gesetzt und die Schleife verlassen wurde, räumen wir `pygame` auf:

```
pygame.quit()
```

Natürlich könntest du auch noch ein GAME OVER auf den Schirm zaubern und vielleicht einen »Zurück zum Anfang«-Button einbauen.

Denk dran, es ist deine Geschichte und dein Programm!

Hier wieder der Code am Stück:

```
import pygame
pygame.init()

# Fenster
screen = pygame.display.set_mode((800, 600))
pygame.display.set_caption("Text-Adventure")

# Farben und Schrift
BROWN = (150, 111, 51)
SCREEN_BG = (34, 34, 34)
TEXT_COLOR = (251, 198, 36)
FONT = pygame.font.SysFont("courier", 18, bold=True)

# --- DATENSTRUKTUR -------------------------------------------------------
geschichte = [
    {
        "id": 0,
        "auswahlText": "Im Museum",
        "text": """*** Die Mumie des Schreckens ***
                 Ein Textadventure
                 Version 2.15 Pug-Software""",
        "ziele": [1]
    },
    {
        "id": 1,
        "auswahlText": "Du betrittst das Museum",
        "text": """Du bist viel zu spät in das alte Museum gekommen.
                 Dir bleibt nur noch wenig Zeit, bis das Museum schließt.
                 Der erste Gong ist ertönt, Zeit, sich zum Ausgang zu
                 begeben.""",
        "ziele": [2, 3]
    },
    {
        "id": 2,
        "auswahlText": "Du schaust dir ganz schnell noch den Nebenraum an?",
        "text": """Du gehst noch schnell in den Gang, der von dem Hauptraum
                 abzweigt.
                 Zahlreiche Artefakte einer vergangenen Epoche
                 sind ausgestellt. Du vergisst die Zeit und
                 überhörst sogar den letzten Gong.
                 Plötzlich wird es dunkel, als alle Lichter
```

```
                    ausgeschaltet werden.""",
            "ziele": [4]
        },
        {
            "id": 3,
            "auswahlText": "Du gehst zum Ausgang?",
            "text": """Du machst dich schnellen Schrittes auf den Weg zum
                    Ausgang. Du willst dich beeilen, doch
                    durch deine große Hast rutschst du aus und stürzt.
                    Du schlägst mit dem Kopf auf und wirst bewusstlos.""",
            "ziele": [4]
        },
        {
            "id": 4,
            "auswahlText": "In die Dunkelheit?",
            "text": """Es ist vollkommen dunkel.
                    Für einen Moment bist du orientierungslos.
                    Du tastest nach deinem Handy, um Licht
                    zu machen, als du Geräusche hörst.
                    Sie kommen offenbar aus einem Nebenraum.""",
            "ziele": [7]
        },
        {
            "id": 7,
            "auswahlText": "Du folgst den Geräuschen?",
            "text": """Das ist das Ende. Erst mal.""",
            "ziele": []
        }
]
# --- HILFSFUNKTIONEN -----------------------------------------------------

# Finde den Text für eine Auswahl
def finde_auswahl(gesuchte_id):
    for s in geschichte:
        if s["id"] == gesuchte_id:
            return s["auswahlText"]
    return None

def draw_text(surface, text, x, y, font):
    """Mehrzeiligen Text zeichnen."""
    lines = text.split("\n")
```

```
    for line in lines:
        rendered = font.render(line, True, TEXT_COLOR)
        surface.blit(rendered, (x, y))
        y += rendered.get_height() + 5

def draw_button(surface, text, x, y):
    """Klickbarer Button."""
    rendered = FONT.render(">"+text, True, TEXT_COLOR)

    w = rendered.get_width() + 20
    h = rendered.get_height() + 10
    rect = pygame.Rect(x, y, w, h)

    pygame.draw.rect(surface, SCREEN_BG, rect, border_radius=8)
    surface.blit(rendered, (rect.x + 10, rect.y + 5))

    return rect

aktuelle_id = 0
running = True
while running:

    # Alter Bildschirm
    screen.fill(BROWN)
    box = pygame.Rect(60, 60, 680, 400)
    pygame.draw.rect(screen, SCREEN_BG, box, border_radius=15)

    # aktueller_abschnitt finden
    for abschnitt in geschichte:
        if abschnitt["id"] == aktuelle_id:
            situation = abschnitt
            break

    # Text
    draw_text(screen, situation["text"], box.x + 20, box.y + 20, FONT)

    # Buttons
    buttons = []
    start_y = box.y + 220

    for ziel in situation["ziele"]:
```

```
        text = finde_auswahl(ziel)
        rect = draw_button(screen, text, box.x + 20, start_y)
        buttons.append((rect, ziel))
        start_y += 60

    pygame.display.flip()

    # Events
    for event in pygame.event.get():
        if event.type == pygame.QUIT:
            running = False
            break

        if event.type == pygame.MOUSEBUTTONDOWN:
            mx, my = event.pos
            for rect, ziel in buttons:
                if rect.collidepoint(mx, my):
                    aktuelle_id = ziel

pygame.quit()
```

Das ist super!

Abbildung 19.3: Super!

Kapitel 20

Hammurabi – säen, ernten und herrschen

Hammurabi war nicht nur ein altertümlicher Herrscher, sondern auch Namensgeber für eine der allerersten Wirtschaftssimulationen, die den Grundstein für ein eigenes Spielgenre legte. In diesem Kapitel wirst du deine eigene Version dieses Klassikers schreiben.

Hammurabi war ein bekannter Herrscher im alten Babylon. Das ist schon etwas länger her – so ungefähr 3.800 Jahre. Dabei war Hammurabi, oder auch Hammurapi, der Herrscher eines recht fortschrittlichen Reiches. Umfangreiche Gesetzgebung, wirtschaftliches Handeln und ein gut funktionierender Beamtenapparat stellten sicher, dass das Reich blühte und gedieh.

Abbildung 20.1: So stellt sich die KI, hier Copilot, Hammurabi vor.

Unter dem Namen »Hamurabi« wurde in der Anfangszeit der Computer eine der ersten Wirtschaftssimulationen geschrieben. Über eine festgelegte Anzahl von Jahren musste der Spieler in die Rolle des weisen Herrschers Hammurabi schlüpfen und die Geschicke seines Landes steuern. »Hamurabi« legte den Grundstein für ein ganzes Genre und beeinflusste direkt oder indirekt die meisten Spiele, die wir heute als Wirtschaftssimulationen kennen.

Hammurabi oder Hamurabi? Was ist denn richtig?

Eigentlich wird der Name mit zwei »m« geschrieben. Bei den ersten Computern im privaten Umfeld war die Anzahl der Buchstaben für Dateinamen begrenzt – 8 Zeichen, mehr war nicht möglich. Wer abzählt, kommt bei Hammurabi aber auf 9 Zeichen, also eins zu viel, und so wurde im Dateinamen das zweite »m« gestrichen. So machte der eigentlich falsche Name »Hamurabi« Computergeschichte.

Wie funktioniert das Spiel?

- Über eine festgelegte Anzahl von Jahren, zum Beispiel 20, steuert der Spieler die Geschehnisse im Reich über die Eingabe bestimmter Werte.
- Du startest mit einer gewissen Menge an **Korn** bzw. Getreide. Wenn man so möchte, ist dies die recht einfache **Währung** im Spiel, mit der auch Handel getrieben werden kann. In jeder Runde musst du überlegen, wie du diese Ressourcen sinnvoll einsetzt.
- Du musst genug **Nahrung** an deine Bevölkerung verteilen. Bekommen die Einwohner zu wenig Nahrung, dann verhungern sie (oder verlassen weniger dramatisch das Land). Verteilst du mehr Nahrung als notwendig, dann vermehrt sich die Bevölkerung.
- Genauso musst du festlegen, wie viel Korn du auf den vorhandenen Äckern als **Aussaat** für das kommende Jahr verwendest. Sähst du zu wenig Korn, wird der Ertrag zu gering sein – dein Kornspeicher wird sehr schnell leer sein.
- In jedem Jahr kannst du Land, das als **Acker** verwendet wird, **kaufen** oder **verkaufen**. Korn ist dafür deine Währung. Der Landpreis **variiert** von Jahr zu Jahr. Mit etwas Glück kannst du allein durch den Kauf und Verkauf von Land eine Menge Geld machen bzw. deinen Kornspeicher auffüllen.
- Genauso kann übrigens auch die **Ernte** sehr unterschiedlich ausfallen. In manchen Jahren wächst das Getreide sehr gut, in anderen Jahren musst du froh sein, wenn deine Vorräte überhaupt zum Überleben reichen.
- Und natürlich musst du genügend Einwohner haben, um das Korn überhaupt aussäen und ernten zu können. Sind nicht genug Einwohner da, können nicht genug Felder bewirtschaftet werden, sodass die Ernte geringer ausfällt.

Das sind die wichtigsten Regeln, die das Spiel ausmachen: durchaus etwas komplexer. Deshalb ist es wichtig, das Programm so aufzubauen, dass es übersichtlich bleibt. Natürlich wirst du dazu mit **Funktionen** bzw. Methoden arbeiten.

[+]

Natürlich kannst du das besser

»Hamurabi« war eine der ersten Wirtschaftssimulationen. Es ist ein recht anspruchsvolles Spiel. Weder ist es einfach, eine eigene Version zu programmieren, noch ist es leicht, 20 Jahre (oder Runden) im Spiel zu überstehen. Aber auch wenn es sich um einen Klassiker handelt, der tatsächlich (Spiel-)Geschichte geschrieben hat, solltest du versuchen, das Spiel so zu verändern, dass es besser wird. Mach es leichter und interessanter.

Dir sind die einfachen Zufallszahlen im Spiel zu banal? Schreib eigene Formeln und Funktionen, um bessere Werte zu generieren.

Dir scheint der Spielverlauf zu gleichförmig? Dann programmiere eigene Ereignisse in den Ablauf. Wie wäre es mit einer Steuer, die du den Bewohnern auferlegen kannst? Das Spiel gehört dir – bring deine eigenen Ideen ein und mach etwas Besonderes aus dieser Version. Mach es leichter oder sogar noch schwerer.

Dir gefällt der eher historische Hintergrund nicht? Überleg dir einen anderen, der dich mehr interessiert. Eine einsame Insel, eine Mars-Kolonie?

Das Spiel gehört dir – mit dem gesunden Anspruch »das kann ich noch besser machen« hast du mehr Spaß und schreibst noch bessere Programme.

Die Regeln – im Detail

Wir haben uns den Ablauf des Spiels angesehen, für unser Programm war das aber eine eher grobe Beschreibung – das alte »Hamurabi« hat einige Regeln mehr zu bieten:

- Das Spiel läuft über 20 Runden.
- Du startest mit 6.000 Scheffeln Korn.
- Anfangs leben 100 Bürger in deinem Königreich.
- Jeder Bürger benötigt zum Überleben 20 Scheffel Korn im Jahr. Verteilst du mehr Korn, wächst die Bevölkerung für jede 40 Scheffel Korn um einen Bürger.
- Du musst festlegen, wie viel Korn als Aussaat verwendet wird. Im folgenden Jahr wird diese Ernte automatisch eingebracht und vergrößert den vorhandenen Kornvorrat. Pro Acker werden 2 Scheffel Korn zur Aussaat benötigt, die Ernte liegt (als Zufallswert) zwischen 1 und 10 Scheffeln. Jeder Bürger kann 10 Äcker Land bewirtschaften.
- Land kann gekauft oder verkauft werden. Der Landkauf geschieht am Ende der Runde, nachdem alle anderen Aktionen abgeschlossen sind. Der Landpreis variiert zufällig zwischen 1 und 10 Scheffeln Korn.
- 400 Äcker Land sind bei Spielbeginn in deinem Besitz. Du kannst beliebig viel Land handeln – vorausgesetzt, dein noch vorhandenes Korn reicht für einen Kauf.

- Hast du weniger als 1 Acker Land oder 1 Scheffel Korn oder sinkt die Anzahl der Bewohner unter 1 Bürger, endet das Spiel. Ansonsten endet es nach 20 Runden.

Da »Hamurabi« in der Originalversion (von der es wiederum mehrere Versionen gibt) recht schwer ist, weichen wir gegenüber den teilweise kargen Ausgangswerten bereits etwas ab und geben dem Herrscher beispielsweise die doppelte Menge Korn in die Vorratskammern. Keine Sorge, das Spiel ist immer noch schwer genug.

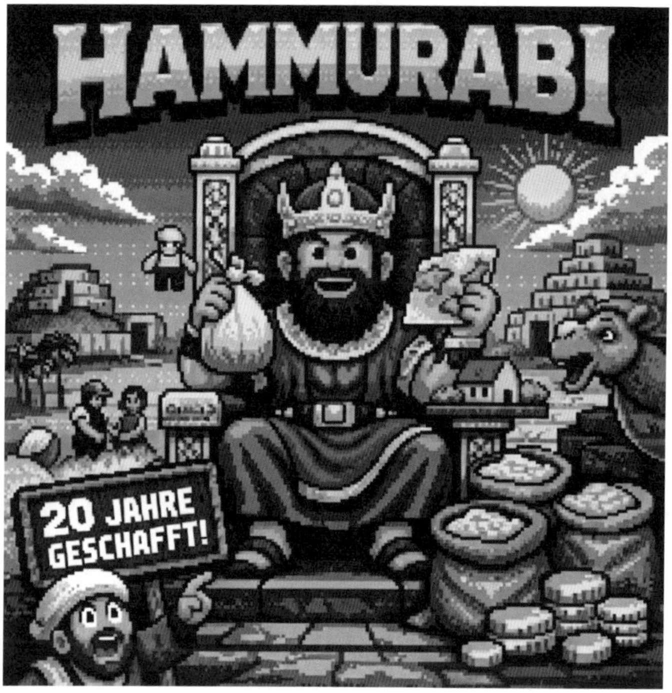

Abbildung 20.2: So hätte es aussehen können – das Spiel »Hamurabi«, gezeichnet von der KI Copilot.

Aus den obigen Regeln können wir bereits eine Menge für unser Programm herleiten. Wir schauen uns einmal an, welche Variablen und welche Funktionen wir wohl benötigen – erst einmal, ohne den gesamten Code zu schreiben.

Anforderung	Übersetzt in Python
Das Spiel läuft über 20 **Runden.**	`jahr = 0`
Du startest mit 6.000 Scheffeln **Korn.**	`korn = 6000`
Anfangs leben 100 **Bürger** in deinem Königreich.	`buerger = 100`

Anforderung	Übersetzt in Python
Jeder Bürger benötigt zum **Überleben** 20 Scheffel Korn im Jahr. Verteilst du mehr Korn, wächst die Bevölkerung für jede 40 Scheffel Korn um einen Bürger.	`def bevoelkerung(nahrung):`

Du musst festlegen, wie viel Korn als **Aussaat** verwendet werden soll. Im folgenden Jahr wird diese Ernte automatisch eingebracht und vergrößert den vorhandenen Kornvorrat. Pro Acker werden **2 Scheffel** Korn zur Aussaat benötigt, die Ernte liegt zwischen 1 und 10 Scheffeln. Jeder Bürger kann 10 Äcker Land **bewirtschaften**.	Wir müssen also aussäen können, wir müssen wissen, wie gut die Ernte war, und diesen Wert sollten wir im Spiel in einer Variablen zur Verfügung haben:
	`def aussaat(saat):`
	`def bestimme_ernte_erfolg():`
	`ernte_pro_acker = 0`

Land kann **gekauft** oder **verkauft** werden. Der Landkauf geschieht am Ende der Runde, nachdem alle anderen Aktionen abgeschlossen sind. Der Landpreis **variiert** zwischen 1 und 10 Scheffeln Korn.	Auch den Landpreis sollten wir im Spiel in einer Variablen zur Verfügung haben und ihm einen mittleren Anfangswert geben.
	`def bestimme_land_preis():`
	`land_preis = 5`

400 Äcker Land sind bei Spielbeginn in deinem **Besitz**. Du kannst beliebig viel Land handeln – vorausgesetzt, dein noch vorhandenes Korn reicht für einen Kauf.	`land = 400` `def handel(kauf):`
Hast du weniger als 1 Acker Land, 1 Scheffel Korn oder sinkt die Anzahl der Bewohner unter 1 Bürger, endet das Spiel. Ansonsten endet es nach 20 Runden.	`ende = False` `def pruefe_ende():`

Damit haben wir schon eine ganze Menge. Zumindest alles, was für die Berechnung der Simulation notwendig ist. Ein paar Kleinigkeiten brauchen wir aber noch, um das Programm zu steuern und **Eingaben** in das Spiel zu bringen. Außerdem braucht der Herrscher in jedem Jahr einen **Bericht** über den Zustand seines Reiches.

Anforderung	Python-Code
Uns noch fehlt eine Eingabe, schließlich will man als Herrscher ja auch gehört werden.	`def verarbeite_befehle():`

Anforderung	Python-Code
Wir benötigen eine Ausgabe, einen Bericht für den Herrscher. Schließlich wollen wir ja wissen, was passiert ist – was hat sich getan? Wie ist der aktuelle Landpreis, wie war die Ernte?	`def erstelle_bericht():`
Ach ja, irgendwie muss eine Runde ja gestartet werden. Idealerweise als eigene Funktion, die wir mit einem Klick oder vielleicht auch zeitgesteuert aufrufen könnten.	`def spiele_eine_runde():`

Auch wichtig ist die richtige **Reihenfolge**. Damit ist (natürlich) nicht gemeint, in welcher Reihenfolge du die Funktionen in den Code schreibst – das ist eigentlich ziemlich egal. Doch die Funktionen müssen nach dem Start in der **richtigen Reihenfolge aufgerufen** werden, sonst kann es zu logischen Fehlern kommen: Wird der Landpreis im aktuellen Bericht verkündet, dann darf er danach nicht mehr verändert werden – bis zum Abschluss des Landkaufs. Ansonsten kann es zu recht überraschenden Ergebnissen führen, wenn der Preis beim Verkauf plötzlich geringer ist und statt bei 9 plötzlich bei 1 Scheffel liegt und die Kornkammern leer bleiben.

Objektorientiert – Hammurabi als Klasse

Fassen wir das zusammen, dann haben wir schon das Gerüst unseres Programms. Natürlich tut sich noch nicht viel, aber darum kümmern wir uns gleich – Funktion für Funktion. Und damit Hammurabi auch auf der Höhe der Zeit ist, wollen wir es als Klasse schreiben, eben ganz objektorientiert:

```
class HammurabiSpiel:
    def __init__(self):
        self.jahr = 0
        self.buerger = 100
        self.korn = 6000
        self.land = 400
        self.ende = False
        self.land_preis = 5
        self.ernte_pro_acker = 0

    def spiele_eine_runde(self):
        print("Ich spiele eine Runde")
```

```
    def verarbeite_befehle(self):
        print("Ich verarbeite Befehle")

    def bestimme_ernte_erfolg(self):
        print("Wie war die Ernte?")

    def bestimme_land_preis(self):
        print("Wie viel kostet ein Acker Land?")

    def bevoelkerung(self, nahrung):
        print("Nahrung")

    def aussaat(self, saat):
        print("Saat")

    def handel(self, kauf):
        print("Kaufe Land")

    def erstelle_bericht(self):
        print("erstelleBericht")

    def pruefe_ende(self):
        print("Ist das das Ende?")
```

Und ohne das Programm im Detail oder den eigentlichen Code zu kennen, können wir aus der Klasse `HammurabiSpiel` schon jetzt ein Objekt `spiel` instanziieren und eine Schleife schreiben, die so lange läuft und das Spiel ablaufen lässt, bis die Spielbedingung `spiel.ende` irgendwann `False` wird:

```
spiel = HammurabiSpiel()
print("Willkommen, großer Hammurabi!")

while not spiel.ende:
    spiel.spiele_eine_runde()
```

Warum hat die Variable »ernte_pro_acker« den Wert 0?

Am Anfang, im Jahr 0, brauchen wir den Wert noch nicht. Beim Spielstart und damit beim ersten Bericht gibt es noch keine Ernte. Auch für den Bericht benötigen wir nicht unbedingt einen Wert. Das siehst du gleich, wenn wir die Funktion für den Bericht, `erstelle_bericht()`, schreiben.

Lass die Spiele beginnen

Ein Bericht soll zu Beginn jeder Runde die aktuellen Zahlen ausgeben.

Uns interessieren folgende Daten im alljährlichen Bericht:

- das aktuelle **Jahr**
- die Anzahl der (noch) vorhandenen **Bürger**
- wie viel **Korn** in den Speichern liegt
- wie hoch der **Preis** für Land in dieser Runde ist
- wie gut die **Ernte** war

Beim letzten Punkt, also dem Wert `ernte_pro_acker`, wollen wir aber nicht einfach die Zahl in den Text schreiben, sondern den Zahlenwert in einen passenden Text umschreiben.

Klar, bei einer Klasse wird in jeder Methode das Objekt mit `self` übergeben. Später, beim Aufruf der Methode musst du den Parameter aber nicht beachten.

```
def erstelle_bericht(self):
```

Als Erstes erzeugen wir je nach Wert `ernte_pro_acker` einen anderen Text und speichern ihn in der Variablen `ernte`, um ihn in unserem Bericht ausgeben zu können. Da `ernte_pro_acker` eine Objektvariable ist, kannst du einfach so darauf zugreifen ohne ihn übergeben zu müssen – Objekt sei dank!

```
    if self.ernte_pro_acker == 1:
        ernte = "Unwetter vernichteten Teile der Ernte."
    elif self.ernte_pro_acker in (2, 3):
        ernte = "Das Wetter war schlecht."
    elif self.ernte_pro_acker in (6, 7):
        ernte = "Das Wetter war gut. Die Ernte war reichlich."
    elif self.ernte_pro_acker in (8, 9, 10):
        ernte = "Das Wetter war sehr gut. Die Ernte war hervorragend."
    else:
        ernte = "Das Wetter war normal."
```

Nun kommt schon die eigentliche Ausgabe. Mit dem **f** vor dem String wird die **f-String**-Formatierung aktiviert. Damit kannst du ganz einfach Variablen in geschweifte Klammern schreiben und sie (bzw. ihr aktueller Wert) werden dann direkt von Python in den Text geschrieben.

```
    print("\n==============================")
    print("Weiser Herrscher Hammurabi!")
```

```
        print(f"Wir schreiben das Jahr {self.jahr} Eurer Herrschaft.\n")
        print(f"{self.buerger} treue Bürger zählt Euer Reich.")
        print(ernte)
        print(f"{self.korn} Scheffel Korn lagern in den Kornkammern.")
        print(f"{self.land} Acker Land besitzt Ihr.")
        print(f"{self.land_preis} Scheffel Korn kostet ein Acker Land.")
        print("==============================\n")
```

Was machen wir als Nächstes?

Unsere Zufallszahlen

Wir füllen jetzt die beiden Methoden `bestimme_land_preis` und `bestimme_ernte_erfolg` mit Leben. Genau genommen berechnen wir in beiden Methoden nur Zufallszahlen und speichern diese in unseren Variablen `land_preis` und `ernte_pro_acker`. Beide Werte sollen zwischen 1 und 10 liegen.

```
    def bestimme_land_preis(self):
        self.land_preis = random.randint(1, 10)

    def bestimme_ernte_erfolg(self):
        self.ernte_pro_acker = random.randint(1, 10)
```

Aber warum brauche ich extra Methoden dafür?

Du könntest die beiden Zufallszahlen natürlich auch irgendwo im Programm berechnen lassen. Es kann aber übersichtlicher sein, selbst solch kleine Programmteile in Methoden zu schreiben:

Ein Aufruf `bestimme_land_preis` sagt viel mehr aus als ein `random.randint(1, 10)`. So wird der Programmcode selbst zu einer Art **Dokumentation**: Das Programm kann schneller und einfacher gelesen werden. Wenn unser Programm Hammurabi fertig ist, wirst du sehen, dass wir schon eine ganze Menge Programmcode haben. Und je leichter alles zu lesen ist, desto schneller kannst du Fehler finden oder das **Programm erweitern**. Du könntest in den Methoden die Zufallszahlen weiter beeinflussen, denn vielleicht liegen nahezu gleich verteilte Zufallszahlen gar nicht in unserem Interesse: Ist die Ernte zu oft hintereinander 1 oder 2, ist das Spiel sehr schnell beendet. Und das kann mit normal berechneten Zufallszahlen ganz schnell passieren. Die Werte für die Ernte könntest du deshalb bewusst etwas großzügiger berechnen lassen. Du könntest Zufallszahlen erzeugen, die nicht so viele Ausreißer haben, sondern eher etwas höher liegen.

Eine Spielrunde – ein ganzes Jahr

Startest du das Programm, dann wird die Methode spiele_eine_runde ausgeführt, und zwar immer wieder und so lange, bis das Spielende erreicht ist. Sehen wir uns an, was sich innerhalb dieser Methode tut – oder tun sollte. Denn wir haben zwar die Methoden, aber noch keine echten Inhalte darin. Einen Bericht hatten wir ja, der uns beschreibt, was sich getan hat.

- Beim Aufruf der Methode sollte zuerst überprüft werden, ob das Spiel überhaupt noch läuft oder vielleicht schon längst beendet wurde.
- Wenn das Spiel noch läuft, dann läuten wir ein neues Jahr ein und legen fest, wie gut in diesem Jahr die Ernte ausfällt.
- Danach erwarten wir die Befehle der Herrschers, die gleich innerhalb dieser Funktion, verarbeite_befehle, weiterverarbeitet werden können.
- Wenn damit die Nahrungsverteilung, die Aussaat und der Landhandel abgeschlossen sind, legen wir einen neuen Landpreis fest (auf keinen Fall vorher), machen eine neue Ausgabe und prüfen noch schnell, ob das Spiel beendet ist.

So kann das aussehen:

```
def spiele_eine_runde(self):
```

Als Erstes prüfen wir, ob das Spiel bereits beendet wurde. Falls das nicht der Fall ist, machen wir weiter.

```
    if not self.ende:
```

Wir beginnen mit einem neuen Jahr – wenn auch ohne große Feierlichkeiten:

```
        self.jahr += 1
```

Wir legen jetzt fest, wie gut die Ernte in diesem Jahr sein wird:

```
        self.bestimme_ernte_erfolg()
```

Hier regeln wir (irgendwie) die Eingabe der Befehle und kümmern uns darum, dass sie (soweit möglich) auch in die Tat umgesetzt werden:

```
        self.verarbeite_befehle()
```

Erst nachdem der Handel mit Land abgeschlossen ist, darf jetzt ein neuer Landpreis berechnet werden, der schließlich in dem folgenden Bericht angekündigt wird:

```
        self.bestimme_land_preis()
        self.erstelle_bericht()
```

Zum Abschluss prüfen wir noch, ob die Spieljahre schon abgelaufen sind oder zu wenig Bürger oder Korn vorhanden sind. Ist das Spiel aus einem der Gründe beendet, wird die Variable `self.ende` auf `True` gesetzt.

```
        self.pruefe_ende()
```

Aber woher habe ich das alles? Ich habe doch noch gar nicht festgelegt, was zum Beispiel in der Variablen »ende« gespeichert wird.

Das ist das klassische Henne-Ei-Problem! Irgendwo musst du anfangen und es lässt sich nie vermeiden, dass du zwischen verschiedenen Programmteilen hin und her springen und Teile nach und nach entwickeln wirst. Je besser deine Planung und deine Überlegungen sind, desto leichter wird dir das fallen – ganz vermeiden lässt sich das aber nicht immer.

Die Eingabe – dem Volk Befehle erteilen

Die Ausgabe haben wir schon, stellt sich die Frage, wie wir die Eingabe realisieren. Wir brauchen drei Angaben:

- Wie viel Korn soll an die Bevölkerung verteilt werden?
- Wie viel Korn wird im kommenden Jahr ausgesät?
- Wie viel Land soll gekauft oder verkauft werden?

Wir können eine Eingabe sehr einfach mit einem `input()` machen. Alle Werte sollen darin vom Spieler durch ein **Komma getrennt** eingegeben werden. Während in jedem Jahr Korn verteilt und ausgesät werden muss, muss nicht immer mit Land gehandelt werden. Dann braucht der Spieler auch keine Angabe dazu machen. Verkauft er Land, dann macht er eine negative Angabe; kauft er Land, gibt er eine positive Zahl über die gewünschte Anzahl Äcker an.

Das ist einfach und ermöglicht eine schnelle Eingabe für den Spieler. Wir müssen den erhaltenen Text dann nur aufteilen, die jeweiligen Werte kontrollieren und dann damit weiterarbeiten.

Kontrollieren? Wie soll ich die Werte kontrollieren?

Bisher haben wir uns immer darauf verlassen, dass eingegebene Werte korrekt sind. Davon kannst du aber nicht immer ausgehen. Ein Spieler vertippt sich vielleicht oder versucht absichtlich, durch Fehleingaben das Spiel zu seinen Gunsten zu beeinflussen – auch schummeln genannt. Natürlich kannst du nicht alle Eventualitäten abfangen, aber eine ganze Menge kannst du mit sehr einfachen Mitteln prüfen:

```
def verarbeite_befehle(self):
    eingabe = input(
        "Erteilt Eure Befehle (Format: Nahrung,Aussaat,Landhandel): "
```

```
    )
    teile = eingabe.split(",")
```

Jetzt liegen die Eingaben in der Variablen `teile` und können ganz einfach mit `try` und `except` überprüft werden. Dieser Code bedeutet: Versuch, den ersten Teil der Eingabe in eine Zahl umzuwandeln. Wenn das nicht klappt und es sonst einen **Fehler** geben würde, dann setz – quasi als **Fehlerreaktion** – den Wert auf 0. Gibt der Spieler beispielsweise einen String ein, dann würde es ohne `try except` einen Fehler geben und das Programm würde abstürzen. Mit der *Fehlerbehandlung* stürzt das Spiel in diesen Fällen nicht ab, sondern du kannst eine Alternative angeben, die geordnet ausgeführt wird.

```
try:
    verteile_korn = int(teile[0])
except:
    verteile_korn = 0
try:
    saee_korn = int(teile[1])
except:
    saee_korn = 0
try:
    land_kauf = int(teile[2])
except:
    land_kauf = 0
```

Als Nächstes nehmen wir die Eingaben – die Werte selbst – unter die Lupe. Für `verteile_korn` und `saee_korn` ist es eindeutig: Die Werte müssen Zahlen sein, die größer als 0 sind. Eine Minusverteilung ergibt schließlich – außer als Versuch zu schummeln – keinen Sinn. Wenn die Werte also kleiner als 0 sind, dann setzen wir die entsprechende Variable einfach auf 0.

```
if verteile_korn < 0:
    verteile_korn = 0
if saee_korn < 0:
    saee_korn = 0
```

Damit haben wir die Eingaben so weit geprüft, dass wir die Werte an die jeweiligen Funktionen übergeben können:

```
self.bevoelkerung(verteile_korn)
self.aussaat(saee_korn)
self.handel(land_kauf)
```

Den Rest machen unsere anderen Funktionen, die wir hier aufrufen.

Mahlzeit und Prost – wir verteilen Nahrungsmittel

Als Erstes wollen wir die Nahrung an das Volk verteilen. Mit dem Aufruf der Methode übergeben wir ja den gewünschten Wert nahrung, also die Menge an Korn, die die Bevölkerung in diesem Jahr ernähren soll.

```
def bevoelkerung(self, nahrung):
    if nahrung > self.korn:
        nahrung = self.korn
```

Wir beginnen mit einer **Überprüfung**, ob versucht wird, mehr Korn zu verteilen, als zu diesem Zeitpunkt noch in den Kornkammern vorhanden ist. Falls das der Fall ist, kürzen wir die gewünschte Menge auf den Wert des Kornvorrats. Es wird also höchstens so viel verteilt, wie vorhanden ist.

Was verteilt wird, muss natürlich aus den Kornkammern entfernt werden. Also ziehen wir diese Menge von unserem Vorrat ab.

```
    self.korn -= nahrung
```

Dann muss noch überprüft werden, ob genügend Nahrung an die Bevölkerung verteilt wurde. Jeder Bürger benötigt 20 Scheffel Weizen im Jahr.

Unsere Verteilung führt dazu, dass neue Bürger ins Land kommen, geboren werden oder dass Bürger das Land verlassen (oder sterben). Erst berechnen wir, ob die Nahrung ausreichend ist. Dafür berechnen wir einfach, wie viele »Nahrungspakete« à 20 Scheffeln Korn wir haben, und ziehen die Anzahl der vorhandenen Bürger ab:

```
    ausreichend = round(nahrung / 20) - self.buerger
```

Verteilen wir **genug Nahrung**, ist der so errechnete Wert **positiv** (oder 0, wenn es genau hinkommt). Verteilen wir zu wenig Nahrung, ist das Ergebnis negativ. Schließlich berechnen wir, ob es Geburten oder Todesfälle gab.

```
    neue = 0
    if ausreichend > 0:
        neue = ausreichend / 2

    tote = 0
    if ausreichend < 0:
        tote = -ausreichend

    self.buerger = round(self.buerger + neue - tote)
```

Die Aussaat

Nach der Verteilung der Nahrung geht es an die **Aussaat**. Auch hier wird der gewünschte Wert beim Aufruf an die Funktion übergeben:

```
def aussaat(self, saat):
    if saat > self.korn:
        saat = self.korn

    self.korn -= saat
```

Hier prüfen wir ebenfalls, ob mehr Korn verwendet werden soll, als aktuell noch vorhanden ist, und stutzen die gewünschte Menge gegebenenfalls auf die vorhandene Menge zurecht. Diese Menge entfernen wir aus unseren Kornkammern.

```
    moegliche_saat = saat // 2
```

Pro Acker werden 2 Scheffel Korn für die Aussaat benötigt. Also teilen wir das Korn einfach durch 2. Jetzt müssen wir nur noch überprüfen, ob genügend Bürger im Land sind, die das Land bewirtschaften. 10 Äcker Land kann jeder Bürger bewirtschaften. Das Einfachste ist es, den Wert `moegliche_saat` (der ja gleich dem der zu bewirtschaftenden Äcker ist) mit der Zahl der vorhandenen Bürger abzugleichen. Zu guter Letzt reicht es ja nicht, genug Korn und Bürger zu haben – wir brauchen auch die jeweiligen Äcker Land; wir können ja nicht mehr Land bewirtschaften, als wir tatsächlich haben.

```
    if moegliche_saat > self.buerger * 10:
        moegliche_saat = self.buerger * 10

    if moegliche_saat > self.land:
        moegliche_saat = self.land
```

Jetzt bleibt uns nur noch, auszurechnen, wie gut die **Ernte** war und wie viel neues Korn in unsere Kornspeicher geliefert wird:

```
    geerntet = self.ernte_pro_acker * moegliche_saat
    self.korn += geerntet
```

Zu guter Letzt noch etwas Handel

Der letzte Schritt ist der **Landhandel**. Wurde bei der Eingabe ein dritter Wert angegeben, bedeutet dies bei einem positiven Wert einen Kauf und bei einem negativen Wert einen **Verkauf** von Land.

```
def handel(self, kauf):
```

Ist der Wert negativ? Will der Spieler also Land verkaufen?

```
# Verkauf
if kauf < 0:
    verkauf = abs(kauf)
    if verkauf > self.land:
        return
    self.land -= verkauf
    self.korn += verkauf * self.land_preis
```

Für die weiteren Berechnungen machen wir aus dem negativen Wert mit abs einen positiven Wert. Den negativen Wert brauchen wir ja genau genommen nur als **Information**, um zu wissen, dass Land verkauft werden soll.

Ist nicht genug Land vorhanden, machen wir es uns einfach: Wir verlassen die Methode, ohne etwas zu machen.

Ansonsten verkaufen wir das Land und streichen dafür den aktuellen Preis in Form der entsprechenden Menge Korn ein.

Ist der Wert positiv? Will der Spieler also Land kaufen?

```
# Kauf
if kauf > 0:
    if kauf * self.land_preis > self.korn:
        print("Nicht genug Korn für Landkauf!")
        return
    self.land += kauf
    self.korn -= kauf * self.land_preis
```

Es ist immer genug Land zum Kauf vorhanden. Eine andere Frage ist, ob noch genügend **Korn vorhanden** ist, um den Kauf überhaupt tätigen zu können. Auch hier machen wir es uns einfach: Ist nicht genug Korn vorhanden, geben wir eine kurze Meldung aus und verlassen die Funktion.

Ansonsten wird das Land gekauft und das dafür benötigte Korn wird von unserem Kornvorrat abgezogen.

Damit sind unsere Transaktionen beendet, unsere Funktionen abgearbeitet. Aber noch ist das Jahr bzw. die Spielrunde nicht zu Ende. Schließlich müssen wir noch einen neuen Bericht für den Herrscher erstellen – und wir müssen überprüfen, ob das Spiel zu einem rühmlichen oder vielleicht sogar unrühmlichen **Ende** gekommen ist. Den Bericht haben wir ja schon geschrieben. Was noch fehlt, ist die Überprüfung, ob das Spiel beendet ist.

Das Ende ist näher, als du denkst

Man soll ja aufhören, wenn es am schönsten ist. Das gilt aber eigentlich nur für die Regentschaft eines Herrschers, zum Glück nicht fürs Programmieren. Wir wollen noch überprüfen, ob das Spiel möglicherweise vorzeitig beendet ist oder ob wir das natürliche Ende nach 20 Jahren erreicht haben.

Die möglichen Gründe für einen Abbruch des Spiels sind:

- zu wenig Bürger
- leere Kornkammern
- der Verlust des fruchtbaren Landes

Natürlich kannst du hier auch andere Regeln setzen – so ganz von Herrschers Gnaden.

```
def pruefe_ende(self):
    grund = ""
```

Wir brauchen eine Variable, in der wir für die Ausgabe die unterschiedlichen Gründe für das unrühmliche Ende der Herrschaft speichern.

```
        if self.buerger < 1:
            self.ende = True
            grund += "Ihr habt zu wenige Untertanen. "
```

Keine Bürger mehr im Land? Dann setzen wir unsere Variable `self.ende` auf `True` – damit ist im Programm das Ende definiert und keine weitere Spielrunde kann aufgerufen werden. Eine passende Erklärung hängen wir noch an den Spieltext. Genauso machen wir das für den Kornvorrat und unseren Landbesitz:

```
        if self.korn < 1:
            self.ende = True
            grund += "Eure Kornkammern sind leer. "

        if self.land < 1:
            self.ende = True
            grund += "Ihr habt zu wenig Land. "
```

Etwas anders sieht es aus, wenn nach 20 Jahren das natürliche Ende unserer Regentschaft erreicht ist. In diesem Fall legen wir einen etwas salbungsvolleren Text fest – aber nur für den Fall, dass kein anderer Grund für das Ende des Spiels vorliegt. Natürlich könntest du auch unterschiedliche Texte je nach Erfolg des Spielers festlegen. Dabei kannst du die verschiedenen Kriterien selbst festlegen.

```
        if self.jahr > 20 and not self.ende:
            self.ende = True
            grund = (
                "Nach 20 Jahren endet Eure Herrschaft.\n"
                "Euer Name soll auf ewig gepriesen werden!"
            )
```

Wenn das Ende erreicht ist (auf die eine oder andere Art), dann wird zu guter Letzt der Text für den Abbruch an den vorhandenen Bericht angehängt.

```
        if self.ende:
            print("\nEure Herrschaft ist beendet.")
            print(grund)
```

Abbildung 20.3: Ein ganzes Reich in ein paar Zeilen Programmcode

Das ganze Programm in einem Rutsch

Werfen wir noch einmal einen Blick auf das gesamte Programm – das gesamte, nicht das fertige Programm, denn ein gutes Spiel ist schließlich niemals wirklich fertig, sondern bietet immer genug Möglichkeiten für die eine oder andere Verbesserung.

```
import random

class HammurabiSpiel:

    def __init__(self):
        self.jahr = 0
        self.buerger = 100
        self.korn = 6000
        self.land = 400
        self.ende = False
        self.land_preis = 5
        self.ernte_pro_acker = 0

    def spiele_eine_runde(self):
        if not self.ende:
            self.jahr += 1

            self.bestimme_ernte_erfolg()
            self.verarbeite_befehle()
            self.bestimme_land_preis()
            self.erstelle_bericht()
            self.pruefe_ende()

    def bestimme_land_preis(self):
        self.land_preis = random.randint(1, 10)

    def bestimme_ernte_erfolg(self):
        self.ernte_pro_acker = random.randint(1, 10)

    def verarbeite_befehle(self):
        eingabe = input("Erteilt Eure Befehle (Format:
        Nahrung,Aussaat,Landhandel): ")
        teile = eingabe.split(",")

        try:
            verteile_korn = int(teile[0])
```

```
        except:
            verteile_korn = 0
        try:
            saee_korn = int(teile[1])
        except:
            saee_korn = 0
        try:
            land_kauf = int(teile[2])
        except:
            land_kauf = 0

        if verteile_korn < 0:
            verteile_korn = 0
        if saee_korn < 0:
            saee_korn = 0

        self.bevoelkerung(verteile_korn)
        self.aussaat(saee_korn)
        self.handel(land_kauf)


    def bevoelkerung(self, nahrung):
        if nahrung > self.korn:
            nahrung = self.korn

        self.korn -= nahrung

        ausreichend = round(nahrung / 20) - self.buerger

        neue = 0
        if ausreichend > 0:
            neue = ausreichend / 2

        tote = 0
        if ausreichend < 0:
            tote = -ausreichend

        self.buerger = round(self.buerger + neue - tote)

    def aussaat(self, saat):
        if saat > self.korn:
```

```
            saat = self.korn

        self.korn -= saat

        moegliche_saat = saat // 2

        if moegliche_saat > self.buerger * 10:
            moegliche_saat = self.buerger * 10

        if moegliche_saat > self.land:
            moegliche_saat = self.land

        geerntet = self.ernte_pro_acker * moegliche_saat
        self.korn += geerntet

    def handel(self, kauf):
        # Verkauf
        if kauf < 0:
            verkauf = abs(kauf)
            if verkauf > self.land:
                return
            self.land -= verkauf
            self.korn += verkauf * self.land_preis

        # Kauf
        if kauf > 0:
            if kauf * self.land_preis > self.korn:
                print("Nicht genug Korn für Landkauf!")
                return
            self.land += kauf
            self.korn -= kauf * self.land_preis

    def erstelle_bericht(self):
        if self.ernte_pro_acker == 1:
            ernte = "Unwetter vernichteten Teile der Ernte."
        elif self.ernte_pro_acker in (2, 3):
            ernte = "Das Wetter war schlecht."
        elif self.ernte_pro_acker in (6, 7):
            ernte = "Das Wetter war gut. Die Ernte war reichlich."
        elif self.ernte_pro_acker in (8, 9, 10):
            ernte = "Das Wetter war sehr gut. Die Ernte war hervorragend."
```

```
        else:
            ernte = "Das Wetter war normal."

        print("\n================================")
        print("Weiser Herrscher Hammurabi!")
        print(f"Wir schreiben das Jahr {self.jahr} Eurer Herrschaft.\n")
        print(f"{self.buerger} treue Bürger zählt Euer Reich.")
        print(ernte)
        print(f"{self.korn} Scheffel Korn lagern in den Kornkammern.")
        print(f"{self.land} Acker Land besitzt Ihr.")
        print(f"{self.land_preis} Scheffel Korn kostet ein Acker Land.")
        print("================================\n")

    def pruefe_ende(self):
        grund = ""

        if self.buerger < 1:
            self.ende = True
            grund += "Ihr habt zu wenige Untertanen. "

        if self.korn < 1:
            self.ende = True
            grund += "Eure Kornkammern sind leer. "

        if self.land < 1:
            self.ende = True
            grund += "Ihr habt zu wenig Land. "

        if self.jahr > 20 and not self.ende:
            self.ende = True
            grund = (
                "Nach 20 Jahren endet Eure Herrschaft.\n"
                "Euer Name soll auf ewig gepriesen werden!"
            )

        if self.ende:
            print("\nEure Herrschaft ist beendet.")
            print(grund)
```

```
# --- Spiel starten ---
spiel = HammurabiSpiel()
print("Willkommen, großer Hammurabi!")

while not spiel.ende:
    spiel.spiele_eine_runde()
```

Überleben als Herrscher

So ein Herrscher hat es nicht leicht. Deshalb hier ein paar Tipps, um als echter Herrscher bestehen zu können:

- Verteile immer genug Nahrung.

  Du hast am Anfang 100 Bürger. Das bedeutet, du musst mindestens 2.000 Scheffel Korn pro Jahr an deine Bürger verteilen. Jeder Bürger benötigt 20 Scheffel Korn.

- Säe so viel wie möglich.

  Die Aussaat lohnt sich extrem, weil du nur 2 Korn pro Acker benötigst, aber von einem Acker bis zu 10 Scheffel Korn zurückerhältst.

- Kauf Land, wenn der Preis niedrig ist.

  Der Landpreis schwankt zwischen 1 und 10 Scheffeln Korn. Liegt der Landpreis bei 1 oder 2 Scheffeln Korn, solltest du kaufen. Hast du genug Land und der Preis ist hoch, verkaufe Land – aber niemals zu viel!

- Denk daran: Nahrung zuerst, dann Aussaat, dann Landhandel.

Kapitel 21
Unendliche Weiten – die Abenteuer der USS Sequel

Diesmal verschlägt es uns in die unendlichen Weiten des Weltalls. An Bord der USS Sequel warten fremde Planeten, unbekannte Kulturen und Weltraumanomalien nur darauf, von dir entdeckt zu werden. Mit deiner Crew bist du unterwegs in den unendlichen Weiten der Galaxie.

Und natürlich gibt es auch genug zu programmieren. Wir wollen in diesem Kapitel den Anfang, die Basis eines Weltraumspiels programmieren. Aus diesem Anfang heraus kannst du dann dein Spiel immer weiterentwickeln, neue Features implementieren und die unendlichen Weiten erkunden.

Du bist der Einsatzoffizier der USS Sequel, eines Forschungsraumschiffs der Föderation. Deine Aufgabe ist es, für Außenmissionen passende Teams aus der Mannschaft zusammenzustellen. Jedes Mannschaftsmitglied hat eine andere Ausbildung, andere Schwerpunkte und vor allem im Laufe der Zeit andere Erfahrungen gesammelt. Jeder Einsatz sorgt dafür, dass die beteiligten Offiziere etwas Neues lernen, Erfahrungen sammeln und noch besser werden.

Dazu muss natürlich dauerhaft gespeichert werden, welche Ausbildung ein Offizier hat, welche Einsätze er im Laufe der Zeit absolviert hat. Auch der gesundheitliche Zustand muss gespeichert werden.

Alle diese Daten sind die Grundlage für deine Einsatzplanung, um passende Teams zusammenstellen zu können. Dafür ist es natürlich wichtig, dass dir alle Daten zur Verfügung stehen und sie dir passend angezeigt werden, ohne dass du dich durch lange Listen klicken musst.

Und wie mache ich das? Vor allem wie speichere ich das dauerhaft?

Du könntest alle Daten in Dateien speichern, aber es ist ja auch wichtig, dass du die Daten filtern und sortieren kannst. Sicherlich hast du anfangs nur wenige Crewmitglieder, aber trotzdem kommst du schnell an einen Punkt, an dem es immer schwieriger wird, mit allen Daten umzugehen.

Deshalb wollen wir alle Daten in einer *Datenbank* speichern. Dort können die Informationen dauerhaft abgelegt werden und natürlich kannst du mithilfe einer Datenbank suchen, sortieren und anzeigen. Dazu arbeitest du mit *SQL*, der *Structured Query Language*. Ausgesprochen wird SQL übrigens meist als »Sequel«.

SQL und Datenbanken

SQL ist eine Sprache, um *CRUD*-Operationen in relationalen Datenbanken auszuführen. CRUD steht dabei für **Create**, **Read**, **Update** und **Delete**, also für das Anlegen, Lesen, Verändern und Löschen von Daten.

SQL ist eine standardisierte und nach ANSI und ISO genormte Sprache, die seit den 1970er Jahren eingesetzt wird. Der erste offizielle Standard wurde 1989 festgelegt und wird seitdem ständig weiterentwickelt.

Alle Daten werden in *Datenbanken* und dort in unterschiedlichen *Tabellen* gespeichert. Eine Datenbank ist einfach ausgedrückt eine Art Datei, in der sich mehrere Tabellen befinden können. Jede Tabelle hat einen eigenen Namen und kann ganz unterschiedlich aufgebaut sein.

So eine Tabelle hat die unterschiedlichsten Spalten und die Daten werden zeilenweise darin gespeichert. Das ist die Grundlage des *relationalen Datenbankmodells*. Denn es werden nicht nur einfach Daten in Tabellen gespeichert, sondern sie können Beziehungen zueinander haben. Anders ausgedrückt können Daten über unterschiedliche Merkmale miteinander verknüpft werden.

Wie können solche Daten jetzt aussehen?

Nehmen wir einfach mal unsere Crewmitglieder. Welche Daten kämen da zusammen und wie würde so eine Tabelle aussehen?

Wir hätten in der Datenbank beispielsweise eine Tabelle namens `crew`. Dort werden alle Crewmitglieder mit den wichtigsten Angaben gespeichert: dem Namen, dem Rang, dem Grad an Fähigkeiten, als da wären Pilot, Kampf und Wissenschaft. Der Gesundheitszustand sollte auch noch gespeichert werden.

	id	name	rang	pilot	kampf	wissenschaft	gesundheit
1	1	Captain Kira Voss	Captain	8	7	9	100
2	2	Lt. Raj Patel	Lieutenant	15	6	5	100
3	3	Dr. Lena Moreau	Lieutenant	4	3	14	100
4	4	Chief T'Vrek	Chief Engineer	5	8	10	100
5	5	Sgt. Marcus Kane	Sergeant	6	15	4	100
6	6	Ensign Aiko Tanaka	Ensign	12	5	7	100
7	7	Dr. Elias Moreau	Lieutenant	3	4	13	100
8	8	Lt. Cmdr. Zara Korr	Lieutenant Commander	5	6	15	100
9	9	Petty Officer Finn O'Riley	Petty Officer	6	7	6	100
10	10	Lt. Jorak Thul	Lieutenant	7	14	5	100

Abbildung 21.1: So kann eine Tabelle in einer Datenbank aussehen.

Bei Tabellen in Datenbanken ist es auch üblich, für jeden Datensatz eine **eindeutige ID** zu vergeben.

Wozu brauche ich so eine ID? Genügt nicht der Name?

Auch ein Name ist nicht einzigartig. Es ist zwar selten, aber gleiche Namen kann es durchaus geben. Außerdem könnte sich der Name ja ändern, während eine ID in einer Datenbanktabelle tatsächlich einzigartig ist und es wohl kaum einen Grund geben könnte, hieran etwas zu ändern. Schauen wir uns an, wie so eine Tabelle mithilfe von SQL erzeugt werden kann.

Mit `CREATE TABLE` wird eine Tabelle mit einem angegebenen Namen, hier `crew` angelegt. Existiert die Tabelle bereits, wird sie durch die Abfrage `IF NOT EXISTS` nicht noch einmal angelegt. So verhinderst du Fehlermeldungen, falls die Tabelle bereits existiert.

```
CREATE TABLE IF NOT EXISTS crew (
```

Als Nächstes wird eine Spalte namens `id` angelegt. Sie speichert ganze Zahlen und ist der **PRIMARY KEY**. Das heißt jede Figur bekommt **automatisch** eine eindeutige Nummer und diese Nummer darf nie doppelt vorkommen:

```
    id INTEGER PRIMARY KEY,
```

Die folgende Spalte speichert den **Namen** eines Crewmitglieds als Text. Das `NOT NULL` bedeutet, dass ein Name eingetragen werden muss. Crewmitglieder ohne Namen sind also nicht erlaubt.

```
    name TEXT NOT NULL,
```

Nun wird der **Rang** gespeichert, zum Beispiel »Captain«, »Ingenieur« oder »Pilot«. Diese Angabe ist freiwillig, weil kein `NOT NULL` dahintersteht. Ein Crewmitglied kann also auch ohne einen Rang eingetragen werden.

```
    rang TEXT,
```

Bei den folgenden Spalten bzw. Werten handelt es sich um Integerwerte, also um Zahlen. Das `DEFAULT 5` bedeutet, wenn du beim Einfügen eines Crewmitglieds keinen Wert angibst, bekommt es automatisch den Wert **5** bzw. 100 bei `gesundheit`.

```
    pilot INTEGER DEFAULT 5,
    kampf INTEGER DEFAULT 5,
    wissenschaft INTEGER DEFAULT 5,
    gesundheit INTEGER DEFAULT 100
```

Damit wird die Tabellenbeschreibung abgeschlossen:

```
);
```

Schon ist die **Tabelle** angelegt. Machen wir das Gleiche mit einer weiteren Tabelle namens `einsaetze`, in denen die **Einsätze** jedes Crewmitglieds gespeichert werden können.

Das sieht ganz ähnlich aus, auch eine eindeutige ID haben wir hier:

```
CREATE TABLE IF NOT EXISTS einsaetze (
    id INTEGER PRIMARY KEY,
```

Die nächste Spalte speichert die Nummer, genauer gesagt die **ID** des Crewmitglieds, das den Einsatz durchgeführt hat. Die Zahl verweist also auf die ID in der Tabelle `crew`. Hier hätte man theoretisch auch den Namen des Crewmitglieds eintragen können, eine ID ist aber sicherer und in jedem Fall eindeutig.

```
    crew_id INTEGER,
```

Als Nächstes steht der Name der Mission, zum Beispiel »Asteroidenfeld erkunden« oder »Diplomatische Verhandlungen«. Dieser Text ist optional, weil kein `NOT NULL` angegeben ist.

```
    mission_name TEXT,
```

Die nächste Spalte speichert das Datum des Einsatzes. Wenn du selbst kein Datum angibst, wird durch die Angabe `DEFAULT (date('now')` automatisch das **heutige Datum** eingesetzt.

```
    datum TEXT DEFAULT (date('now')),
```

Die folgende Spalte speichert, ob der Einsatz erfolgreich war. **0** bedeutet »nicht erfolgreich«, **1** bedeutet »erfolgreich«. Wenn nichts angegeben wird, wird automatisch mit `DEFAULT` der hier angegebene Wert **0** gesetzt.

```
    erfolg BOOLEAN DEFAULT 0,
```

Der `FOREIGN KEY` verknüpft die Spalte `crew_id` mit der Spalte `id` in der Tabelle `crew`. Das bedeutet, es muss eine gültige `id` in der Tabelle `crew` geben, auf die von hier aus verwiesen werden kann. Damit stellst du sicher, dass nur Einsätze eingetragen werden können, die von einem Crewmitglied durchgeführt worden sind, das in der Tabelle `crew` eingetragen ist.

```
    FOREIGN KEY(crew_id) REFERENCES crew(id)
);
```

Wenn wir schon dabei sind, können wir doch gleich ein paar Crewmitglieder in die Tabelle `crew` eintragen. Der SQL-Befehl dafür lautet `INSERT INTO` mit Angabe des Namens der Tabelle, in der die Daten gespeichert werden sollen, und der Spaltenbezeichnungen. Danach folgen in Klammern und durch Komma getrennt die Werte der einzelnen Crewmitglieder:

```
INSERT INTO crew (name, rang, pilot, kampf, wissenschaft) VALUES
    ('Captain Kira Voss', 'Captain', 8, 7, 9),
    ('Lt. Raj Patel', 'Lieutenant', 15, 6, 5),
    ('Dr. Lena Moreau', 'Lieutenant', 4, 3, 14),
    ('Chief T.Vrek', 'Engineer', 5, 8, 10),
```

```
    ('Sgt. Marcus Kane', 'Sergeant', 6, 15, 4),
    ('Ensign Aiko Tanaka', 'Ensign', 12, 5, 7),
    ('Dr. Elias Moreau', 'Lieutenant', 3, 4, 13),
    ('Lt. Cmdr. Zara Korr', 'Lt Commander', 5, 6, 15),
    ('PO Finn O Riley', 'PO', 6, 7, 6),
    ('Lt. Jorak Thul', 'Lieutenant', 7, 14, 5);
```

Du siehst, SQL ist zwar eine eigene Sprache, aber sie ist recht »sprechend«. Üblicherweise (aber nicht zwingend) sind die Anweisungen in Großbuchstaben geschrieben und werden mit einem Semikolon abgeschlossen.

Und wie kann ich jetzt das alles mit Python machen?

Nichts leichter als das. Python hat alles dabei, was du zum Arbeiten mit Datenbanken, Tabellen und SQL benötigst! Python hat sogar ein eigenes Datenbanksystem namens *SQLite* mit an Bord. Das »Lite« im Namen bezieht sich übrigens nicht auf die Leistungsfähigkeit, sondern auf die geringen Anforderungen, die dieses Datenbanksystem stellt! In zahllosen Systemen wird deshalb SQLite verwendet – millionenfach. Vermutlich ist SQLite sogar die am meisten verwendete Datenbank weltweit.

Zum Beispiel arbeitet fast jede Android-App, die Daten in einer Datenbank speichert, mit SQLite. Viele Programme, egal, ob für Mac, Windows oder Linux, haben SQLite integriert, um schnell und einfach alle notwendigen Daten speichern zu können.

Das Arbeiten mit Python ist denkbar einfach. Du importierst das Modul **sqlite3**, mit dem du SQLite verwenden kannst, und stellst eine Verbindung zu der Datenbank `uss_sequel.db` her.

Aber woher bekomme ich so eine Datenbank?

Darum kümmert sich SQLite. Falls diese Datenbank noch nicht existiert, wird sie mit dem Aufbau der Verbindung automatisch mit dem angegebenen Namen neu erzeugt. Sie wird dort erzeugt (und erwartet), wo auch dein Python-Programm gespeichert ist. SQLite speichert alle Daten, die zu einer Datenbank gehören, in einer einzigen Datei. Stell dir diese Datenbankdatei vor wie einen Aktenordner. Die Tabellen mit den Daten sind dann Zettel, die in dem Aktenordner abgeheftet werden.

```
import sqlite3
```

Zunächst wird die Datenbankverbindung hergestellt:

```
conn = sqlite3.connect('uss_sequel.db')
```

Der folgende Cursor ist so etwas wie ein Zeiger, der SQL-Anweisungen entgegennimmt und an die Datenbank schickt:

```
cursor = conn.cursor()
```

Dieser Cursor kennt verschiedene Arten, wie er SQL entgegennehmen und weiterverarbeiten kann. `executescript` nimmt SQL in Textform entgegen und kann mehrere Anweisungen ausführen, die durch ein Semikolon getrennt werden. Hier sind es die beiden Anweisungen, um unsere Tabellen anzulegen:

```
cursor.executescript('''
    CREATE TABLE IF NOT EXISTS crew (
        id INTEGER PRIMARY KEY,
        name TEXT NOT NULL,
        rang TEXT,
        pilot INTEGER DEFAULT 5,
        kampf INTEGER DEFAULT 5,
        wissenschaft INTEGER DEFAULT 5,
        gesundheit INTEGER DEFAULT 100
    );

    CREATE TABLE IF NOT EXISTS einsaetze (
        id INTEGER PRIMARY KEY,
        crew_id INTEGER,
        mission_name TEXT,
        datum TEXT DEFAULT (date('now')),
        erfolg BOOLEAN DEFAULT 0,
        FOREIGN KEY(crew_id) REFERENCES crew(id)
    );
''')
```

So geht es natürlich auch: Du speicherst die SQL-Anweisung als String bzw. mehrzeilig bequem als Triple-Quoted String, besser bekannt als Docstring, in einer Variablen …

```
sql = """
INSERT INTO crew (name, rang, pilot, kampf, wissenschaft)
VALUES
    ('Captain Kira Voss', 'Captain', 8, 7, 9),
    ('Lt. Raj Patel', 'Lieutenant', 15, 6, 5),
    ('Dr. Lena Moreau', 'Lieutenant', 4, 3, 14),
    ('Chief T. Vrek', 'Engineer', 5, 8, 10),
    ('Sgt. Marcus Kane', 'Sergeant', 6, 15, 4),
    ('Ensign Aiko Tanaka', 'Ensign', 12, 5, 7),
    ('Dr. Elias Moreau', 'Lieutenant', 3, 4, 13),
    ('Lt. Cmdr. Zara Korr', 'Lieutenant Commander', 5, 6, 15),
    ('PO Finn O Riley', 'Petty Officer', 6, 7, 6),
    ('Lt. Jorak Thul', 'Lieutenant', 7, 14, 5);
"""
```

… und übergibst dann die Variable mit der Methode `execute` zur Ausführung an den Cursor:

```
cursor.execute(sql)
```

Mit `commit` wird dann alles zur **abschließenden Ausführung** gebracht. Ohne `commit` kann es dir passieren, dass die Änderungen nicht in die Datenbank geschrieben werden!

```
conn.commit()
print("Die USS Sequel-Datenbank wurde erzeugt!")
```

So, jetzt hast du eine Datenbank angelegt, zwei Tabellen in der Datenbank erzeugt und gleich einige Daten, und zwar unsere Crewmitglieder, in die Tabelle `crew` geschrieben.

Die Datenbank und die darin enthaltenen Tabellen gibt es jeweils nur **einmal**, egal, wie oft du dieses Programm startest. Die Crewmitglieder werden aber bei jedem Durchlauf des Programms noch einmal angelegt, sodass sie mehrfach vorhanden sind.

Um das zu verhindern, könntest du den Namen `name` auf `UNIQUE` setzen. Wird dann versucht, ein Crewmitglied mit einem bereits vorhandenen Namen erneut anzulegen, bricht das Programm mit einer Fehlermeldung ab.

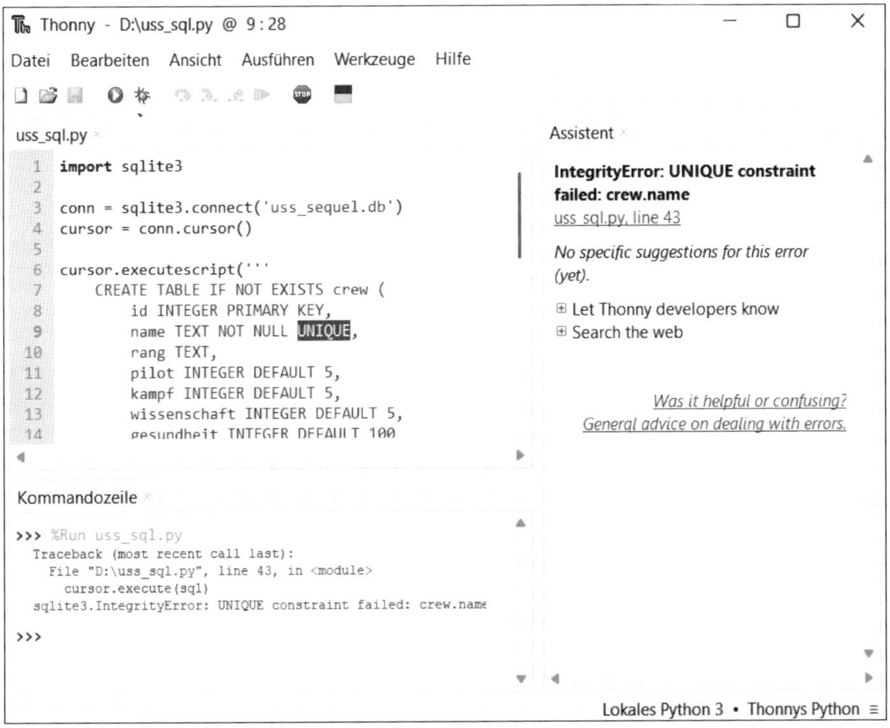

Abbildung 21.2: Keine schöne Fehlermeldung, aber Crewmitglieder können so nicht mehr mehrfach eingetragen werden.

Es gibt noch zwei andere Möglichkeiten:

Mit der SQL-Anweisung

```
DELETE FROM crew;
```

werden alle Datensätze der angegebenen Tabelle gelöscht.

Und noch etwas radikaler kannst du mit

```
DROP TABLE crew;
```

die angegebene Tabelle komplett löschen. Das solltest du aber grundsätzlich nur dann machen, wenn du sicher bist, dass du die Daten nicht mehr brauchst.

Und hier wieder der gesamte Code am Stück:

```
import sqlite3

conn = sqlite3.connect('uss_sequel.db')
cursor = conn.cursor()

cursor.executescript('''
    CREATE TABLE IF NOT EXISTS crew (
        id INTEGER PRIMARY KEY,
        name TEXT NOT NULL UNIQUE,
        rang TEXT,
        pilot INTEGER DEFAULT 5,
        kampf INTEGER DEFAULT 5,
        wissenschaft INTEGER DEFAULT 5,
        gesundheit INTEGER DEFAULT 100
    );

    CREATE TABLE IF NOT EXISTS einsaetze (
        id INTEGER PRIMARY KEY,
        crew_id INTEGER,
        mission_name TEXT,
        datum TEXT DEFAULT (date('now')),
        erfolg BOOLEAN DEFAULT 0,
        FOREIGN KEY(crew_id) REFERENCES crew(id)
    );
''')

sql = """
INSERT INTO crew (name, rang, pilot, kampf, wissenschaft)
```

```
VALUES
    ('Captain Kira Voss', 'Captain', 8, 7, 9),
    ('Lt. Raj Patel', 'Lieutenant', 15, 6, 5),
    ('Dr. Lena Moreau', 'Lieutenant', 4, 3, 14),
    ('Chief T.Vrek', 'Engineer', 5, 8, 10),
    ('Sgt. Marcus Kane', 'Sergeant', 6, 15, 4),
    ('Ensign Aiko Tanaka', 'Ensign', 12, 5, 7),
    ('Dr. Elias Moreau', 'Lieutenant', 3, 4, 13),
    ('Lt. Cmdr. Zara Korr', 'Lt Commander', 5, 6, 15),
    ('PO Finn O Riley', 'PO', 6, 7, 6),
    ('Lt. Jorak Thul', 'Lieutenant', 7, 14, 5);
"""

# SQL-Befehl ausführen
cursor.execute(sql)
conn.commit()
print("Die USS Sequel Datenbank wurde erzeugt!")
```

Damit haben wir die wichtigsten Vorbereitungen getroffen. Es ist an der Zeit, den Warp-Antrieb zu aktivieren – Energie!

Willkommen an Bord der USS Sequel

Kommen wir zu unserem eigentlichen Programm. Du bist Einsatzoffizier der USS Sequel und organisierst die Außeneinsätze deiner Crew. Du schickst sie auf Missionen und setzt sie gezielt nach ihren Fähigkeiten ein.

Im Programm hast du mehrere Möglichkeiten zur Auswahl:

- Du kannst dir eine Übersicht deiner Crew anzeigen lassen.
- Du kannst eine neue Mission starten und bestimmen, welche Crewmitglieder mit auf die Außenmission gehen.
- Du kannst dir die durchgeführten Missionen eines Crewmitglieds anzeigen lassen.
- Anhand der Rangliste kannst du sehen, wer die meiste Erfahrung in Außeneinsätzen hat.

Und wie funktioniert so eine Mission?

Das Programm generiert eine zufällige Mission mit bestimmten Anforderungen, die die Crew erfüllen muss, zum Beispiel 20 Pilot, 25 Kampf, 15 Wissenschaft.

Du wählst Crewmitglieder per ID aus, die dir passend erscheinen. Das Programm addiert die Fähigkeiten deiner ausgewählten Crew. Reicht die Summe aus, ist die Mission erfolgreich, reicht sie nicht aus, ist die Mission gescheitert und die Crew verliert Punkte ihrer Gesundheitswerte.

Schauen wir uns einmal den Rahmen des Programms zusammen mit der Steuerung an, zuerst die Importe und dann die Datenbankverbindung:

```
import sqlite3
import random

conn = sqlite3.connect('uss_sequel.db')
cursor = conn.cursor()
```

Jetzt kommt die Steuerung, unser eigentliches Hauptprogramm, von dem aus alles gelenkt wird. Es ist durchaus üblich, auch das Hauptprogramm in eine Funktion zu schreiben und dann diese Funktion aufzurufen.

```
def uss_sequel_spiel():
    print("Willkommen an Bord der USS Sequel, Captain!")

    while True:
```

Zuerst werden die Auswahlmöglichkeiten in der Schleife angezeigt …

```
        print("="*55)
        print("1. Crew anzeigen")
        print("2. Neue Mission starten")
        print("3. Einsätze eines Crewmitglieds ansehen")
        print("4. Rangliste (meiste Einsätze)")
        print("5. Beenden")

        wahl = input("\nDein Befehl, Captain: ")
```

… und je nach Auswahl wird die jeweils passende Funktion aufgerufen:

```
        if wahl == "1":
            crew_anzeigen()
        elif wahl == "2":
            mission_durchfuehren()
        elif wahl == "3":
            crew_anzeigen()
            cid = int(input("\nID des Crewmitglieds: "))
            einsaetze_von_crew(cid)
        elif wahl == "4":
            rangliste()
```

```
        elif wahl == "5":
            print("Bis zum nächsten Einsatz, Captain! o7")
            conn.close()
            break
```

Jetzt kommen unsere eigentlichen Funktionen, die wir uns gleich im Detail ansehen werden. Deshalb sparen wir uns an dieser Stelle aus Platzgründen die Darstellung des Codes.

```
def crew_anzeigen():
    pass

def einsaetze_von_crew(crew_id):
    pass

def rangliste():
    pass

def mission_durchfuehren():
    pass
```

Das folgende Konstrukt wird recht häufig in Python verwendet. Hier wird im `if` abgefragt, ob das Programm direkt gestartet wurde oder wie ein Modul importiert wurde. Nur wenn das Programm direkt (also als `"__main__"`) gestartet wird, dann wird das eigentliche Programm gestartet. Ansonsten geht Python davon aus, dass diese Programmdatei wie ein Modul von einem anderen Programm eingebunden wird, in dem Fall soll nichts direkt ausgeführt werden.

```
if __name__ == "__main__":
    uss_sequel_spiel()
```

Die Funktionen der USS Sequel

Die Funktion `crew_anzeigen` holt alle Crewmitglieder aus der Datenbank, sortiert sie und zeigt sie in einer übersichtlichen, formatierten Tabelle an:

```
def crew_anzeigen():
    print("\n=== Crew der USS Sequel ===")
```

Hier wird eine Abfrage an die Datenbank geschickt …

```
    cursor.execute("""
        SELECT id, name, rang, pilot, kampf, wissenschaft, gesundheit
        FROM crew
```

```
        ORDER BY rang, name
    """)
```

... und das Ergebnis wird Zeile für Zeile übersichtlich ausgegeben. Jede Spalte aus dem Ergebnis kann in der Form `row[Spaltennummer]` abgefragt werden:

```
    for row in cursor.fetchall():
        print(f"{row[0]:2d} | {row[1]:25} | {row[2]:12} | P:{row[3]:2d}
K:{row[4]:2d} W:{row[5]:2d} | HP:{row[6]}")
```

Die Zahlen wie `:2d`, `:25` oder `:12` sorgen dafür, dass die Ausgabe gleichmäßig ausgerichtet wird. Das macht die Tabelle viel besser lesbar. Beispiel:

`:2d` bedeutet: »Zahl (d steht für digit), mindestens 2 Stellen breit«

`:25` bedeutet: »Text, mindestens 25 Zeichen breit«

So stehen alle Spalten schön formatiert untereinander.

Die SQL-Abfrage `SELECT` sucht alle Elemente aus der Tabelle `crew` mit den angegebenen Spalten und gibt sie sortiert nach `rang` und dann nach `name` zurück über `cursor.fetchall`.

Der Funktion `einsaetze_von_crew` wird als Parameter eine Zahl `crew_id` übergeben. Alle Einsätze dieses Crewmitglieds sollen anzeigt werden:

```
def einsaetze_von_crew(crew_id):
    cursor.execute("""
        SELECT mission_name, datum, erfolg
        FROM einsaetze
        WHERE crew_id = ?
        ORDER BY datum DESC
    """, (crew_id,))
    einsaetze = cursor.fetchall()

    print(f"\nEinsätze von Crewmitglied {crew_id}:")
    for e in einsaetze:
        status = "Erfolg" if e[2] else "Gescheitert"
        print(f"• {e[0]}  ({e[1]}) → {status}")
```

In dieser Funktion gibt es wenig Neues. Lediglich bei der SQL-Abfrage gibt es hier mit `WHERE` eine gezielte Abfrage auf die `crew_id` – nur der oder die Datensätze werden angezeigt, auf die die Bedingung zutrifft. Das `?` ist ein Platzhalter und der Wert in den Klammern `(crew_id,)` ist der Wert, der eingesetzt wird. Da ein Tuple erwartet wird, wird tatsächlich ein Komma hinter `crew_id` geschrieben.

Kommen wir zur Funktion `rangliste`:

```
def rangliste():
    cursor.execute("""
        SELECT crew.name, COUNT(einsaetze.id) as anzahl
        FROM crew
        LEFT JOIN einsaetze ON crew.id = einsaetze.crew_id
        GROUP BY crew.id
        ORDER BY anzahl DESC
    """)
    print("\nRangliste Einsätze:")
    for row in cursor.fetchall():
        print(f"{row[0]:25} → {row[1]} Einsätze")
```

Die durchaus etwas komplexere SQL-Abfrage holt alle Crewmitglieder aus der Tabelle `crew` und zählt über die Tabelle `einsaetze`, wie viele Einsätze jedes Mitglied absolviert hat.

Das passiert über zwei Tabellen mit einem sogenannten `LEFT JOIN`. So werden auch Crewmitglieder angezeigt, die noch keinen einzigen Einsatz haben.

`COUNT(einsaetze.id)` zählt die Einsätze und `ORDER BY anzahl DESC` sortiert die Liste so, dass die aktivsten Mitglieder oben stehen. Durch das `GROUP BY` werden alle Datensätze mit der gleichen ID zusammengefasst.

Wie gesagt ist diese Abfrage wirklich recht komplex und soll eigentlich mehr zeigen, welche Möglichkeiten SQL in der Tiefe bietet.

Mission possible

Diese Funktion startet eine neue Mission. Sie wählt zufällig eine Mission aus, zeigt dir die Anforderungen, lässt dich Crewmitglieder auswählen und prüft dann, ob deine Crew die Aufgabe bewältigen kann. Je nachdem, ob die Mission gelingt oder scheitert, werden die Ergebnisse in der Datenbank gespeichert und die Gesundheitswerte der Crew bei Misserfolg verringert.

```
def mission_durchfuehren():
    # Verschiedene Missionstypen mit unterschiedlichen Schwierigkeiten
    mission_typen = [
        ("Nebelerkundung", 18, 10, 22),       # Hohe Wissenschaft
        ("Piratenabwehr", 12, 25, 8),         # Hoher Kampf
        ("Wrackbergung", 22, 15, 12),         # Hoher Pilot
        ("Anomalie-Untersuchung", 15, 12, 25),# Sehr hohe Wissenschaft
        ("Notfallrettung", 20, 18, 15),       # Ausgeglichen
        ("Feindliches Gebiet", 10, 22, 10),    # Kampflastig
    ]
```

Natürlich kannst du jederzeit weitere Missionen mit eigenen Werten hinzufügen. Genauso könntest du eine eigene Tabelle in der Datenbank anlegen und die Missionstypen darüber verwalten.

Eine Mission braucht einen coolen Namen, der im folgenden Code erzeugt und dann zusammen mit den Anforderungen angezeigt wird:

```
    name_basis, req_pilot, req_kampf, req_wissenschaft =
random.choice(mission_typen)
    sektor = chr(random.randint(65, 90)) + str(random.randint(1, 999))
    mission_name = f"{name_basis} Sektor {sektor}"

    print(f"\n🚀 Neue Mission: {mission_name}")
    print(f"Anforderungen → Pilot: {req_pilot} | Kampf: {req_kampf} |
Wissenschaft: {req_wissenschaft}\n")
```

Über ein `SELECT` werden alle Crewmitglieder abgefragt, deren Gesundheitswert über 30 liegt. Bei allen anderen gehen wir davon aus, dass sie sich auf der Krankenstation befinden und nicht für Außeneinsätze zur Verfügung stehen.

```
    cursor.execute("SELECT id, name, rang FROM crew WHERE gesundheit > 30")
    crew_list = cursor.fetchall()

    print("Verfügbare Crew:")
    for c in crew_list:
        print(f"{c[0]}: {c[1]} ({c[2]})")
```

Als leitender Offizier musst du die geeigneten Crewmitglieder für die Mission zusammenstellen. Momentan kannst du theoretisch die gesamte Besatzung zu jeder Mission schicken – das ist natürlich zu einfach und du solltest dir überlegen, wie du das Spiel an dieser Stelle etwas schwieriger oder kniffliger machen könntest.

```
    auswahl = input("\nWelche Crewmitglieder sollen mit? (IDs durch
Komma getrennt): ")
    ids = [int(x.strip()) for x in auswahl.split(",") if
x.strip().isdigit()]

    if not ids:
        print("Keine Crew ausgewählt. Mission abgebrochen.")
        return
```

Im nächsten Schritt werden die Skills der ausgewählten Crew zusammengerechnet. Doch zuerst initialisieren wir ein paar Variablen, die wir zur Berechnung benötigen:

```
    total_pilot = total_kampf = total_wissenschaft = 0
```

Für jedes ausgewählte Crewmitglied werden dann die Fähigkeiten zur Gesamtsumme addiert und es wird ein Eintrag in der Tabelle `einsaetze` angelegt:

```
    for cid in ids:
        cursor.execute("SELECT pilot, kampf, wissenschaft FROM crew
WHERE id = ?", (cid,))
        skills = cursor.fetchone()
        total_pilot += skills[0]
        total_kampf += skills[1]
        total_wissenschaft += skills[2]

        # Einsatz speichern (Erfolg wird später aktualisiert)
        cursor.execute("""
            INSERT INTO einsaetze (crew_id, mission_name, erfolg)
            VALUES (?, ?, ?)
        """, (cid, mission_name, 0))
```

Wenn die Summen der Fähigkeiten der Crew in allen drei Bereichen hoch genug sind, dann ist die Mission erfolgreich und `erfolg` ist 1, ansonsten 0. Dieser Wert wird dann mit einem `UPDATE` in der Tabelle `einsaetze` für alle Datensätze aktualisiert, die den angegebenen `mission_name` haben. Das kann dann in der Tabelle so aussehen wie im Beispiel.

	id	crew_id	mission_name	datum	erfolg
1	1	1	Anomalie-Untersuchung Sektor Z640	2026-06-10	1
2	2	2	Anomalie-Untersuchung Sektor Z640	2026-06-10	1
3	3	3	Anomalie-Untersuchung Sektor Z640	2026-06-10	1
4	4	4	Anomalie-Untersuchung Sektor Z640	2026-06-10	1
5	5	8	Wrack-Bergung Sektor T467	2026-06-10	0

Abbildung 21.3: Die Tabelle der Einsätze in Aktion

```
    # Erfolg prüfen
    erfolg = (total_pilot >= req_pilot and
              total_kampf >= req_kampf and
              total_wissenschaft >= req_wissenschaft)

    # Erfolg in der Datenbank nachträglich aktualisieren
    cursor.execute("UPDATE einsaetze SET erfolg = ? WHERE mission_name = ?",
                   (erfolg, mission_name))

    # Bei Misserfolg Gesundheit reduzieren
    if not erfolg:
        for cid in ids:
            cursor.execute("UPDATE crew SET gesundheit = gesundheit - 20
            WHERE id = ?", (cid,))
```

Jetzt müssen alle Datenbankzugriffe nur noch geschrieben werden:

```
conn.commit()
```

Und eine passende Ausgabe muss noch erfolgen:

```
if erfolg:
    print("Mission erfolgreich! Gut gemacht, Captain!")
else:
    print("Mission gescheitert. Die Crew wurde verletzt.")
```

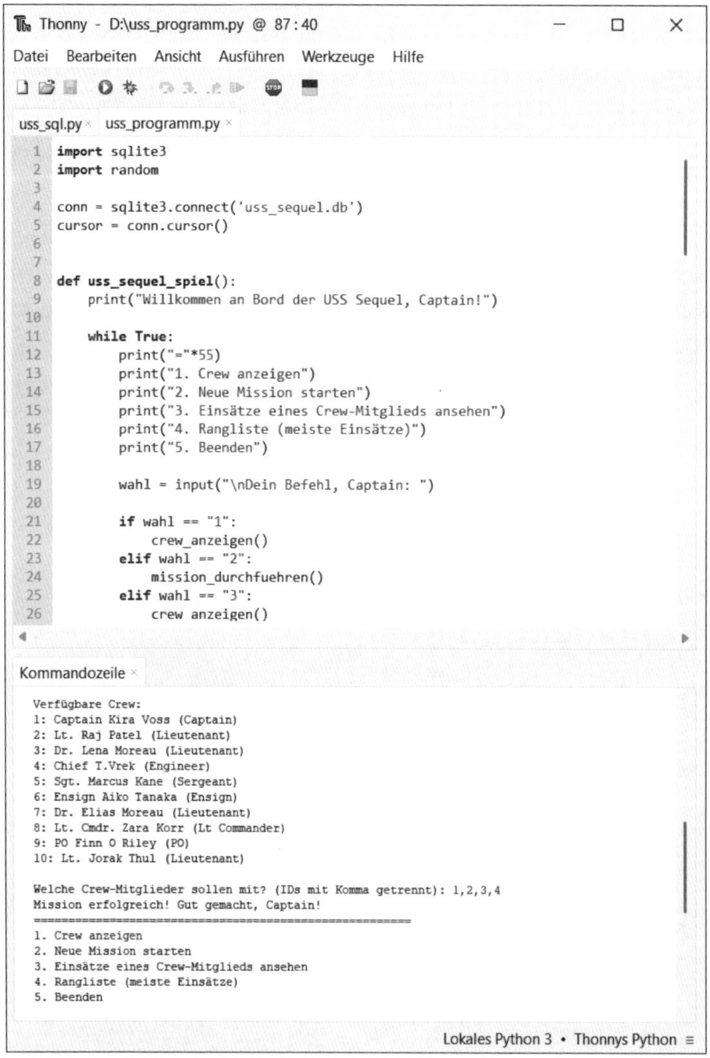

Abbildung 21.4: Mitten im Einsatz …

Und hier wieder der Code am Stück:

```
import sqlite3
import random

conn = sqlite3.connect('uss_sequel.db')
cursor = conn.cursor()

def uss_sequel_spiel():
    print("Willkommen an Bord der USS Sequel, Captain!")

    while True:
        print("="*55)
        print("1. Crew anzeigen")
        print("2. Neue Mission starten")
        print("3. Einsätze eines Crewmitglieds ansehen")
        print("4. Rangliste (meiste Einsätze)")
        print("5. Beenden")

        wahl = input("\nDein Befehl, Captain: ")

        if wahl == "1":
            crew_anzeigen()
        elif wahl == "2":
            mission_durchfuehren()
        elif wahl == "3":
            crew_anzeigen()
            cid = int(input("\nID des Crewmitglieds: "))
            einsaetze_von_crew(cid)
        elif wahl == "4":
            rangliste()
        elif wahl == "5":
            print("Bis zum nächsten Einsatz, Captain! o7")
            conn.close()
            break


def crew_anzeigen():
    print("\n=== Crew der USS Sequel ===")
    cursor.execute("""
        SELECT id, name, rang, pilot, kampf, wissenschaft, gesundheit
        FROM crew
```

```
        ORDER BY rang, name
    """)
    for row in cursor.fetchall():
        print(f"{row[0]:2d} | {row[1]:25} | {row[2]:12} | P:{row[3]:2d}
K:{row[4]:2d} W:{row[5]:2d} | HP:{row[6]}")


def einsaetze_von_crew(crew_id):
    cursor.execute("""
        SELECT mission_name, datum, erfolg
        FROM einsaetze
        WHERE crew_id = ?
        ORDER BY datum DESC
    """, (crew_id,))
    einsaetze = cursor.fetchall()

    print(f"\n📋 Einsätze von Crewmitglied {crew_id}:")
    for e in einsaetze:
        status = "✅ Erfolg" if e[2] else "❌ Gescheitert"
        print(f"• {e[0]}  ({e[1]}) → {status}")


def rangliste():
    cursor.execute("""
        SELECT crew.name, COUNT(einsaetze.id) as anzahl
        FROM crew
        LEFT JOIN einsaetze ON crew.id = einsaetze.crew_id
        GROUP BY crew.id
        ORDER BY anzahl DESC
    """)
    print("\nRangliste Einsätze:")
    for row in cursor.fetchall():
        print(f"{row[0]:25} → {row[1]} Einsätze")


def mission_durchfuehren():
    # Verschiedene Missionstypen mit unterschiedlichen Schwierigkeiten
    mission_typen = [
        ("Nebelerkundung", 18, 10, 22),      # Hohe Wissenschaft
        ("Piratenabwehr", 12, 25, 8),        # Hoher Kampf
        ("Wrackbergung", 22, 15, 12),        # Hoher Pilot
```

```
    ("Anomalie-Untersuchung", 15, 12, 25),# Sehr hohe Wissenschaft
    ("Notfallrettung", 20, 18, 15),      # Ausgeglichen
    ("Feindliches Gebiet", 10, 22, 10),   # Kampflastig
]

name_basis, req_pilot, req_kampf, req_wissenschaft =
random.choice(mission_typen)
sektor = chr(random.randint(65, 90)) + str(random.randint(1, 999))
mission_name = f"{name_basis} Sektor {sektor}"

print(f"\n🚀 Neue Mission: {mission_name}")
print(f"Anforderungen → Pilot: {req_pilot} | Kampf: {req_kampf} |
Wissenschaft: {req_wissenschaft}\n")

# Verfügbare Crew anzeigen
cursor.execute("SELECT id, name, rang FROM crew WHERE gesundheit > 30")
crew_list = cursor.fetchall()

print("Verfügbare Crew:")
for c in crew_list:
    print(f"{c[0]}: {c[1]} ({c[2]})")

auswahl = input("\nWelche Crewmitglieder sollen mit? (IDs durch
Komma getrennt): ")
ids = [int(x.strip()) for x in auswahl.split(",") if
x.strip().isdigit()]

if not ids:
    print("Keine Crew ausgewählt. Mission abgebrochen.")
    return

# Skills der ausgewählten Crew summieren
total_pilot = total_kampf = total_wissenschaft = 0

for cid in ids:
    cursor.execute("SELECT pilot, kampf, wissenschaft FROM crew
    WHERE id = ?", (cid,))
    skills = cursor.fetchone()
    total_pilot += skills[0]
    total_kampf += skills[1]
    total_wissenschaft += skills[2]
```

```
        # Einsatz speichern (Erfolg wird später aktualisiert)
        cursor.execute("""
            INSERT INTO einsaetze (crew_id, mission_name, erfolg)
            VALUES (?, ?, ?)
        """, (cid, mission_name, 0))

    # Erfolg prüfen
    erfolg = (total_pilot >= req_pilot and
              total_kampf >= req_kampf and
              total_wissenschaft >= req_wissenschaft)

    # Erfolg in der Datenbank nachträglich aktualisieren
    cursor.execute("UPDATE einsaetze SET erfolg = ? WHERE mission_name = ?",
                   (erfolg, mission_name))

    # Bei Misserfolg Gesundheit reduzieren
    if not erfolg:
        for cid in ids:
            cursor.execute("UPDATE crew SET gesundheit = gesundheit - 20
            WHERE id = ?", (cid,))

    conn.commit()

    if erfolg:
        print("Mission erfolgreich! Gut gemacht, Captain!")
    else:
        print("Mission gescheitert. Die Crew wurde verletzt.")


if __name__ == "__main__":
    uss_sequel_spiel()
```

Glückwunsch, Captain!

Du hast es geschafft. Du hast nicht nur ein paar Zeilen Python geschrieben – du hast ein komplettes kleines Spiel erschaffen, das mit einer Datenbank kommuniziert, Zufall einsetzt, Benutzereingaben verarbeitet und echte Spiellogik enthält.

Jetzt beginnt der wirklich spannende Teil. Die USS Sequel ist **dein** Raumschiff. Mach es größer, schöner und verrückter. Füge neue Crewmitglieder hinzu, bau ein Rangsystem mit Erfahrungspunkten ein, erstelle ein Rettungs-Shuttle-System, implementiere Speicherstände oder füge Grafiken hinzu.

Jedes Projekt, das du jetzt startest, wird leichter sein als dieses. Du hast bewiesen, dass du programmieren kannst. Der einzige Unterschied zwischen Anfängern und guten Programmierern ist: Die Guten hören nicht auf, Dinge zu bauen. Also starte dein nächstes Projekt und fliege weiter hinaus in die unendlichen Weiten des Codings. Die Galaxie wartet auf deine nächsten Programme.

Energie!

Kapitel 22

Wie geht es weiter?

Du hast jetzt mit Thonny und Python die wichtigsten Grundlagen des Programmierens kennengelernt. Du weißt, wie man Programme aufbaut, wie man Variablen, Listen, Schleifen und Bedingungen richtig einsetzt, du hast die objektorientierte Programmierung kennengelernt und die Bibliothek »pygame« intensiv angewandt. Du bist jetzt gerüstet für deine weitere Zukunft als Programmierer.

Dieses Buch nähert sich dem Ende. Dein Weg als Programmierer hingegen hat gerade erst begonnen. Wenn du das Buch komplett durchgearbeitet hast und die Beispiele alle nach und nach verstanden und verinnerlicht hast, dann bist du wirklich gut vorbereitet auf viele weitere Programmierprojekte, die auf dich warten. Wenn dir noch nicht alles klar ist, dann empfehle ich dir, die Dinge, mit denen du noch Schwierigkeiten hast, erneut durchzugehen, auch einmal im Buch zurückzublättern, die Programme nachzuschreiben oder an allen möglichen Stellen zu verändern und zu sehen, was passiert. Die meisten Fähigkeiten erwirbt man durch *Trial and Error* – probieren, testen, sich wundern und dann verstehen! Am meisten wirst du immer durch eigene Programme lernen, die nicht abgeschrieben sind, sondern die du von Grund auf selbst gebaut hast. Darum ermutige ich dich, das Buch einmal wegzulegen und erst mal kleinere Projekte vom Zahlenraten bis hin zu kleinen Animationen von Grund auf selbst einzugeben und auszuprobieren – das können auch Ideen aus dem Buch sein. Ab und zu musst du sicherlich etwas nachschlagen, aber mit der Zeit wirst du immer mehr Sicherheit bekommen. Irgendwann hast du das Gefühl, dass du es ohne weitere Hilfe im Griff hast. Dann stehen dir unendlich viele neue Möglichkeiten offen.

Aber wie mache ich nach diesem Buch am besten weiter?

Das hängt natürlich ganz davon ab, welche Vorlieben du hast und was du gerne machen möchtest. Du kannst mit Python noch viel mehr machen, als in diesem Buch überhaupt Platz finden kann. Und Thonny ist nicht nur eine kleine Lernumgebung, sondern schon eine leistungsfähige Entwicklungsumgebung, mit der du Python weiter erkunden kannst.

Wenn du über Python hinausgehen willst, kannst du dich auch irgendwann anderen Programmiersprachen zuwenden und sehen, wie die Konzepte des Programmierens, die du jetzt schon beherrschst, dort umgesetzt werden. Das Prinzip des Programmierens ist überall das gleiche, nur die Befehle und die Schreibweisen oder die Konventionen unterscheiden sich je nach Anwendungsbereich. In praktisch jeder Programmiersprache gibt es Befehle,

Operatoren, Funktionen, Variablen, Integer und String, `if`-Abfragen, Schleifen mit `while`, `for`, `repeat`, Klassen und Objekte, genau wie in Python. Wenn du gelernt hast, zu denken wie ein Programmierer, dann hast du die größte Hürde genommen. Der Rest ist Einarbeitung und Übung.

Mit Thonny weitermachen

Wir haben Thonny verwendet, um im großen ersten Teil des Buches die Grundlagen von Python zu erlernen und auszuprobieren. Die Programme, die hier erstellt wurden, könnte man relativ leicht auch auf andere Programmiersprachen und -systeme übertragen. Da in Thonny aber alles sehr einfach geht, angefangen bei der Installation bis hin zur Eingabe und Ausführung der Programme, ist es eine ideale Lernumgebung. Vom schnellen Test bis hin zum komplexen Programm, das zahlreiche Module und Bibliotheken nutzt, ist alles mit der gleichen Einfachheit erstellbar.

Im zweiten Teil des Buches hast du die Bibliothek bzw. das Modul `pygame-ce` kennengelernt. Diese umfassende Sammlung von Objekten und Funktionen zur Erstellung von grafischen Spielen ist bestens dazu geeignet, mit Python gesteuerte Spiele zu entwickeln und dabei das objektorientierte Programmieren nach und nach zu verinnerlichen. Die Möglichkeiten von `pygame` wurden in diesem Buch noch lange nicht ausgereizt. Es sind damit alle Arten von Brettspielen und 2D-Action-Spielen umsetzbar – wir haben hier nur die wichtigsten Grundlagen behandelt. Aber auch damit kann man schon hübsche Ergebnisse erzielen. Wenn du dich für Spieleprogrammierung interessierst, lohnt es sich, mit `pygame` weiter zu experimentieren. Weiterführende Links und Beispielprojekte findest du auch in den **Materialien** zu diesem Buch auf der Website des Rheinwerk Verlags:

www.rheinwerk-verlag.de/lets-code-python_6292/

Du hast auch das Modul `turtle` kennengelernt, mit dem es sehr einfach ist, berechnete Figuren auf einer grafischen Oberfläche darzustellen.

Was Sound angeht, haben wir nur die absoluten Grundlagen behandelt. Mit dem richtigen Modul, wie `pyaudio`, `sounddevice` oder `pydub`, kannst du sogar elektronische Klänge erzeugen und analysieren; du kannst prinzipiell ein ganzes Klangbearbeitungsprogramm erstellen oder eigene Klangbilder produzieren.

Den Bereich Internet- und Netzwerkprogrammierung haben wir in diesem Buch gar nicht behandelt – darüber könnte man gut ein komplett eigenes Buch schreiben. Aber auch solche Programme kannst du mit Thonny und Python und den vorhandenen Modulen dafür problemlos erstellen.

Dateien verarbeiten, Daten lesen und schreiben, auswerten und erstellen – all das geht selbstverständlich gut mit den Bibliotheken und Python.

Datenbanken sind ein weiteres großes Thema. Du kannst mit Python auf klassische SQL-Datenbank-Formate zugreifen und Daten lesen, schreiben, verwalten. Für die professionelle Programmierung ist das Beherrschen von Datenbanken und SQL sehr von Vorteil – mit Python kannst du dich da komplett einarbeiten.

Für wenig Geld kannst du dir auch einen Minicomputer zulegen wie den *Raspberry Pi*, einen *Calliope mini* oder einen *Arduino*. Auf dem Raspberry Pi ist Thonny sogar schon installiert.

Sieh dir in Ruhe die Materialien und Tutorials an, die dir rund um Python zur Verfügung stehen. Viele davon findest du direkt in Thonny oder auf der offiziellen Python-Website. Dort kannst du Schritt für Schritt weiterarbeiten, neue Themen entdecken und dein Wissen vertiefen.

Die Beispiele, die du in diesem Buch kennengelernt hast, zeigen nur einen kleinen Ausschnitt dessen, was mit Python möglich ist. Die Sprache bietet dir eine große Vielfalt an Werkzeugen und Bibliotheken, mit denen du jedes wichtige Programmiergebiet spielerisch erkunden kannst – von einfachen Grafiken über Spiele bis hin zu Datenanalyse oder Webentwicklung.

Thonny unterstützt dich dabei besonders gut: Die Umgebung ist übersichtlich, zeigt dir Fehler verständlich an und hilft dir, Programme strukturiert zu entwickeln. So kannst du deine Ideen ausprobieren, eigene Projekte umsetzen und nach und nach in komplexere Themen hineinwachsen. Wenn du später auf andere Entwicklungsumgebungen oder professionelle Werkzeuge umsteigen möchtest, ist das problemlos möglich – denn du arbeitest bereits mit echtem, modernem Python.

Andere Python-Systeme

Wenn du irgendwann mit der Sprache Python auf einem anderen System weiterarbeiten willst, hast du viele verschiedene Möglichkeiten. Es gibt zahlreiche kostenlose Entwicklungsumgebungen und Erweiterungen für Python, die du dir herunterladen und installieren kannst. Ganz so einfach wie bei Thonny ist die Installation zwar nicht, dafür hast du dann aber auch wieder neue und andere Bereiche, in denen du Python einsetzen kannst.

Für Python existieren zahlreiche Entwicklungsumgebungen und Toolkits. Bekannt ist zum Beispiel *PyQt*, das einen Editor enthält, mit dem grafische Benutzeroberflächen gebaut werden können (Fenster mit Buttons, Textfeldern usw.), die du in dein Python-Programm einbinden und verwenden kannst. Andere Python-Toolkits wie *Kivy* oder *PyFLTK* bieten ebenfalls die Möglichkeit, relativ einfach anpassbare Oberflächen zu bauen, die mit dem Benutzer interagieren. *PyCharm* ist eine leistungsfähige Entwicklungsumgebung für Python, mit der du größere Projekte im Griff behalten kannst. Und mit *Cython* oder *CPython* können Python-Programme in C++ gewandelt und als eigenständige Programme kompiliert werden.

Wer Webserver programmieren möchte, kann dies zum Beispiel mit *Django* tun, einer Webserver-Programmierbibliothek, die komplett auf der Sprache Python basiert. Auch lassen sich mit Python viele Programme steuern und erweitern – vom 3D-Editor *Blender* bis hin zu Spielen wie *Minecraft*. Auch Google und YouTube verwenden für die interne Steuerung zahlreiche komplexe Python-Skripte.

Mit Python steht dir ein ganzes Universum offen. Mit Thonny hast du dafür einen guten Startpunkt, der dir alle für die Python-Programmierung notwendigen Grundlagen und Kenntnisse vermittelt hat und es dir später erleichtert, das System zu finden, das genau deinen Vorstellungen und Anforderungen entspricht.

Andere Programmiersprachen?

Wenn du irgendwann nach Python auf eine andere Sprache und einen anderen Bereich des Programmierens umsteigen willst, werden dir deine jetzigen Kenntnisse schon sehr viel weiterhelfen.

Willst du Webseiten interaktiv programmieren oder völlig eigenständige Web-Apps bauen, die im Moment überall gefragt sind? Dann brauchst du dafür unbedingt *JavaScript*-Kenntnisse. JavaScript zu erlernen ist relativ einfach – die Strukturen und grundlegenden Vorgehensweisen ähneln Python in vielerlei Hinsicht. Du musst dich natürlich einarbeiten, verstehen, wie JavaScript mit einer HTML-Seite kommuniziert, die teilweise etwas andere Syntax der Sprache lernen – aber die eigentliche Programmierung, die häufigsten Methoden und Verfahren kannst du von Python und dem, was du in diesem Buch gelernt hast, genau übernehmen.

Willst du hingegen einen Webserver programmieren? Dann ist vielleicht *PHP* das Richtige für dich (außer du verwendest hier Django, dann kannst du bei der Python-Sprache bleiben). PHP basiert wie JavaScript auf der grundlegenden Syntax von C und unterscheidet sich in der prinzipiellen Logik gar nicht so sehr von Python. Nur die schönen Einrückungen, an die man sich bei Python gewöhnt hat, sind in anderen Sprachen nicht ganz so selbstverständlich.

Wenn du dich mit objektorientierter Programmierung angefreundet hast, kannst du bei Bedarf auch irgendwann den Schritt hin zu *Java*, *C#*, *Objective-C*, *Swift* oder *C++* wagen. Du kannst damit dann auch native Apps für Mobilgeräte bauen oder Programme mit hoher Performance erstellen. Wenn du beruflich als Programmierer arbeiten willst, ist es sicherlich von Vorteil, eine dieser Sprachen zu beherrschen. Sie sind maschinennäher und komplizierter als Python, aber auch sie basieren von der Programmierlogik her wieder auf den gleichen Verfahren, die du in Python gelernt hast. Gerade wenn du den objektorientierten Ansatz in Python verstanden hast, besitzt du alle wichtigen Grundlagen, um dich in eine komplexere objektorientierte Sprache einzuarbeiten.

Mit deinen erworbenen Python-Kenntnissen hast du den Anfang gemacht. Ob du das Programmieren nur als amüsantes Hobby betreiben möchtest oder es auch beruflich nutzen willst, ob du kleine Spielchen schreiben willst oder Apps für das Handy, ob du eine Firmenverwaltung, ein Musikprogramm, eine Bildbearbeitung, 3D-Simulationen oder eine Gerätesteuerung entwickeln willst – als Programmierer hast du einen spannenden Weg vor dir, auf dem du deine ganz speziellen Interessen und Fähigkeiten in ganz individuelle eigene Programme übersetzen kannst.

Herzlichen Glückwunsch, du bist jetzt Programmierer!

Index

I

J

K

L

M

N

O

W

X

Z